中国式现代化
的高品质生活研究

ZHONGGUOSHI XIANDAIHUA
DE GAOPINZHI SHENGHUO YANJIU

张峻 著

山西出版传媒集团
山西人民出版社

图书在版编目（CIP）数据

中国式现代化的高品质生活研究／张峻著．—太原：山西人民出版社，2024.7
ISBN 978-7-203-13248-6

Ⅰ．①中… Ⅱ．①张… Ⅲ．①人民生活—研究—中国 Ⅳ．① D669.3

中国国家版本馆 CIP 数据核字（2024）第 076425 号

中国式现代化的高品质生活研究

著　　者：张　峻
责任编辑：傅晓红
复　　审：崔人杰
终　　审：梁晋华
装帧设计：陈　婷

出 版 者：	山西出版传媒集团·山西人民出版社
地　　址：	太原市建设南路 21 号
邮　　编：	030012
发行营销：	0351 - 4922220　4955996　4956039　4922127（传真）
天猫官网：	https://sxrmcbs.tmall.com　电话：0351 - 4922159
E — mail：	sxskcb@163.com　发行部
	sxskcb@126.com　总编室
网　　址：	www.sxskcb.com
经 销 者：	山西出版传媒集团·山西人民出版社
承 印 厂：	山西出版传媒集团·山西新华印业有限公司
开　　本：	720mm×1020mm　1/16
印　　张：	16.5
字　　数：	260 千字
版　　次：	2024 年 7 月　第 1 版
印　　次：	2024 年 7 月　第 1 次印刷
书　　号：	ISBN 978-7-203-13248-6
定　　价：	98.00 元

如有印装质量问题请与本社联系调换

序 言

党的二十大擘画了全面建设社会主义现代化国家、以中国式现代化全面推进中华民族伟大复兴的宏伟蓝图。习近平总书记在党的二十大报告中指出："为民造福是立党为公、执政为民的本质要求。必须坚持在发展中保障和改善民生，鼓励共同奋斗创造美好生活，不断实现人民对美好生活的向往。"习近平总书记在十四届全国人大一次会议上强调，人民幸福安康是推动高质量发展的最终目的。基层治理和民生保障事关人民群众切身利益，是促进共同富裕、打造高品质生活的基础性工程，各级党委和政府必须牢牢记在心上、时时抓在手上，确保取得扎扎实实的成效。习近平总书记在十四届全国人大二次会议上强调，要牢牢把握高质量发展这个首要任务，因地制宜发展新质生产力。要坚持以人民为中心的发展思想，在发展中稳步提升民生保障水平，引导激励广大群众依靠自己的双手创造幸福生活。在新征程上，如何以中国式现代化全面创造高品质生活，不断实现人民对美好生活的向往，促进共同富裕和人的全面发展，便成为时代的重大课题。

创造高品质生活是中国特色社会主义进入新时代的内在要求。中国特色社会主义进入新时代，我国社会主要矛盾已经转化为人民日益增长的美

中国式现代化的高品质生活研究

好生活需要和不平衡不充分的发展之间的矛盾。人民美好生活需要日益广泛,不仅对物质生活提出了更高要求,而且在民主、法治、公平、正义、安全、环境等方面的要求日益增长。党的十八大以来,以习近平同志为核心的党中央坚持以人民为中心的发展思想,努力推动高质量发展,创造高品质生活,不断实现人民对美好生活的向往和期待。在幼有所育、学有所教、劳有所得、病有所医、老有所养、住有所居、弱有所扶上持续用力,人民生活全方位改善。建成世界上规模最大的教育体系、社会保障体系、医疗卫生体系,教育普及水平实现历史性跨越,基本养老保险覆盖十亿四千万人,基本医疗保险率稳定在95%。及时调整生育政策。改造农村危房2400多万户,城乡居民住房条件明显改善。互联网上网人数达十亿三千万人。人民群众获得感、幸福感、安全感更加充实、更有保障、更可持续,共同富裕取得新成效。

创造高品质生活是中国式现代化的必然要求。党的二十大报告指出:在新中国成立特别是改革开放以来长期探索和实践基础上,经过十八大以来在理论和实践上的创新突破,我们党成功推进和拓展了中国式现代化。党的二十大概括提出并深入阐述中国式现代化理论,指出了中国式现代化的中国特色、本质要求和重大原则,初步构建中国式现代化的理论体系,是党的二十大的一个重大理论创新,是科学社会主义的最新重大成果。中国式现代化是人口规模巨大的现代化、全体人民共同富裕的现代化、物质文明和精神文明相协调的现代化、人与自然和谐共生的现代化、走和平发展道路的现代化。中国式现代化的高品质生活,就是要实现人口规模巨大的高品质生活、全体人民共同富裕的高品质生活、物质文明和精神文明相协调的高品质生活、人与自然和谐共生的高品质生活、和平发展的高品质生活。

序 言

创造高品质生活是人的全面发展的重要内涵。人的全面发展是马克思主义的核心价值,彰显了人的发展的最高境界。马克思主义科学揭示了人类社会的发展规律,指明了实现人的自由全面发展的共产主义社会是人类社会的美好未来。高品质生活体现了人的全面发展的核心要义。"创新、协调、绿色、开放、共享"的新发展理念,把满足人民对美好生活的需要、促进人的全面发展作为出发点和落脚点。中国式现代化的高品质生活,包含了促进人的全面发展的经济需要、政治需要、文化需要、社会需要、生态需要、数字需要和法治需要。党的十八大以来,以习近平同志为核心的党中央,开创了马克思主义中国化时代化的新境界,推动创造高品质生活,不断满足人民对美好生活的需要,人民的获得感、幸福感和安全感不断增强,为促进人的全面发展开辟了新局面。

张峻同志所著《中国式现代化的高品质生活研究》一书,是我国首部系统研究阐述中国式现代化的高品质生活著作,创新点主要体现在两个方面。一方面以习近平新时代中国特色社会主义思想为指导,全书首次系统梳理了习近平总书记关于高品质生活的重要论述,深刻阐释了中国式现代化高品质生活的本体论、认识论、方法论、价值论、实践论;另一方面立足中国式现代化的伟大实践,首次从经济、政治、文化、社会、生态、数字和法治整体建构的角度对高品质生活进行了深入论述,在总结国外部分国家和我国部分省市创造高品质生活实践及启示的基础上,积极探索构建中国式现代化的高品质生活评价指标体系,对促进人的全面发展、实现共同富裕等具有重要的理论意义和实践价值。

以中国式现代化全面创造高品质生活,是新时代的呼唤,是社会发展的要求,是人的全面发展的需要。希望此书能让广大读者深入了解中国式现代化高品质生活的探索与实践,为新征程上创造高品质生活、不

中国式现代化的高品质生活研究

断实现人民对美好生活的向往提供启示和借鉴。欢迎广大读者为中国式现代化高品质生活提出宝贵的意见和建议。衷心祝愿在强国建设、民族复兴的伟大事业中,通过共同奋斗,发展新质生产力,推动高质量发展,创造高品质生活,不断实现人民对美好生活的向往,促进共同富裕和人的全面发展。

中国人民大学哲学宗教学系原主任、二级教授
山西大学特聘专家　　　　　　　　　焦国成

2024 年 5 月

目录

第一章　高品质生活的根本遵循与总体要求　/ 1
　　第一节　习近平总书记关于高品质生活的重要论述　/ 3
　　第二节　党的二十大对提高人民生活品质的总体要求和部署　/ 18
　　第三节　推进高品质生活理论创新要遵循"六个必须坚持"　/ 23
　　第四节　创造高品质生活要牢牢把握五个重大原则　/ 32

第二章　高品质生活的时代背景与重大意义　/ 39
　　第一节　高品质生活的时代背景　/ 41
　　第二节　高品质生活的重大意义　/ 59

第三章　高品质生活的基本涵义及其理论框架　/ 73
　　第一节　高品质生活的定义及内涵外延　/ 75
　　第二节　国外关于生活质量发展研究进展及其相关理论　/ 84
　　第三节　国内关于生活质量现代化的研究进展　/ 91

第四章　高品质生活的目标和评价指标体系　/ 97
　　第一节　高品质生活的阶段性目标　/ 99
　　第二节　构建高品质生活评价指标体系意义　/ 101

第三节 高品质生活评价指标体系的构建原则 / 105
第四节 高品质生活评价指标体系的基本构成 / 107

第五章 国内外创造高品质生活的实践及启示 / 123
第一节 国内部分地区的实践及启示 / 125
第二节 国外部分国家和地区实践及其借鉴意义 / 165

第六章 山西创造高品质生活的实践及路径 / 181
第一节 山西创造高品质生活取得可喜进展 / 183
第二节 新征程山西创造高品质生活面临的机遇 / 189
第三节 明确基本目标 / 192
第四节 实施"五大行动" / 195

结语 以中国式现代化全面创造高品质生活 / 233

参考文献 / 239

后记 / 253

第一章

高品质生活的根本遵循与总体要求

第一章　高品质生活的根本遵循与总体要求

伟大实践产生伟大理论，伟大理论指导伟大实践。党的十八大以来，我们党根据国内外形势新变化和实践新要求，勇于进行理论探索和创新，以全新的视野深化对共产党执政规律、社会主义建设规律、人类社会发展规律的认识，创立了习近平新时代中国特色社会主义思想。习近平新时代中国特色社会主义思想，是对马克思列宁主义、毛泽东思想、邓小平理论、"三个代表"重要思想、科学发展观的继承和发展，是当代中国马克思主义、21世纪马克思主义，是中华文化和中国精神的时代精华，开辟了马克思主义中国化时代化新境界，实现了马克思主义中国化时代化新的飞跃，是强国建设、民族复兴的根本遵循和行动指南。党的十八大以来，以习近平同志为核心的党中央坚持以人民为中心的发展思想，努力推动高质量发展，创造高品质生活，实现人民对美好生活的向往和期待。党的二十大标志着我们迈上了全面建设社会主义现代化国家、以中国式现代化全面推进中华民族伟大复兴的新征程，如何更好地满足人民群众对幸福美好生活的新向往，创造高品质生活，促进人的全面发展，便成为新征程上的新课题。

第一节　习近平总书记关于高品质生活的重要论述

2018年3月10日，习近平总书记在参加十三届全国人大一次会议重庆代表团审议时，首次正式提出"创造高品质生活"。他在讲话中要求重庆"加快建设内陆开放高地、山清水秀美丽之地，努力推动高质量发展、创造高品质生活"。同年8月，习近平总书记在致首届中国国际智能产业博览会的贺信中又一次提及"创造高品质生活"。习近平总书记在贺信中指出，中国高度重视创新驱动发展，坚定贯彻新发展理念，加快推进数字产业化、产业数字化，努力推动高质量发展、创造高品质生活。

在提出高品质生活观点之前，习近平总书记经常强调，民生是最大的政治，要切实解决好"相信谁、依靠谁、为了谁"的根本政治问题。

2003年2月至2007年3月，时任浙江省委书记、省人大常委会主任的习近平同志，曾在《浙江日报》"之江新语"专栏发表短论232篇，2007年5月《之江新语》出版。在谈到领导干部"学习和树立崇高的情感"时，他指出：要做到情为民所系，就要以党的先进人物为榜样，培养和增强对人民群众的深厚感情，学习和树立五种崇高的情感。一要学习邓小平同志的情怀感。他说："我是中国人民的儿子，我深情地爱着我的祖国和人民。"二要学习雷锋同志的幸福感。他虽然只活了22年，但他说："什么是幸福？为人民服务是最大的幸福。"三要学习孔繁森同志的境界感。他有一句名言："爱的最高境界就是爱人民。"四要学习郑培民同志的责任感。他始终把"做官先做人，万事民为先"作为自己的行为准则。五要学习钱学森同志的光荣感。他把群众的口碑当作自己无上的光荣。只有学习和树立这五种崇高的情感，才能心里装着群众，凡事想着群众，工作依靠群众，一切为了群众，切实解决好"相信谁、依靠谁、为了谁"的根本政治问题，努力为人民掌好权、用好权。习近平同志在《之江新语》中还明确指出："人，本质上就是文化的人，而不是'物化'的人；是能动的、全面的人，而不是僵化的、'单向度'的人。"

2012年11月15日，习近平总书记在党的十八届中央政治局常委同中外记者见面时就描述过人民群众对美好生活向往的"十个更"愿景："我们的人民热爱生活，期盼有更好的教育、更稳定的工作、更满意的收入、更可靠的社会保障、更高水平的医疗卫生服务、更舒适的居住条件、更优美的环境，期盼孩子们能成长得更好、工作得更好、生活得更好。人民对美好生活的向往，就是我们的奋斗目标。"这"十个更"对"人的全面发展"做了最全面的诠释，也可以理解为创造高品质生活的目标指向。

2012年12月29日至30日，习近平总书记在河北省阜平县看望慰问困难群众时指出，消除贫困、改善民生、实现共同富裕，是社会主义的本质要求。对困难群众，我们要格外关注、格外关爱、格外关心，千方百计帮助他们排忧解难，把群众的安危冷暖时刻放在心上，把党和政府的温暖送到千家万户。

2013年2月，习近平总书记在党的第十八届中央委员会第二次全体会议上指出，要进一步做好保障和改善民生工作，时刻把群众安危冷暖放在心上，落实好各项惠民政策，完善基本公共服务体系，加大对扶贫对象和贫困地区的扶持力度，不断在实现全体人民学有所教、劳有所得、病有所医、老有所养、住有所居目标上取得实实在在的进展。

2014年9月30日，习近平总书记在庆祝中华人民共和国成立65周年招待会上指出，我们要坚持"以百姓心为心"，倾听人民心声，汲取人民智慧，始终把实现好、维护好、发展好最广大人民根本利益作为一切工作的出发点和落脚点，让发展成果更多、更公平惠及全体人民。

2015年5月，习近平总书记在浙江考察调研时指出：一个好的社会，既要充满活力，又要和谐有序。社会建设要以共建共享为基本原则，在体制机制、制度政策上系统谋划，从保障和改善民生做起，坚持群众想什么、我们就干什么，既尽力而为又量力而行，多一些雪中送炭，使各项工作都做到愿望和效果相统一。

2016年2月1日至3日，习近平总书记在江西看望慰问干部群众时指出，保障和改善民生没有终点，只有连续不断的新起点，要采取针对性更强、覆盖面更大、作用更直接、效果更明显的举措，实实在在帮群众解难题、为群众增福祉、让群众享公平。

2016年5月23日至25日，习近平总书记在黑龙江考察调研时指出，面对复杂的国内外经济形势，要把保障和改善民生紧紧抓在手上，切实托住这个底。

2016年12月21日，习近平总书记在中央财经领导小组第十四次会议上发表重要讲话时强调，想群众之所想、急群众之所急、解群众之所困，在学有所教、劳有所得、病有所医、老有所养、住有所居上持续取得新进展。

2017年6月，习近平总书记视察山西时指出，我们党干革命、搞建设、抓改革，都是为了让人民过上幸福生活。要在抓好脱贫攻坚这个第一民生工程的同时，统筹做好就业、收入分配、教育、社会保障、医疗卫生、住房、食品安全、生产安全、公共治安等各项民生的保障和改善工作，确保人民安居乐业、社会安定有序。

2017年7月26日，习近平总书记在省部级主要领导干部专题研讨班上指出，人民生活显著改善，对美好生活的向往更加强烈，人民群众的需要呈现多样化多层次多方面的特点，期盼有更好的教育、更稳定的工作、更满意的收入、更可靠的社会保障、更高水平的医疗卫生服务、更舒适的居住条件、更优美的环境、更丰富的精神文化生活。

2017年10月，习近平总书记在党的十九大报告中指出，"带领人民创造美好生活，是我们党始终不渝的奋斗目标""坚持人人尽责、人人享有，坚守底线、突出重点、完善制度、引导预期，完善公共服务体系，保障群众基本生活，不断满足人民日益增长的美好生活需要，不断促进社会公平正义，形成有效的社会治理、良好的社会秩序，使人民获得感、幸福感、安全感更加充实、更有保障、更可持续"。"三感"目标的提出，使创造美好生活、高品质生活有了明确具体的度量指标。

2017年11月10日，习近平总书记在亚太经合组织工商领导人峰会上指出，让人民过上好日子，是我们一切工作的出发点和落脚点。我们将坚持在发展中保障和改善民生，不断满足人民日益增长的美好生活需要，不断促进社会公平正义，使人民获得感、幸福感、安全感更加完善、更有保障、更可持续。

2017年12月8日，习近平总书记在中共中央政治局第二次集体学习时指出，要坚持以人民为中心的发展思想，推进"互联网＋教育""互联网＋医疗""互联网＋文化"等，让百姓少跑腿、数据多跑路，不断提升公共服务均等化、普惠化、便捷化水平。

2018年2月10日至13日，习近平总书记在四川看望慰问各族干部群众时指出，我们搞社会主义，就是要让各族人民都过上幸福美好的生活。全面建成小康社会最艰巨最繁重的任务在贫困地区，特别是在深度贫困地区，无论这块硬骨头有多硬都必须啃下，无论这场攻坚战有多难扛都必须打赢，全面小康路上不能忘记每一个民族，每一个家庭。

2018年2月14日，习近平总书记在春节团拜会上指出，国家富强，民族复兴，最终要体现在千千万万个家庭都幸福美满上，体现在亿万人民生活不断改善上。千家万户都好，国家才能好，民族才能好。

2018年4月24日至28日，习近平总书记在湖北考察时指出，民生是最大的政治。要抓住人民最关心最直接最现实的利益问题，把人民群众的小事当作我们的大事，从人民群众关心的事情做起，从让人民满意的事情抓起，加强全方位就业服务，高度重视困难群众帮扶救助工作。

2018年6月12日至14日，习近平总书记在山东考察时指出，民之所盼，政之所向。增进民生福祉是发展的根本目的。做民生工作，首先要有为民情怀。要多谋民生之利、多解民生之忧，在发展中补齐民生短板、促进社会公平正义。

2018年8月23日，习近平总书记致首届中国国际智能产业博览会贺信时指出，中国高度重视创新驱动发展，坚定贯彻新发展理念，加快推进数字产业化、产业数字化，努力推动高质量发展、创造高品质生活。

2018年9月28日，习近平总书记在辽宁考察时指出，我们发展经济的最终目的，就是为了让老百姓的生活过得越来越好。大家的生活都要过好，全面建成小康社会，一个也不能落下，一个也不能少。

2018年11月6日，习近平总书记在上海考察时指出，老百姓心里有杆秤。我们把老百姓放在心中，老百姓才会把我们放在心中。

2018年12月19日至21日，习近平总书记在中央经济工作会议上指出，要完善制度、守住底线，精心做好各项民生工作。要把稳就业摆在突出位置，重点解决好高校毕业生、农民工、退役军人等群体就业。要增加对学前教育、农村贫困地区儿童早期发展、职业教育等的投入。

2019年3月7日，习近平总书记在参加全国两会甘肃代表团审议时指出，脱贫攻坚越到紧要关头，越要坚定必胜的信心，越要有一鼓作气的决心，尽锐出战、迎难而上，真抓实干、精准施策，确保脱贫攻坚任务如期完成。

2020年1月25日，中央政治局常务委员会研究新冠疫情防控时，习近平总书记指出，各级党委和政府必须按照党中央决策部署，全面动员，全面部署，全面加强工作，把人民群众生命安全和身体健康放在第一位，把疫情防控工作作为当前最重要的工作来抓。

2020年5月11日至12日，习近平总书记视察山西时强调要"坚持以人民为中心的发展思想，扎实做好保障和改善民生工作""兜住民生底线，落实就业优先战略和积极的就业政策""加快补齐这次疫情暴露出的公共卫生体系方面的短板弱项""推动社会治理重心向基层下移"。

2020年5月22日，习近平总书记在参加十三届全国人大三次会议内蒙古人大代表团审议时强调，"要始终把人民安居乐业、安危冷暖放在心上，用心用情用力解决群众关心的就业、教育、社保、医疗、住房、养老、食品安全、社会治安等实际问题，一件一件抓落实，一年接着一年干，努力让群众看到变化、得到实惠"。

2021年3月7日，习近平总书记在参加青海人大代表团审议时，对青海省"坚持生态优先、推动高质量发展、创造高品质生活"的部署予以肯定，强调要补齐民生短板，推进城乡区域协调发展，加强和创新社会治理。坚持以人民为中心,坚持稳中求进工作总基调,持续深化改革开放,统筹发展和安全,弘扬光荣传统和奋斗精神,把坚持生态优先、推动高质量发展、创造高品质生活部署落到实处。

2021年3月22日至25日,习近平总书记在福建考察时要求福建,"在创造高品质生活上实现更大突破";提出"要着力提高人民生活品质,拓展居民收入增长的渠道,统筹做好高校毕业生、农民工、退役军人等重点群体就业。要全面贯彻党的教育方针,落实立德树人根本任务,坚持教育公益性原则,深化教育改革,办好人民满意的教育。要把保障人民健康放在优先发展的战略位置,织牢公共卫生防护网,推动公立医院高质量发展。要慎终如始做好'外防输入、内防反弹'的工作。要有效遏制重特大安全生产事故,推动扫黑除恶常态化"。

2021年4月25日至27日,习近平总书记在广西考察调研时指出,要提高人民生活品质,落实就业优先战略和积极就业政策,做好高校毕业生、退役军人、农民工和城镇困难人员等重点群体就业工作。要完善多渠道灵活就业的社会保障制度,维护好卡车司机、快递小哥、外卖配送员等的合法权益。要全面贯彻党的教育方针,落实立德树人根本任务,加强对线上线下校外培训机构的规范管理。要深化疾病预防控制体系改革,强化基层公共卫生体系,创新医防协同机制,提升基层预防、治疗、护理、康复服务水平,毫不放松抓好常态化疫情防控。要严密防范各种风险挑战,有效遏制重特大安全生产事故,常态化开展扫黑除恶斗争。

2021年6月7日至9日,习近平总书记在青海考察时指出,社区治理得好不好,关键在基层党组织、在广大党员,要把基层党组织这个战斗堡垒建得更强,发挥社区党员、干部先锋模范作用,健全基层党组织领导的基层群众自治机制,把社区工作做到位做到家,在办好一件件老百姓操心事、烦心事中提升群众获得感、幸福感、安全感。要牢记党的初心使命,为人民生活得更加幸福再接再厉、不懈奋斗。要坚守人民情怀,紧紧依靠人民，不断造福人民，扎实推动共同富裕。要以有效举措落实以人民为中心的发展思想，把就业、收入分配、教育、社保、医疗、住房、养老、托育、食品安全、社会治安等问题统筹解决好，妥善处理生态和民生的关系，实现生态保护和民生保障相协调。要推动巩固拓展脱贫攻坚成果同乡村振兴有效衔接，加强农畜产品标准化、绿色化生产，做大做强有机特色产业，实施乡村建设行动，改善农村人居环境，提升农牧民素质，繁荣农牧区文化。

2021年7月21日至23日，习近平总书记在西藏考察时指出，要坚持以人民为中心的发展思想，推动巩固拓展脱贫攻坚成果同全面推进乡村振兴有效衔接，更加聚焦群众普遍关注的民生问题，办好就业、教育、社保、医疗、养老、托幼、住房等民生实事，一件一件抓落实，让各族群众的获得感成色更足、幸福感更可持续、安全感更有保障。

2022年1月26日至27日，习近平总书记春节前夕赴山西看望基层干部群众时指出，要统筹灾后恢复重建和乡村振兴，加强流域综合治理，补齐防灾基础设施短板，提升防灾减灾救灾能力，带领人民群众用勤劳双手重建美好家园，用不懈奋斗创造幸福生活。要坚定文化自信，深入挖掘晋商文化内涵，更好弘扬中华优秀传统文化，更好服务经济社会发展和人民高品质生活。

2022年4月10日至13日，习近平总书记在海南考察时强调，我们全面建成小康社会以后，还要继续奔向全体人民共同富裕，建设社会主义现代化国家。乡村振兴要在产业生态化和生态产业化上下功夫，继续做强做大有机农产品生产、乡村旅游、休闲农业等产业，搞好非物质文化遗产传承，推动巩固拓展脱贫攻坚成果同乡村全面振兴有效衔接。各级领导干部要贯彻党的群众路线，牢记党的根本宗旨，想群众之所想，急群众之所急，把所有精力都用在让老百姓过好日子上。

2022年6月8日，习近平总书记在四川考察时强调，乡亲们吃穿不愁后，最关心的就是医药问题。要加强乡村卫生体系建设，保障好广大农民群众

第一章 高品质生活的根本遵循与总体要求

基本医疗。要把党的基层组织建设好，团结带领乡亲们脱贫之后接续推进乡村振兴。中国共产党执政，就是要把中国特色社会主义事业一步步向前推进，全心全力把老百姓的事一件一件办好，让老百姓过上更加美好的生活。

2022年6月28日，习近平总书记在湖北武汉考察时强调，新冠疫情是一场大考。我们坚持人民至上、生命至上，坚持外防输入、内防反弹，坚持动态清零，因时因势不断调整防控措施，最大程度保护了人民生命安全和身体健康。

2022年7月12日至15日，习近平总书记在新疆考察时强调，社区工作连着千家万户，要充分发挥社区基层党组织的战斗堡垒作用，把工作重心下沉，紧贴各族居民所思所想所盼，帮助大家办好事、办实事、解难题，促进各族群众手足相亲、守望相助，共建美好家园、共创美好未来。要巩固拓展好脱贫攻坚成果，扎实推进乡村振兴，推动实现农村更富裕、生活更幸福、乡村更美丽。

2022年8月16日至17日，习近平总书记在辽宁考察时强调，小康梦、强国梦、中国梦，归根到底是老百姓的"幸福梦"。中国共产党的一切奋斗都是为人民谋幸福。他指出，老旧小区改造是提升老百姓获得感的重要工作，也是实施城市更新行动的重要内容。要聚焦为民、便民、安民，尽可能改善人居环境，改造水、电、气等生活设施，更好满足居民日常生活需求，确保安全。要加强社区服务，提升服务功能。老人和小孩是社区最常住的居民，"一老一幼"是大多数家庭的主要关切。我国已经进入老龄化社会。要大力发展老龄事业和老龄产业，有条件的地方要加强养老设施建设，积极开展养老服务。未成年人健康成长事关国家和民族未来，事关千千万万家庭幸福安康。社区要积极开展各种公益性课外实践活动，促进未成年人身体健康、心理健康、心灵健康。要加强社区基层党组织建设，加强和改进社区工作，推动更多资源向社区倾斜，让老百姓体会到我们党是全心全意为人民服务的，党始终在人民群众身边。

中国式现代化的高品质生活研究

2022年10月23日,习近平总书记在二十届中共中央政治局常委同中外记者见面时强调,新征程上,我们要始终坚持一切为了人民、一切依靠人民。我们要始终与人民风雨同舟、与人民心心相印,想人民之所想,行人民之所嘱,不断把人民对美好生活的向往变为现实。

2022年10月26日至28日,习近平总书记在陕西延安和河南安阳考察时强调,中国共产党是人民的党,是为人民服务的党,共产党当家就是要为老百姓办事,把老百姓的事情办好。空谈误国,实干兴邦。要认真学习贯彻党的二十大精神,全面推进乡村振兴,把富民政策一项一项落实好,加快推进农业农村现代化,让老乡们生活越来越红火。

2022年11月17日,习近平总书记在亚太经合组织工商领导人峰会上的书面演讲中指出:"我们的共同富裕,是要更好满足人民美好生活需要,逐步实现整体富裕、普遍富裕,坚持市场和政府相结合、效率和公平相统一,在做大蛋糕的同时分好蛋糕,打造橄榄型分配结构。"

2023年3月5日,习近平总书记在参加十四届全国人大一次会议江苏代表团审议时强调,人民幸福安康是推动高质量发展的最终目的。基层治理和民生保障事关人民群众切身利益,是促进共同富裕、打造高品质生活的基础性工程,各级党委和政府必须牢牢记在心上、时时抓在手上,确保取得扎扎实实的成效。要健全基层党组织领导的基层群众自治机制,加强基层组织建设,完善网格化管理、精细化服务、信息化支撑的基层治理平台,健全城乡社区治理体系,为人民群众提供家门口的优质服务和精细管理。要坚持和发展新时代"枫桥经验",完善正确处理新形势下人民内部矛盾机制,及时把矛盾纠纷化解在基层、化解在萌芽状态。要紧紧抓住人民群众急难愁盼问题,采取更多惠民生、暖民心举措,健全基本公共服务体系,着力做好重点群体就业帮扶、收入分配调节、健全社会保障体系、强化"一老一幼"服务等工作。要抓实抓细新阶段疫情防控工作,认真落实"乙类乙管"各项措施,持续加强公共卫生、疾病防控、医疗服务体系建设。

第一章　高品质生活的根本遵循与总体要求

2023年3月13日，习近平总书记在十四届全国人民代表大会一次会议上讲话时强调，要贯彻以人民为中心的发展思想，完善分配制度，健全社会保障体系，强化基本公共服务，兜牢民生底线，解决好人民群众急难愁盼问题，让现代化建设成果更多更公平惠及全体人民，在推进全体人民共同富裕上不断取得更为明显的实质性进展。

2023年3月15日，习近平总书记在中国共产党与世界政党高层对话会上的主旨讲话《携手同行现代化之路》中指出："政党要锚定人民对美好生活的向往，顺应人民对文明进步的渴望，努力实现物质富裕、政治清明、精神富足、社会安定、生态宜人，让现代化更好回应人民各方面诉求和多层次需要。"

2023年4月10日至13日，习近平总书记在广东考察时强调，要站稳人民立场，强化宗旨意识，坚守初心使命，践行党的群众路线，把人民群众满意不满意作为评判主题教育成效的根本标准，解决好人民群众最关心最直接最现实的利益问题，把惠民生的事办实、暖民心的事办细、顺民意的事办好，让现代化建设成果更多更公平惠及全体人民。

2023年5月11日至12日，习近平总书记在河北考察并主持召开深入推进京津冀协同发展座谈会时强调，推进京津冀协同发展，最终要体现到增进人民福祉、促进共同富裕上。要大兴调查研究之风，深入了解群众需求，切实解决广大百姓关心关切的利益问题，不断提高人民群众的获得感、幸福感、安全感。

2023年5月16日，习近平总书记在山西考察时强调，要认真贯彻落实党中央关于坚持保护第一、加强管理、挖掘价值、有效利用、让文物活起来的工作要求，全面提升文物保护利用和文化遗产保护传承水平。黄河流域生态保护和高质量发展，是党中央从中华民族和中华文明永续发展的高度作出的重大战略决策，黄河流域各省区都要坚持把保护黄河流域生态作为谋划发展、推动高质量发展的基准线，不利于黄河流域生态保护的事，坚决不能做。

2023年5月17日，习近平总书记在听取陕西省委和省政府工作汇报时强调，全面建设社会主义现代化国家，扎实推进共同富裕，最艰巨最繁重的任务仍然在农村，必须逐步缩小城乡差距。要积极推进以县城为重要载体的新型城镇化建设，提升县城市政公用设施建设水平和基础公共服务、产业配套功能，增强综合承载能力和治理能力，发挥县城对县域经济发展的辐射带动作用。

2023年6月7日至8日，习近平总书记在内蒙古考察时强调，从全国来看，推动全体人民共同富裕，最艰巨的任务在一些边疆民族地区。这些边疆民族地区在走向共同富裕的道路上不能掉队。要坚持以人民为中心，在发展中更加注重保障和改善民生，补齐民生短板，增进民生福祉，让各族人民实实在在感受到推进共同富裕在行动、在身边。

2023年7月5日至7日，习近平总书记在江苏考察时强调，要加快健全社会保障体系，健全就业促进机制和就业公共服务体系，做好重点群体就业工作。要坚持和发展新时代"枫桥经验""浦江经验"，完善社会治理体系，健全城乡基层治理体系和乡村治理协同推进机制，推进社会治理数字化。要推进应急管理体系和能力现代化，深入开展安全生产专项整治，坚决防范重特大安全事故发生。

2023年7月25日至27日，习近平总书记在四川考察调研时强调，要在产业发展、乡村建设、乡村治理等方面，聚焦群众反映强烈、能抓得住、抓几年就能见到成效的几件事，集中资源，加快突破，形成标志性成果。要加强社会保障体系城乡统筹，推动基本公共服务城乡均等化。

2023年8月26日，习近平总书记在听取新疆维吾尔自治区党委和政府、新疆生产建设兵团工作汇报时强调，要把巩固拓展脱贫攻坚成果、推进乡村振兴作为发展的重要抓手，加大经济发展和民生改善工作力度，加强水利设施建设和水资源优化配置，积极发展现代农业和光伏等产业园区，根据资源禀赋，培育发展新增长极。

2023年9月6日至8日，习近平总书记在黑龙江考察时强调，要大力发展特色文化旅游。把发展冰雪经济作为新增长点，推动冰雪运动、冰雪文化、冰雪装备、冰雪旅游全产业链发展。守护好森林、江河、湖泊、湿地、冰雪等原生态风貌，改善边境地区基础设施条件，积极发展边境旅游，更好地促进兴边富民、稳边固边。勇担新的文化使命，繁荣发展文化事业和文化产业，深入开展城乡精神文明建设，推进城乡公共文化服务体系一体建设，努力培育新风尚、展示新形象。

2023年9月20日至21日，习近平总书记在浙江考察时强调，要把缩小城乡差距、地区差距、收入差距作为主攻方向，进一步健全城乡融合发展体制机制。坚持就业优先政策，在推动传统产业转型升级和发展新兴产业中注重扩大就业容量，解决好重点群体就业问题。深化收入分配制度改革，健全多层次社会保障体系。全面推进乡村振兴，积极发展乡村特色产业，深化"千村示范、万村整治"工程。加强平安浙江、法治浙江建设，在推进基层治理体系和治理能力现代化上创造更多经验。

2023年10月10日至13日，习近平总书记在江西考察时强调，确保老区人民共享改革发展成果，过上幸福生活，是推进全体人民共同富裕的底线任务。要强化就业优先政策，着力稳岗扩岗，切实做好重点群体就业工作。加强基础性、普惠性、兜底性民生建设，完善社会保障体系，健全社会救助和慈善制度，提高基本公共教育服务水平，强化城乡卫生健康服务能力，加强对防止返贫监测对象、零就业家庭等困难群体的帮扶。

2023年11月10日，习近平总书记在北京河北考察灾后恢复重建工作时强调，各级党委和政府、各有关方面要认真贯彻落实党中央决策部署，再接再厉抓好灾后恢复重建，确保广大人民群众安居乐业、温暖过冬。要始终坚持以人民为中心，坚持系统观念，坚持求真务实、科学规划、合理布局，抓紧补短板、强弱项，加快完善防洪工程体系、应急管理体系，不断提升防灾减灾救灾能力。

2023年11月28日至12月2日，习近平总书记上海考察时强调，城市不仅要有高度，更要有温度。我们的社会主义就是要走共同富裕的路子。外来务工人员来上海作贡献，同样是城市的主人。要践行人民城市理念，不断满足人民群众对住房的多样化、多元化需求，确保外来人口进得来、留得下、住得安、能成业。

2023年12月14日至15日，习近平总书记在广西考察时指出，社区是基层自治的基本单元，是国家治理体系的基层基础。通过社区这个平台，办好"一老一小"等民生实事和公共事务，积极回应群众关切，是中国特色基层治理的显著优势，要把这一优势发挥好。

2023年12月31日，国家主席习近平在二〇二四年新年贺词中指出，我们的目标很宏伟，也很朴素，归根到底就是让老百姓过上更好的日子。孩子的抚养教育，年轻人的就业成才，老年人的就医养老，是家事也是国事，大家要共同努力，把这些事办好。现在，社会节奏很快，大家都很忙碌，工作生活压力都很大。我们要营造温暖和谐的社会氛围，拓展包容活跃的创新空间，创造便利舒适的生活条件，让大家心情愉快、人生出彩、梦想成真。

2024年2月1日至2日，习近平总书记春节前夕赴天津看望慰问基层干部群众时强调，要践行人民城市理念，把保障居民安居乐业作为头等大事，逐步扩大基本公共服务供给，兜牢民生底线，让人民群众不断有新的获得感。要坚持走内涵式发展路子，创新城市治理，加强韧性安全城市建设，积极实施城市更新行动，增强发展潜力、优化发展空间，推动城市业态、功能、品质不断提升。

2024年3月5日，习近平总书记在参加十四届全国人大二次会议江苏代表团审议时强调，要牢牢把握高质量发展这个首要任务，因地制宜发展新质生产力。要坚持以人民为中心的发展思想，在发展中稳步提升民生保障水平，引导激励广大群众依靠自己的双手创造幸福生活。

2024年4月22日至24日，习近平总书记在重庆考察时强调，中国式现代化，民生为大。党和政府的一切工作，都是为了老百姓过上更加幸福的生活。

……

习近平总书记关于高品质生活的重要论述，深刻体现了以人民为中心的发展思想，为新时代新征程创造高品质生活、促进人的全面发展提供了科学理论指导。党的十八大以来，习近平总书记坚持马克思主义人的全面发展的理论，创新发展了我们党对于"人民和人民群众"的深刻认知，围绕以人民为中心做出了一系列新论断，体现出马克思主义中国化时代化最新成果的理论光辉，在实践中紧紧抓住人民最关心最直接最现实的利益问题，加快推进普惠性、基础性、兜底性民生建设，不断满足人民日益增长的美好生活需要，人民获得感显著增强。新时代新征程，在中国式现代化的大背景下创造高品质生活，我们必须深入学习贯彻习近平总书记关于高品质生活的重要论述，坚守人民立场，把实现好、维护好、发展好最广大人民根本利益作为根本目的，把体现人民利益、反映人民意愿、维护人民权益、增进人民福祉作为出发点和落脚点，在每个环节和各个方面都应回应人民最迫切的愿望、解决人民最急迫的问题、关心人民最切身的感受，不断满足人民对美好生活的向往，促进人的全面发展。

第二节 党的二十大对提高人民生活品质的总体要求和部署

习近平总书记在党的二十大报告中指出:"治国有常,利民为本。为民造福是立党为公、执政为民的本质要求。必须坚持在发展中保障和改善民生,鼓励共同奋斗创造美好生活,不断实现人民对美好生活的向往。"

新时代新征程中国共产党的使命任务是:"团结带领全国各族人民全面建成社会主义现代化强国、实现第二个百年奋斗目标,以中国式现代化全面推进中华民族伟大复兴。"

中国式现代化,是中国共产党领导的社会主义现代化,既有各国现代化的共同特征,更有基于自己国情的中国特色。

——中国式现代化是人口规模巨大的现代化。我国十四亿多人口整体迈进现代化社会,规模超过现有发达国家人口的总和,艰巨性和复杂性前所未有,发展途径和推进方式也必然具有自己的特点。我们始终从国情出发想问题、作决策、办事情,既不好高骛远,也不因循守旧,保持历史耐心,坚持稳中求进、循序渐进、持续推进。

——中国式现代化是全体人民共同富裕的现代化。共同富裕是中国特色社会主义的本质要求,也是一个长期的历史过程。我们坚持把实现人民对美好生活的向往作为现代化建设的出发点和落脚点,着力维护和促进社会公平正义，着力促进全体人民共同富裕，坚决防止两极分化。

——中国式现代化是物质文明和精神文明相协调的现代化。物质富足、精神富有是社会主义现代化的根本要求。物质贫困不是社会主义，精神贫乏也不是社会主义。我们不断厚植现代化的物质基础，不断夯实人民幸福生活的物质条件，同时大力发展社会主义先进文化，加强理想信念教育，传承中华文明，促进物的全面丰富和人的全面发展。

——中国式现代化是人与自然和谐共生的现代化。人与自然是生命共同体，无止境地向自然索取甚至破坏自然必然会遭到大自然的报复。我们坚持可持续发展，坚持节约优先、保护优先、自然恢复为主的方针，像保护眼睛一样保护自然和生态环境，坚定不移走生产发展、生活富裕、生态良好的文明发展道路，实现中华民族永续发展。

——中国式现代化是走和平发展道路的现代化。我国不走一些国家通过战争、殖民、掠夺等方式实现现代化的老路，那种损人利己、充满血腥罪恶的老路给广大发展中国家人民带来深重苦难。我们坚定站在历史正确的一边、站在人类文明进步的一边，高举和平、发展、合作、共赢旗帜，在坚定维护世界和平与发展中谋求自身发展，又以自身发展更好维护世界和平与发展。

党的二十大坚持以人民为中心的发展思想，作出"增进民生福祉，提高人民生活品质"的战略部署。完善分配制度、实施就业优先政策、健全社会保障体系以及推进健康中国建设是不断实现人民对美好生活的向往的重要举措。坚持以人民为中心的发展思想，不断完善相关制度和政策，为人民创造更好的发展环境，促进经济社会的全面发展。主要内容包括：

一、完善分配制度

分配制度是促进共同富裕的基础性制度。坚持按劳分配为主体、多种分配方式并存，构建初次分配、再分配、第三次分配协调配套的制度体系。

努力提高居民收入在国民收入分配中的比重，提高劳动报酬在初次分配中的比重。坚持多劳多得，鼓励勤劳致富，促进机会公平，增加低收入者收入，扩大中等收入群体。完善按要素分配政策制度，探索多种渠道增加中低收入群众要素收入，多渠道增加城乡居民财产性收入。加大税收、社会保障、转移支付等的调节力度。完善个人所得税制度，规范收入分配秩序，规范财富积累机制，保护合法收入，调节过高收入，取缔非法收入。引导、支持有意愿有能力的企业、社会组织和个人积极参与公益慈善事业。

二、实施就业优先战略

就业是最基本的民生。强化就业优先政策，健全就业促进机制，促进高质量充分就业。健全就业公共服务体系，完善重点群体就业支持体系，加强困难群体就业兜底帮扶。统筹城乡就业政策体系，破除妨碍劳动力、人才流动的体制和政策弊端，消除影响平等就业的不合理限制和就业歧视，使人人都有通过勤奋劳动实现自身发展的机会。健全终身职业技能培训制度，推动解决结构性就业矛盾。完善促进创业带动就业的保障制度，支持和规范发展新就业形态。健全劳动法律法规，完善劳动关系协商协调机制，完善劳动者权益保障制度，加强灵活就业和新就业形态劳动者权益保障。

三、健全社会保障体系

社会保障体系是人民生活的安全网和社会运行的稳定器。健全覆盖全民、统筹城乡、公平统一、安全规范、可持续的多层次社会保障体系。完善基本养老保险全国统筹制度，发展多层次、多支柱养老保险体系。实施渐进式延迟法定退休年龄。扩大社会保险覆盖面，健全基本养老、基本医疗保险筹资和待遇调整机制，推动基本医疗保险、失业保险、工伤保险省级统筹。促进多层次医疗保障有序衔接，完善大病保险和医疗救助制度，落实异地就医结算，建立长期护理保险制度，积极发展商业医疗保险。加快完善全国统一的社会保险公共服务平台。健全社保基金保值增值和安全监管体系。健全分层分类的社会救助体系。坚持男女平等基本国策，保障妇女儿童合法权益。完善残疾人社会保障制度和关爱服务体系，促进残疾人事业全面发展。坚持房子是用来住的、不是用来炒的定位，加快建立多主体供给、多渠道保障、租购并举的住房制度。

四、推进健康中国建设

人民健康是民族昌盛和国家强盛的重要标志。把保障人民健康放在优先发展的战略位置，完善人民健康促进政策。优化人口发展战略，建立生育支持政策体系，降低生育、养育、教育成本。实施积极应对人口老龄化国家战略，发展养老事业和养老产业，优化孤寡老人服务，推动实现全体老年人享有基本养老服务。深化医药卫生体制改革，促进医保、医疗、医药协同发展和治理。促进优质医疗资源扩容和区域均衡布局，坚持预防为主，加强重大慢性病健康管理，提高基层防病治病和健康管理能力。深化以公益性为导向的公立医院改革，规范民营医院发展。发展壮大医疗卫生队伍，把工作重点放在农村和社区。重视心理健康和精神卫生。促进中医药传承创新发展。创新医防协同、医防融合机制，健全公共卫生体系，提高重大疫情早发现能力，加强重大疫情防控救治体系和应急能力建设，有效遏制重大传染性疾病传播。深入开展健康中国行动和爱国卫生运动，倡导文明健康生活方式。

到2035年，我国发展的总体目标中对民生事业发展的目标是：人民生活更加幸福美好，居民人均可支配收入再上新台阶，中等收入群体比重明显提高，基本公共服务实现均等化，农村基本具备现代生活条件，社会保持长期稳定，人的全面发展、全体人民共同富裕取得更为明显的实质性进展。

党的二十大报告，从发展全过程人民民主，保障人民当家作主，坚持和完善民生保障制度、夯实民生保障制度基础等维度，对民生制度体系建设做出新的安排，为创造高品质生活提供更加科学有效的制度保障。

第三节　推进高品质生活理论创新要遵循"六个必须坚持"

理论实践没有止境，理论创新也没有止境。科学的世界观和方法论是我们研究问题、解决问题的"总钥匙"。党的二十大报告深刻系统阐述了习近平新时代中国特色社会主义思想的世界观、方法论和贯穿其中的立场观点方法，强调必须坚持人民至上、坚持自信自立、坚持守正创新、坚持问题导向、坚持系统观念、坚持胸怀天下来继续推进实践基础上的理论创新。创造高品质生活是习近平新时代中国特色社会主义思想的重要组成，在强国建设、民族复兴的伟大进程中推进高品质生活理论创新，要始终遵循"六个必须坚持"，不断谱写马克思主义中国化时代化新篇章，推动创造高品质生活新的伟大实践，不断满足人民对美好生活的新向往，促进人的全面发展。

必须坚持人民至上。习近平总书记强调："人民性是马克思主义的本质属性，党的理论是来自人民、为了人民、造福人民的理论，人民的创造性实践是理论创新的不竭源泉。一切脱离人民的理论都是苍白无力的，一切不为人民造福的理论都是没有生命力的。"[1] 马克思、恩格斯在《共产党宣言》里庄严宣告："过去的一切运动都是少数人的，或者为少数人谋

---

[1] 习近平.高举中国特色社会主义伟大旗帜　为全面建设社会主义现代化国家而团结奋斗——在中国共产党第二十次全国代表大会上的报告[M].北京：人民出版社，2022.

利益的运动。无产阶级的运动是绝大多数人的、为绝大多数人谋利益的独立的运动。"[1]坚持人民至上，是马克思主义唯物史观的集中体现，是中国共产党性质宗旨的集中体现。作为马克思主义政党，中国共产党来自人民、植根人民、造福人民，从1921年诞生之日起就把为中国人民谋幸福、为中华民族谋复兴确立为自己的初心使命，始终代表最广大人民的根本利益，与人民休戚与共、生死相依，没有任何自己特殊的利益，从来不代表任何利益集团、任何权势团体、任何特权阶层的利益。我们党始终把人民放在第一位，坚持尊重社会发展规律和尊重人民历史主体地位的一致性，坚持为崇高理想奋斗和为最广大人民谋利益的一致性，坚持完成党的各项工作和实现人民利益的一致性，不断把为人民造福事业推向前进。江山就是人民，人民就是江山。中国共产党领导人民打江山、守江山，守的是人民的心。人民对美好生活的向往，就是我们党的奋斗目标。人民立场是我们党的根本政治立场。党的十八大以来，在习近平新时代中国特色社会主义思想的指引下，我们深入贯彻以人民为中心的发展思想，在幼有所育、学有所教、劳有所得、病有所医、老有所养、住有所居、弱有所扶上持续用力，人民生活全方位改善。2021年底，我国人均预期寿命提高到78.2岁，高于世界平均水平。居民人均可支配收入增加到35100元。城镇新增就业年均1300万人以上。建成世界上规模最大的教育体系、社会保障体系、医疗卫生体系，教育普及水平实现历史性跨越。人民群众获得感、幸福感、安全感更加充实、更有保障、更可持续，共同富裕取得新成效。当前，我们在民生事业和工作中还存在一些不足，面临不少困难和问题：城乡区域发展和收入分配差距仍然较大，群众在就业、教育、医疗、托育、养老、住房等方面面临不少难题。习近平总书记在党的二十大报告中强调，"治国有常，利民为本。为民造福是立党为公、执政为民的本质要求。"新时

---

[1] 《马克思恩格斯文集》第1卷[M].北京：人民出版社，2009.

代新征程，我们必须坚持人民至上，坚持在发展中保障和改善民生，鼓励共同奋斗创造美好生活，不断实现人民对美好生活的向往。

必须坚持自信自立。习近平总书记强调："中国人民和中华民族从近代以后的深重苦难走向伟大复兴的光明前景，从来就没有教科书，更没有现成答案。党的百年奋斗成功道路是党领导人民独立自主探索开辟出来的，马克思主义的中国篇章是中国共产党人依靠自身力量实践出来的，贯穿其中的一个基本点就是中国的问题必须从中国基本国情出发，由中国人自己来解答。"世界上没有放之四海而皆准的具体发展模式，也没有一成不变的发展道路。一个国家选择什么样的治理体系，是由这个国家的历史传承、文化传统、经济社会发展水平决定的，是由这个国家的人民决定的。我们党在领导革命、建设、改革长期实践中，历来坚持独立自主开拓前进道路。实现中国梦，必须走中国道路。中国特色社会主义道路，开拓于中国人民共同奋斗，扎根于中华大地，是给中国人民带来幸福安宁的正确道路。要立足我国实际，以我们正在做的事情为中心，聆听人民心声，回应现实需要，深入总结中国特色社会主义实践，更好地实现马克思主义基本原理同中国具体实际相结合、同中华优秀传统文化相结合，不断满足人民对美好生活的向往。中国特色社会主义道路是实现社会主义现代化、创造人民美好生活的必由之路，中国特色社会主义理论体系是指导党和人民实现中华民族伟大复兴的正确理论，中国特色社会主义制度是当代中国发展进步的根本保障，中国特色社会主义文化是激励全党全国各族人民奋勇前进的强大精神力量。我们坚持和发展中国特色社会主义，推动物质文明、政治文明、精神文明、社会文明、生态文明协调发展，创造了中国式现代化新道路，创造了人类文明新形态。我们坚持马克思列宁主义、毛泽东思想、邓小平理论、"三个代表"重要思想、科学发展观，全面贯彻习近平新时代中国特色社会主义思想，全面贯彻党的基本路线、基本方略，采取一系列战略性举措，推进一系列变革性实践，实现一系列突破性进展，取得一系列标志性成果，经受住了来自政治、经济、意识形态、自然界等方面的风险挑战考验，党和国家事业取得历史性成就、发生历史性变革，推动我国迈上全面建设社会主义现代化国家新征程。新时代新征程，我们要创造高品质生活，必须坚持对马克思主义的坚定信仰、对中国特色社会主义的坚定信念，坚定道路自信、理论自信、制度自信、文化自信，以更加积极的历史担当和创造精神为发展马克思主义作出新的贡献，推动创造高品质生活。

必须坚持守正创新。习近平总书记强调："我们从事的是前无古人的伟大事业，守正才能不迷失方向、不犯颠覆性错误，创新才能把握时代、引领时代。"历史和人民选择中国共产党领导中华民族伟大复兴的事业是正确的，必须长期坚持、永不动摇；中国共产党领导中国人民开辟的中国特色社会主义道路是正确的，必须长期坚持、永不动摇；中国共产党和中国人民扎根中国大地、吸纳人类文明优秀成果、独立自主实现国家发展战略是正确的，必须长期坚持、永不动摇。实践没有止境，理论创新也没有止境。马克思主义必定随着时代、实践和科学的发展而不断发展，不可能一成不变，社会主义都是在开拓中前进的。我们必须在理论上跟上时代，不断认识规律，不断推进理论创新、实践创新、制度创新、文化创新以及其他各方面的创新。我们做的事是前无古人的，我们要学马列主义，但马列主义经典著作不能给出解决问题的现成答案，只能运用它的原理、立场、观点、方法，通过自己的摸索、咀嚼、创新来提出答案。我们通过守正创新形成了中国特色社会主义理论体系，守正就不能偏离马克思主义、社会主义，但不能刻舟求剑，还要往前发展、与时俱进，否则就是僵化的、陈旧的、过时的。我们必须坚持马克思主义发展的观点，坚持实践是检验真理的唯一标准，发挥历史的主动性和创造性，清醒认识世情、国情、党情的变和不变，永远要有逢山开路、遇河架桥的精神，锐意进取，大胆探索，敢于和善于分析回答现实生活中和群众思想上迫切需要解决的问题。党的十八大以来，我们党在已有基础上继续前进，不断实现理论和实践上的创新突破，成功推进和拓展了中国式现代化。我们在认识上不断深化，创立了习近平新时代中国特色社会主义思想，实现了马克思主义中国化时代化新的飞跃，为中国式现代化提供了根本遵循。新时代新征程，创造高品质生活，我们要以科学的态度对待科学、以真理的精神追求真理，坚持党的全面领导不动摇，坚持中国特色社会主义不动摇，紧跟时代步伐，以新的理论指导新的实践。

必须坚持问题导向。习近平总书记指出："问题是时代的声音，回答并指导解决问题是理论的根本任务。"坚持问题导向是马克思主义的鲜明特点。马克思曾深刻指出："主要的困难不是答案，而是问题。"问题就是时代的口号，是它表现自己精神状态的最实际的呼声。问题是事物矛盾的表现形式，我们强调问题意识、坚持问题导向，就是承认矛盾的普遍性、客观性，就是要善于把认识和化解矛盾作为打开工作局面的突破口。理论创新只能从问题开始。从某种意义上说，理论创新的过程就是发现问题、筛选问题、研究问题、解决问题的过程。只有聆听时代的声音，回应时代的呼唤，认真研究解决重大而紧迫的问题，才能真正把握住历史脉络、找到发展规律，推动理论创新。人类历史告诉我们，有问题不可怕，可怕的是不敢直面问题，找不到解决问题的思路。我们党领导人民干革命、搞建设、抓改革，从来都是为了解决中国的现实问题。党的十八大以来，我们坚持问题导向，多谋民生之利、多解民生之忧，坚持尽力而为、量力而行，加快补齐短板、扎实推动共同富裕，不断增强人民群众获得感、幸福感、安全感。今天我们所面临问题的复杂程度、解决问题的艰巨程度明显加大，给理论创新提出了全新要求。主要有：发展不平衡不充分问题仍然突出，推进高质量发展还有许多卡点瓶颈，科技创新能力还不强；确保粮食、能源、产业链供应链可靠安全和防范金融风险还须解决许多重大问题；重点领域改革还有不少硬骨头要啃；

意识形态领域存在不少挑战；城乡区域发展和收入分配差距仍然较大；群众在就业、教育、医疗、托育、养老、住房等方面面临不少难题；生态环境保护任务依然艰巨；一些党员、干部缺乏担当精神，斗争本领不强，实干精神不足，形式主义、官僚主义现象仍较突出；铲除腐败滋生土壤任务依然艰巨，等等。"坚持把人民群众的小事当作自己的大事，从人民群众关心的事情做起，从让人民群众满意的事情做起"，把社会治理实践切实转化成创造人民美好生活的实践。根据中国社会科学院的研究，目前国内社会领域的突出问题有四个方面：一是公共服务供给不足、质量不高、配置不均衡问题；二是环境整治和生态文明问题；三是少数群众生活困难和生存危机问题；四是社会治安和公共安全问题。这些问题的根本解决，只有把理念、制度、实践统一到"人"上来，才能真正发现问题、有力解决问题、避免更多问题，这正是"以人民为中心"的深意所在。我们要增强问题意识，聚焦实践遇到的新问题、改革发展稳定存在的深层次问题、人民群众急难愁盼问题、国际变局中的重大问题、党的建设面临的突出问题，不断提出真正解决问题的新理念新思路新办法。新时代新征程，创造高品质生活，我们要坚持问题导向，围绕贯彻党的二十大精神需要解决的问题，紧紧抓住老百姓最急最忧最怨的问题，解决好群众最关心最直接最现实的利益问题，真正把功夫下到察实情、出实招、办实事、求实效上。

必须坚持系统观念。习近平总书记指出："万事万物是相互联系、相互依存的。只有用普遍联系的、全面系统的、发展变化的观点观察事物，才能把握事物发展规律。"唯物辩证法认为，事物是普遍联系的，事物及事物各要素之间相互影响、相互制约，整个世界是相互联系的整体，也是相互作用的系统。世界上的事物总是有着这样那样的联系，不能孤立地静止地看待事物发展，否则往往会出现盲人摸象、以偏概全的现象。我们要坚持发展地而不是静止地、全面地而不是片面地、系统地而不是零散地、普遍地而不是单一孤立地观察事物，妥善处理各种重大关系。党的十八大以来，面对错综复杂的国际形势、艰巨繁重的改革发展稳定任务，习近平总书记登高望远、领航掌舵，提出统揽伟大斗争、伟大工程、伟大事业、伟大梦想，统筹推进"五位一体"总体布局、协调推进"四个全面"战略布局，对党和国家事业发展作出科学完整的战略部署。在领导推进各领域事业的过程中，习近平总书记始终坚持系统思维、全局谋划，强调经济社会发展是一个系统工程，必须综合考虑政治和经济、当前和长远、物质和文化、发展和民生、资源和生态、国内和国际等多方面因素；强调全面深化改革需要加强顶层设计和整体谋划，做到全局和局部相配套、治标和治本相结合、渐进和突破相衔接，实现整体推进和重点突破相统一；强调全面推进依法治国必须统筹兼顾、把握重点、整体谋划，在共同推进上着力，在一体化建设上用劲；强调统筹疫情防控和经济社会发展，做到疫情要防住、经济要稳住、发展要安全，等等。所有这些，都体现了洞悉时势、总揽全局的系统谋划和战略擘画，为我们应对复杂局面、推动事业发展提供了科学遵循。在这个过程中，系统观念是具有基础性的思想和工作方法。我国发展环境面临深刻复杂变化，发展不平衡不充分问题仍然突出，经济社会发展中矛盾错综复杂，必须从系统观念出发加以谋划和解决，全面协调推动各领域工作和社会主义现代化建设。当前，我国社会各种关系十分复杂，这就要求我们善于处理局部和全局、当前和长远、重点和非重点的关系，在权衡利弊中趋利避害、作出最为有利的战略抉择。中国式现代化是一个系统工程，需要统筹兼顾、整体推进，正确处理好顶层设计与实践探索、战略与策略、守正与创新、效率与公平、活力与秩序、自立与自强与对外开放等一系列重大关系。

必须坚持胸怀天下。习近平总书记指出："中国共产党是为中国人民谋幸福、为中华民族谋复兴的党，也是为人类谋进步、为世界谋大同的党。"

中国式现代化的高品质生活研究

中国积极倡导对话协商、共建共享、合作共赢、交流互鉴、绿色低碳等原则，致力于推动建设一个普遍安全、共同繁荣、开放包容、清洁美丽的世界，为人类的发展与进步作出积极贡献。中国坚持对话协商来推动建设一个普遍和平的世界。通过与各国进行密切的对话和协商，中国致力于解决国际间存在的安全问题，并通过共同努力，建立起互信、互利、共赢的合作伙伴关系，共同维护世界和平与稳定。中国坚持共建共享，致力于建设一个普遍安全的世界。中国主张建立多边合作机制，共同应对全球性挑战，通过共同承担责任、分享成果，实现国际合作的共同繁荣。中国积极参与全球治理体系的改革和建设，为各国创造更加公平、公正、合理的国际秩序。中国坚持合作共赢，推动建设一个共同繁荣的世界。中国积极参与全球经济合作与发展，推动建立开放、包容、普惠、平衡、共赢的经济全球化。中国提倡合作伙伴关系，与各国分享发展机遇，促进全球资源的优化配置和互利合作，实现各国共同繁荣和发展。中国坚持交流互鉴，推动建设一个开放包容的世界。中国提倡文明交流互鉴，倡导不同文明之间的对话与交流，尊重多样性、平等相待。中国积极参与国际文化交流合作，推动文化多样性的保护和传承，促进不同文化间的相互理解和尊重。中国坚持绿色低碳，推动建设一个清洁美丽的世界。中国高度重视环境保护和可持续发展，致力于转变经济发展方式，推动绿色低碳发展。中国积极应对气候变化等全球环境挑战，加强国际合作，共同保护地球家园，促进建设清洁、美丽的世界。当今世界正处于大发展大变革大调整时期，我们要具备战略眼光，树立全球视野，既要有风险忧患意识，又要有历史机遇意识，努力在这场百年未有之大变局中把握航向。我们要统筹国内国际两个大局，树立更宽广的世界眼光、更宏大的战略抱负，胸怀祖国，兼济天下，推动构建新型国际关系，推动构建人类命运共同体。我们要积极参与全球治理和多边事务，维护中国人民利益和全人类共同利益。我们要站在世界历史的高度审视当今世界发展趋势和面临的重大问题,坚持和平发展道路,坚持独立自主的和平外交政策,坚持互利共赢的开放战略,不断拓展同世界各国的合作,积极参与全球治理,在更多领域、更高层面上实现合作共赢、共同发展,不依附别人、更不掠夺别人,同各国人民一道努力构建人类命运共同体,把世界建设得更加美好。

第四节　创造高品质生活要牢牢把握五个重大原则

全面建设社会主义现代化国家是一项前无古人的伟大事业。习近平总书记在党的二十大报告中强调，前进道路上，必须牢牢把握坚持和加强党的全面领导、坚持中国特色社会主义道路、坚持以人民为中心的发展思想、坚持深化改革开放、坚持发扬斗争精神等五个重大原则。这五个重大原则是全面建设社会主义现代化国家的重大原则，也是创造高品质生活必须坚持的重大原则。

必须坚持和加强党的全面领导。习近平总书记指出：办好中国的事，关键在党。中华民族近代以来一百八十多年的历史、中国共产党成立以来一百年的历史、中华人民共和国成立以来七十多年的历史都充分证明，没有中国共产党，就没有新中国，就没有中华民族伟大复兴。历史和人民选择了中国共产党。中国特色社会主义最本质的特征是中国共产党领导，是中国特色社会主义制度的最大优势，是党和国家的根本所在、命脉所在，是全国各族人民的利益所系、命运所系。中国共产党是中国特色社会主义事业的领导核心，处在总揽全局、协调各方的地位。党政军民学，东西南北中，党是领导一切的，是最高的政治领导力量。党的领导是做好党和国家各项工作的根本保证，是我国政治稳定、经济发展、民族团结、社会稳定的根本点，绝对不能有丝毫动摇。党的十八大以来，以习近平同志为核心的党中央以巨大政治勇气和强烈责任担当，推动党和国家事业取得历史性成就、发生历史性变革,实现中华民族伟大复兴进入了不可逆转的历史进程。坚持和加强党的全面领导,最根本的是深刻领悟"两个确立"的决定性意义,坚决做到"两个维护"。"两个确立"是党在新时代取得的重大政治成果,是推动党和国家事业取得历史性成就、发生历史性变革的决定性因素。确立习近平同志党中央的核心、全党的核心地位,确立习近平新时代中国特色社会主义思想的指导地位,反映了全党全军全国各族人民共同心愿,对新时代党和国家事业发展、对推进中华民族伟大复兴历史进程具有决定性意义。党的十八大以来,以习近平同志为核心的党中央把加强党的集中统一领导作为全党共同的政治责任,系统完善党的领导制度体系,使全党思想上更加统一、政治上更加团结、行动上更加一致,党的政治领导力、思想引领力、群众组织力、社会号召力显著增强。正是因为有习近平总书记掌舵领航,全党才有了顶梁柱,14亿多人民才有了主心骨;正是因为有习近平新时代中国特色社会主义思想的科学指引,全党全国各族人民才有了思想上的"定盘星"、行动上的"指南针"。"两个维护"是党的最高政治原则和根本政治规矩,要把对"两个确立"决定性意义的深刻领悟切实转化为坚决做到"两个维护"的高度自觉,不断提高政治判断力、政治领悟力、政治执行力,全面贯彻习近平新时代中国特色社会主义思想,始终在思想上政治上行动上同以习近平同志为核心的党中央保持高度一致。创造高品质生活,必须坚持和加强党的全面领导,要把党的领导落实到创造高品质生活的各领域各方面各环节,使党对创造高品质生活的领导在职能配置上更加科学合理、在体制机制上更加完备完善、在运行管理上更加高效,不断提高党在领导创造高品质生活方面的能力和定力,不断满足人民对美好生活的向往。

必须坚持中国特色社会主义道路。道路决定命运,道路就是党的生命。习近平总书记深刻指出,"一切成功发展振兴的民族,都是找到了适合自己实际的道路的民族。""党和国家的长期实践充分证明,只有社会主义才能救中国，只有中国特色社会主义才能发展中国。"中国特色社会主义，是科学社会主义理论逻辑和中国社会发展历史逻辑的辩证统一，是根植于中国大地、反映中国人民意愿、适应中国和时代发展进步要求的科学社会主义。中国特色社会主义不是从天上掉下来的，是改革开放以来党的全部理论和实践的主题，是党和人民千辛万苦、付出巨大代价取得的根本成就。中国特色社会主义，既是我们不断推进的伟大事业，又是我们开辟未来的根本保证。鞋子合不合脚，只有穿了的人才知道。中国特色社会主义制度好不好、优越不优越，中国人民最清楚，也最有发言权。实践证明，只有中国特色社会主义道路而没有别的道路，能够引领中国进步、增进人民福祉、实现民族复兴。中国特色社会主义道路是实现社会主义现代化、创造人民美好生活的必由之路，中国特色社会主义理论体系是指导党和人民实现中华民族伟大复兴的正确理论，中国特色社会主义是当代中国发展进步的根本制度保障，中国特色社会主义文化是激励全党全国各族人民奋勇前进的强大精神力量。全党要更加自觉地增强道路自信、理论自信、制度自信、文化自信，既不走封闭僵化的老路，也不走改旗易帜的邪路，保持政治定力，坚持实干兴邦，始终坚持和发展中国特色社会主义。党的十八大以来，以习近平同志为核心的党中央准确把握中国特色社会主义历史新方位、时代新变化、实践新要求，科学回答了当今时代和当代中国发展提出的一系列重大理论和实践问题，创造了新时代中国特色社会主义事业的伟大成就，推动我国迈上全面建设社会主义现代化国家新征程。实践证明，中国特色社会主义道路是符合中国实际、反映中国人民意愿、适应时代发展要求的，不仅走得对、走得通，而且走得稳、走得好。创造高品质生活，必须坚持中国特色社会主义道路，只有沿着中国特色社会主义这条光明大道，才能走出一条具有中国特色的高品质生活之路，不断提升中国人民的幸福生活指数。

必须坚持以人民为中心的发展思想。中国共产党人的初心和使命就是为中国人民谋幸福,为中华民族谋复兴。让人民过上好日子,是我们一切工作的出发点和落脚点。党的十八届五中全会首次提出,要着力践行以人民为中心的发展思想,体现了我们党全心全意为人民服务的根本宗旨,体现了人民是推动发展的根本力量的唯物史观。全心全意为人民服务,是我们党一切行动的根本出发点,是我们党区别于其他一切政党的根本标志。党的一切工作,必须以最广大人民的根本利益为最高标准。检验我们一切工作的成效,最终都要看人民是否真正得到了实惠,人民生活是否真正得到了改善,人民权益是否真正得到了保障。为什么人的问题,是检验一个政党、一个政权性质的试金石。带领人民创造美好生活,是我们党始终不渝的奋斗目标。坚持以人民为中心的发展思想,体现了党的理想信念、性质宗旨、初心使命,也是对党的奋斗历程和实践经验的深刻总结。以人民为中心的发展思想,不是一个抽象的、玄奥的概念,不能只停留在口头上、止步于思想环节,而要体现在经济社会发展各个环节。自成立以来,我们党团结带领人民进行革命、建设、改革,根本就是为了让人民过上好日子,无论面临多大挑战和压力,无论付出多大代价,这一点都始终不渝、毫不动摇。党的十八大以来,以习近平同志为核心的党中央把逐步实现全体人民共同富裕摆在更加重要的位置,团结带领人民完成脱贫攻坚、全面建成小康社会的历史任务,实现了第一个百年奋斗目标,深入贯彻以人民为中心的发展思想,在幼有所育、学有所教、劳有所得、病有所医、老有所养、住有所居、弱有所扶上持续用力,人民生活全方位改善,共同富裕取得新成效。新时代新征程,坚持以人民为中心的发展思想,创造高品质生活,要坚持人民主体地位,顺应人民群众对美好生活的向往,不断实现好、维护好、发展好最广大人民的根本利益,做到发展为了人民、发展依靠人民、发展成果为人民共享。要重点解决好同老百姓生活息息相关的教育、就业、医疗卫生、社会稳定等民生问题,要更加聚焦人民群众普遍关心关注的问题,采取更有针对性的措施,一件一件抓落实,一年接着一年干,让人民

中国式现代化的高品质生活研究

群众获得感、幸福感、安全感更加充实、更有保障、更可持续。要完善分配制度,健全社会保障体系,强化基本公共服务,兜牢民生底线,解决好人民群众急难愁盼问题,让现代化建设成果更多更公平惠及全体人民,在推进全体人民共同富裕上不断取得更为明显的实质性进展。

必须坚持深化改革开放。改革开放是决定当代中国命运的关键一招,是我们党的一次伟大觉醒,是党和人民事业大踏步赶上时代的重要法宝,是党和国家保持生机活力的关键,是当代中国最鲜明的特色,也是当代中国共产党人最鲜明的品格。改革开放是一个系统工程,必须坚持全面改革,在各项改革协同配套中推进。改革开放是一场深刻而全面的社会变革,既包括经济机制又包括政治体制、文化体制、社会体制、生态体制,既涉及生产力、又涉及生产关系,既涉及经济基础又涉及上层建筑,每一项改革都会对其他改革产生重要影响,每一项改革又都需要其他改革协同配合。党的十一届三中全会开启了改革开放和社会主义现代化建设的新时期,我们党团结带领全国各族人民以一往无前的进取精神和波澜壮阔的创新实践,坚持改革改革再改革、开放开放再开放,我国取得了世所罕见的经济快速发展和社会长期稳定两大奇迹。党的十八大以来,以习近平同志为核心的党中央以巨大的政治勇气全面深化改革,打响改革攻坚战,加强改革顶层设计,敢于突进深水区,敢于啃硬骨头,敢于涉险滩,敢于面对新矛盾新挑战,冲破思想观念束缚,突破利益固化藩篱,坚决破除各方面体制机制弊端,各领域基础性制度框架基本建立,许多领域实现历史性变革、系统性重塑、整体性重构,新一轮党和国家机构改革全面完成,中国特色社会主义制度更加成熟更加定型,国家治理体系和治理能力现代化水平明显提高。实行更加积极主动的开放战略,构建面向全球的高标准自由贸易区网络,加快推进自由贸易试验区、海南自由贸易港建设,共建"一带一路"成为深受欢迎的国际公共产品和国际合作平台。我国成为一百四十多个国家和地区的主要贸易伙伴,货物贸易总额居世界第一,吸引外资和对外投资居世界前列，形成更大范围、更宽领域、更深层次对外开放格局。改革开放只有进行时、没有完成时。新时代新征程，深化改革开放，创造高品质生活，要聚焦全面建设社会主义现代化国家，以中国式现代化全面推进中华民族伟大复兴，深入推进改革创新，坚定不移扩大开放，着力破解束缚创造高品质生活的深层次体制机制障碍，不断彰显中国特色社会主义制度优势，不断增强社会主义现代化建设的动力和活力，把我国制度优势更好转化为国家治理效能，不断提升创造高品质生活的能力和水平。要推进高水平对外开放，以国内大循环吸引全球资源要素，稳步扩大规则、规制、管理、标准等制度型开放，推动货物贸易优化升级，进一步营造市场化、法治化、国际化一流营商环境，推动共建"一带一路"高质量发展，优化区域开放布局，加快建设西部陆海新通道，加快建设海南自由贸易港，有序推进人民币国际化，深度参与全球产业分工和合作，为创造高品质生活奠定坚实的基础。

必须坚持发扬斗争精神。敢于斗争是我们党的鲜明品格。党和人民取得的一切成就，都是通过斗争取得的。建立中国共产党、成立中华人民共和国、实行改革开放、推进新时代中国特色社会主义事业，都是在斗争中诞生、在斗争中发展、在斗争中壮大的。进入新时代，党和国家面临的形势之复杂、斗争之严峻、改革发展稳定任务之艰巨世所罕见、史所罕见，正是因为确立了习近平同志党中央的核心、全党的核心地位，确立了习近平新时代中国特色社会主义思想的指导地位，党才有力解决了影响党长期执政、国家长治久安、人民幸福安康的突出矛盾和问题，从根本上确保实现中华民族伟大复兴进入了不可逆转的历史进程，中国式现代化得到成功推进和拓展。推进中国式现代化，是一项前无古人的开创性事业，必然会遇到各种可以预料和难以预料的风险挑战、艰难险阻甚至惊涛骇浪，必须进行具有许多新的历史特点的伟大斗争。当前，我国发展进入战略机遇和风险挑战并存、不确定难预料因素增多的时期。我国发展面临新的战略机遇、新的战略任务、新的战略阶段、新的战略要求、新的战略环境，需要应对的风险和挑战、需要解决的矛盾和问题比以往更加错综复杂。世纪疫情影响深远，逆全球化思潮抬头，单边主义、保护主义明显上升，世界经济复苏乏力，局部冲突和动荡频发，全球性问题加剧，世界进入新的动荡变革期。我国改革发展稳定面临不少深层次矛盾躲不开、绕不过，党的建设特别是党风廉政建设和反腐败斗争面临不少顽固性、多发性问题，来自外部的打压遏制随时可能升级。我们党依靠斗争走到今天，也必然要依靠斗争赢得未来。习近平总书记强调："必须增强忧患意识，坚持底线思维，居安思危、未雨绸缪，敢于斗争、善于斗争，通过顽强斗争打开事业发展新天地。""在各种重大斗争中，我们要坚持增强忧患意识和保持战略定力相统一、坚持战略判断和战术决断相统一、坚持斗争过程和斗争实效相统一。""要善斗争、会斗争，提升见微知著的能力，透过现象看本质，准确识变、科学应变、主动求变，洞察先机、趋利避害""要抓主要矛盾、抓矛盾的主要方面，坚持有理有利有节，合理选择斗争方式、把握斗争火候，在原则问题上寸步不让，在策略问题上灵活机动"。新时代新征程，创造高品质生活，必须坚持发扬斗争精神，必须把握新的伟大斗争的历史特点，深刻认识我国社会主要矛盾变化带来的新特征新要求，深刻认识错综复杂的国际环境带来的新矛盾新挑战，贯彻总体国家安全观，统筹发展和安全，勇于战胜一切风险挑战，为创造高品质生活营造良好的环境。

第二章

高品质生活的时代背景与重大意义

第二章 高品质生活的时代背景与重大意义

第一节 高品质生活的时代背景

一、百年未有之大变局是创造高品质生活的世界视角

2017年12月28日,习近平总书记在接见我国驻外使节发表重要讲话时指出,"放眼世界,我们面对的是百年未有之大变局"。这是习近平总书记立足世界发展大局作出的重大战略判断。

2018年6月22日至23日,在中央外事工作会议上,习近平总书记进一步指出:"当前,我国处于近代以来最好的发展时期,世界处于百年未有之大变局,两者同步交织、相互激荡。"

2020年10月26日至29日,习近平总书记在党的十九届五中全会上指出:"当前和今后一个时期,我国发展仍然处于重要战略机遇期,但机遇和挑战都有新的发展变化。当今世界正经历百年未有之大变局,新一轮科技革命和产业变革深入发展,国际力量对比深刻调整。"

2021年11月22日,习近平总书记在中国—东盟建立对话关系30周年纪念峰会上呼吁:"让我们把人民对美好生活的向往放在心头,把维护和平、促进发展的时代使命扛在肩上,携手前行,接续奋斗,构建更为紧密的中国—东盟命运共同体,共创更加繁荣美好的地区和世界!"

2022年7月26日至27日,习近平总书记在省部级主要领导干部"学习习近平总书记重要讲话精神,迎接党的二十大"专题研讨班上发表重要讲话时指出:"当前,世界百年未有之大变局加速演进,世界之变、时代

之变、历史之变的特征更加明显。"

2022年10月16日，习近平总书记在党的二十大报告中指出："当前，世界之变、时代之变、历史之变正以前所未有的方式展开。一方面，和平、发展、合作、共赢的历史潮流不可阻挡，人心所向、大势所趋决定了人类前途终归光明。另一方面，恃强凌弱、巧取豪夺、零和博弈等霸权霸道霸凌行径危害深重，和平赤字、发展赤字、安全赤字、治理赤字加重，人类社会面临前所未有的挑战。"

习近平总书记关于世界处于百年未有之大变局的重要论述，深刻阐释了世界百年未有之大变局的理论逻辑、历史逻辑和实践逻辑，对指导我们正确把握世界发展大势，对深入分析国际国内大势，科学把握百年未有之大变局中我国发展面临的战略机遇和风险挑战，谋划和推进创造高品质生活，不断满足人民对美好生活的向往，具有重大意义。

新一轮科技革命加速世界重塑。科技是第一生产力。人类社会发展和世界发展的历史表明，科技革命总是能够深刻改变人类社会发展的进程和世界发展格局。进入21世纪以来，全球科技创新进入空前密集活跃的时期，新一轮科技革命和产业变革正在重构全球创新版图、重塑全球经济结构。以人工智能、量子信息、移动通信、物联网、区块链为代表的新一代信息技术加速突破应用，新一轮科技革命和产业变革正在对全球创新版图和经济结构产生深刻影响的趋势。科技深刻改变人类社会发展进程，科技对人类社会产生了巨大的影响和改变。科技的进步和创新推动了人类社会在各个领域的发展，从农业革命、工业革命到信息技术革命，科技的不断进步推动了人类社会的进步和改善。科技深刻改变世界发展格局，科技的进步不仅改变了人类社会内部的发展进程，也对全球发展格局产生了深远的影响。科技的跨国传播和应用使得国际社会更加紧密地联系在一起，推动了全球化进程，改变了各国的地位和相互之间的关系，形成新的国际秩序和合作模式。新一轮科技革命和产业变革正在重构全球创新版图，当前，新一轮科技革命和产业变革正在发生。诸如人工智能、物联网、区块链、生物技术等新兴科技和产业正在迅速崛起,以合成生物学、基因编辑、脑科学、再生医学等为代表的生命科学领域孕育新的变革,融合机器人、数字化、新材料的先进制造技术正在加速推进制造业向智能化、服务化、绿色化转型,以清洁高效可持续为目标的能源技术加速发展将引发全球能源变革,空间和海洋技术正在拓展人类生存发展新疆域,推动着全球创新版图的重构。这些新技术和产业的发展,将改变各个领域的生产方式、商业模式和创新动力,重塑全球科技创新的格局。新一轮科技革命和产业变革正在重塑全球经济结构,随着新兴科技和产业的崛起,全球经济结构正在发生巨大变化。新技术的应用推动了产业升级和转型,改变了传统产业链和价值链的构成,促进了全球经济结构的重塑。新一轮科技革命和产业变革的发展将带来新的商业模式、新的经济增长点和全球产业布局的调整。我们在这个时代中要密切关注科技发展趋势,积极应对和把握新机遇,以推动社会进步和经济发展。当今世界,大数据、云计算、移动互联网等新一代信息技术同机器人和智能制造技术相互融合步伐加快,社会生产力将再次大提高。总之,信息、生命、制造、能源、空间、海洋等的原创突破为前沿技术、颠覆性技术提供了更多创新源泉,学科之间、科学和技术之间、技术之间、自然科学和人文社会科学之间日益呈现交叉融合趋势,科学技术从来没有像今天这样深刻影响着人民生活福祉。

人民的需要和呼唤,是科技进步和创新的时代声音。人民对美好生活的期望不断提高,对科技创新提出了更高的要求。要解决人民群众的愿望和迫切需要,就必须聚焦重大疾病预防控制、食品药品安全、人口老龄化等涉及公共福利的关键问题,大幅增加公共科技资源供给,从而使人民享有更宜居的环境、更好的医疗卫生服务,以及对食品和药品质量的更大信心。通过技术创新,构建低成本、广覆盖、高质量的公共服务体系,加强包容性和公共科技供应,开发低成本的疾病预防控制和远程医疗技术,以实现公平获得高质量医疗卫生资源。此外，大力发展信息网络技术，以弥合不同收入群体和地区之间的数字鸿沟，实现平等获得优质文化和教育资源的机会。习近平总书记指出："科技是国之利器，国家赖之以强，企业赖之以赢，人民生活赖之以好。中国要强，中国人民生活要好，必须有强大科技。"新时代新征程，创造高品质生活要求科技创新取得重大突破，需要彻底实施优先发展科学和教育、培养人才的战略，以及实施创新驱动的战略。面对前沿科学问题带来的挑战，提出更多原创理论并做出重大科学发现，在关键科技领域实现跨越式发展，跟上甚至引领全球科技进步的新方向，掌握新一轮全球技术竞争的战略主动权，通过科技发展推动创造高品质生活。

世界进入动荡变革期。进入新时代，国际力量对比深刻调整，单边主义、保护主义、霸权主义、强权政治对世界和平与发展威胁上升，逆全球化思潮上升，世界进入动荡变革期。大国间博弈和战略竞争的加剧，原有以大国协调为重要支撑的国际秩序面临挑战。全球治理格局取决于国际力量对比，全球治理体系变革源于国际力量对比变化。习近平总书记2018年在金砖国家工商论坛上指出，新兴市场国家和发展中国家对世界经济增长的贡献率已经达到80%。按汇率法计算，这些国家的经济总量占世界的比重接近40%。保持现在的发展速度，10年后将接近世界总量一半。发展中国家群体对世界经济增长的贡献越来越大，中国、印度、俄罗斯、巴西和南非等新兴经济体形成，其对世界经济贡献率逐年上升，其中尤以我国最为突出。世行数据显示，2013年到2021年中国对世界经济增长的平均贡献率，超过G7国家贡献率的总和。我国经济总量占世界总量的比重超过18%，多年来对世界经济增长贡献率年均达到约30%，稳居世界第二大经济体，是制造业第一大国、货物贸易第一大国、商品消费第二大国、外资流入第二大国，外汇储备连续多年位居世界第一，更大范围、更宽领域、更深层次对外开放格局已经形成。2013年，我国提出"一带一路"倡议，为经济全球化提供了新的路径。我国提出的共商、共建、共享的全球治理观，正为越来越多的国家所认同。当前，世界经济仍然处于深度调整期，既有复苏迹象，也面临基础不稳、动力不足、速度不均的问题。主要发达经济体的结构性问题远未解决，加强宏观经济政策协调的必要性突出。新兴市场经济体增速放缓，外部风险和挑战增加。世界各国利益和命运紧紧联系在一起。比如，气候变化是全球性挑战，任何一国都无法置身事外。在气候变化挑战面前，人类命运与共，单边主义没有出路。人类只有一个地球，各国共处一个世界。气候变化不利影响日益显现，全球行动紧迫性持续上升。2022年4月22日，世界气象组织（WMO）发布《2022年全球气候状况报告》，通过分析被该组织重点关注的关键气候指标如温室气体、温度、海平面上升、海洋热量和酸化以及海冰和冰川等指标数据指出，2022年度，全球各地从山峰到海洋深处，气候变化均在继续，极端天气及其破坏性影响仍在持续，自然环境及社会经济为此付出的代价正在增大。冰川融化、海洋热量和海平面上升在2022年再次达到了创纪录的水平，而且这一趋势或持续数个世纪。由于吸热温室气体达到了创纪录水平，陆地、海洋和大气在全球范围发生了变化。为了实现和平、发展、合作、共赢，各国需要携手应对气候变化带来的挑战。如何应对气候变化、推动世界经济复苏，是我们面临的时代课题。党的十八大以来，我国积极参与并推动多边气候治理进程，推动建立应对气候变化合作机制，加强应对气候变化、生物多样性保护等领域国际合作，认真履行国际公约，重视应对气候变化南南合作，维护发展中国家的发展权益，主动承担同国情、发展阶段和能力相适应的环境治理义务，在更大范围内推动绿色低碳发展，为全球提供更多公共产品。积极参与全球治理体系改革和建设。我国建设性参与国际和地区热点问题政治解决，在气候变化、减贫、反恐、网络安全和维护地区安全等领域发挥积极作用，我国国际影响力、感召力、塑造力显著提升。

新冠疫情加速世界演变。新冠疫情是百年来全球发生的最严重的传染病大流行，严重影响了人民的生命健康，严重影响了世界产业链供应链，导致了世界经济经历20世纪30年代大萧条以来最严重的衰退，强化了本已高涨的民族主义情绪和保护主义倾向，导致世界经济秩序失衡进一步加剧，因疫情致贫、返困的人口急剧上升，全球贫富差距进一步拉大，世界经济进一步分化，复苏难度也进一步上升。从另一方面来讲，疫情防控催生的远程居家办公和在线社交等智能新技术、新产品和新业态可能成为全球经济新的增长点，推动了人工智能、大数据和机器人等技术普及，提升了社会治理体系科技能力，助推数字产业发展，企业数字化转型加快，社会数字化程度逐渐加深。新冠疫情对世界各国和人类社会产生了全方位的重要影响，使得百年未有之大变局的特征在各个领域更加凸显出来，通过疫情诱发的政治经济社会危机更是大大加剧和催化了百年未有之大变局。

  中国同世界各国携手合作、共克时艰，为全球抗疫贡献了智慧和力量。我们本着公开、透明、负责任的态度，积极履行国际义务，第一时间向世界卫生组织、有关国家和地区组织主动通报疫情信息，第一时间发布新冠病毒基因序列等信息，第一时间公布诊疗方案和防控方案，同许多国家、国际和地区组织开展疫情防控交流活动，开设疫情防控网上知识中心并向所有国家开放，毫无保留同各方分享防控和救治经验。我们发起了新中国成立以来援助时间最集中、涉及范围最广的紧急人道主义行动，为全球疫情防控注入源源不断的动力，充分展示了讲信义、重情义、扬正义、守道义的大国形象，生动诠释了为世界谋大同、推动构建人类命运共同体的大国担当。我国加强疫情防控国际合作，支持世界卫生组织发挥全球抗疫领导作用，同各国分享防控和救治经验，向应对疫情能力薄弱的国家和地区提供帮助，发挥全球抗疫物资最大供应国作用，推动构建人类卫生健康共同体。我国成为疫情发生以来第一个恢复增长的主要经济体，在疫情防控和经济恢复上都走在世界前列，显示了中国的强大修复能力和旺盛生机活力。历史和现实都告诉我们,只要国际社会秉持人类命运共同体理念,坚持多边主义、走团结合作之路,世界各国人民就一定能够携手应对各种全球性问题,共建美好地球家园。

世界百年未有之大变局,是我们创造高品质生活的世界时代背景。近代以来的世界经济、科技、文化、安全、政治等格局都在这变局中深刻调整,我们要树立正确的历史观、大局观、角色观,深入分析大变局的演变规律,深刻领会百年未有之大变局的丰富内涵,准确把握大变局中我国外部环境的基本特征,准确识变、科学应变、主动求变,在变局中开新局,统筹谋划和推进创造高品质生活,与国际社会一起,构建人类命运共同体,共建和平家园、安宁家园、繁荣家园、美丽家园、友好家园,促进人的全面发展。

二、新时代是创造高品质生活的历史方位

党的十八大以来,我国进入了中国特色社会主义新时代,标示着我国发展进入了新的历史方位。习近平总书记在党的十九大报告中指出:"经过长期努力,中国特色社会主义进入了新时代,这是我国发展新的历史方位。"中国特色社会主义进入新时代,在中华人民共和国发展史上、在中华民族发展史上具有重大意义,在世界社会主义发展史上、人类社会发展史上也具有重大意义,在经济、政治、社会和文化等方面都出现了新的情况、新的特征和新的任务。中国特色社会主义新时代强调创新、协调、绿色、开放、共享的新发展理念,推动经济高质量发展,实现更加可持续的发展。新时代加强了中国共产党的全面领导,提倡依法治国,加强法治建设,推动全面从严治党。新时代更加注重改善民生、促进社会公平正义,加强社会保障体系建设,提高人民的获得感和幸福感。在国际舞台上,中国特色社会主义新时代提出了构建人类命运共同体的理念,推动着全球治理体系的变革和国际关系的重构。中国进入了一个新的历史时期,赋予了中国共产党的历史使命、经济社会发展的新特点和新目标,以及中国在国

际事务中的积极作用和责任担当，也是不断满足人民对美好生活的向往，创造高品质生活的历史方位。

中国特色社会主义进入新时代，意味着中国在社会主义建设道路上取得了重大进展，并且面临新的历史使命和发展要求。一是意味着发展阶段的转变。中国特色社会主义进入新时代标志着中国特色社会主义建设进入了新的发展阶段。在过去几十年的改革开放中，中国在经济、政治、社会和文化等领域取得了巨大的发展成就，成功探索出一条适合中国国情的发展道路。进入新时代，中国需要适应国内外形势的发展变化，进一步推进现代化建设和全面深化改革。二是意味着新的历史任务和使命。中国特色社会主义新时代提出了新的历史任务和使命。在新时代，中国需要实现更高水平的经济发展，构建现代化经济体系；推进全面深化改革，不断完善社会主义制度；加强党的领导，加强党的建设，确保党始终成为中国特色社会主义事业的坚强领导核心；加强人民群众的获得感、幸福感和安全感，建设社会主义现代化强国。三是意味着中国特色社会主义的新内涵。进入新时代，中国特色社会主义将进一步丰富和发展。新时代要求更加注重创新驱动和绿色发展，促进人的全面发展和社会公平正义，推动经济高质量发展和社会全面进步。同时，中国在国际事务中也将承担更多的责任和作用，积极推动构建人类命运共同体，为世界和平与发展做出更大贡献。总之，中国特色社会主义进入新时代意味着中国在社会主义建设道路上面临新的历史任务和使命，需要在经济、政治、社会和文化等方面继续深化改革、推动发展，努力实现国家现代化和人民幸福安康的目标。同时，中国也将在国际舞台上积极发挥作用，推动构建人类命运共同体，为世界的繁荣与进步做出贡献。

新时代是承前启后、继往开来在新的历史条件下继续夺取中国特色社会主义伟大胜利的时代。道路问题是关系党的事业兴衰成败第一位问题，道路就是党的生命。党和国家的长期实践充分证明，只有社会主义才能救中国，只有中国特色社会主义才能发展中国。马克思主义必定随着时代、实践和科学的发展而不断发展，不可能一成不变，社会主义从来都是在开拓中前进的。中国特色社会主义，是科学社会主义理论逻辑和中国社会发展历史逻辑的辩证统一，是根植于中国大地、反映中国人民意愿、适应中国和时代发展进步要求的科学社会主义，是全面建成小康社会、加快推进社会主义现代化、实现中华民族伟大复兴的必由之路。从社会主义到中国特色社会主义，再到中国特色社会主义进入新时代，是社会主义在中国发展的理论逻辑、历史逻辑和实践逻辑，是马克思主义中国化时代化的必由之路。我们党带领人民成功开创、发展了中国特色社会主义道路，创造了一个个举世瞩目的中国奇迹。中国特色社会主义，既是我们不断推进的伟大事业，又是我们开辟未来的根本保证。习近平总书记强调，中国特色社会主义不是从天上掉下来的，而是在改革开放的伟大实践中得来的，是在中华人民共和国成立近七十年的持续探索中得来的，是在我们党领导人民进行伟大社会革命九十七年的实践中得来的，是在近代以来中华民族由衰到盛一百七十多年的历史进程中得来的，是对中华民族五千多年的传承发展中得来的，是党和人民历经千辛万苦、付出各种代价取得的宝贵成果。在新时代，我们党治国理政第一位的任务，就是紧紧围绕坚持和发展中国特色社会主义这个主题，适应中国特色社会主义发展的新要求，接力探索，接续奋斗，让社会主义在中国展现出更加强大的生命力。实践证明，党的十八大以来党中央的大政方针和工作部署是完全正确的，中国特色社会主义道路是符合中国实际、反映中国人民意愿、适应时代发展要求的，不仅走得对、走得通，而且走得稳、走得好。我们坚持和发展中国特色社会主义，推动物质文明、政治文明、精神文明、社会文明、生态文明协调发展，创造了中国式现代化新道路，创造了人类文明新形态。新的征程上，我们必须坚持党的基本理论、基本路线、基本方略，统筹推进"五位一体"总体布局、协调推进"四个全面"战略布局，全面深化改革开放，立足新发

中国式现代化的高品质生活研究

展阶段,完整、准确、全面贯彻新发展理念,构建新发展格局,推动高质量发展,推进科技自立自强,保证人民当家作主,坚持依法治国,坚持社会主义核心价值体系,坚持在发展中保障和改善民生,坚持人与自然和谐共生,协同推进人民富裕、国家强盛、中国美丽。

新时代是决胜全面建成小康社会,进而全面建成社会主义现代化强国的时代。全面建成小康社会,是我们党向人民、向历史作出的庄严承诺。党的十八大根据国内外形势新变化,顺应我国经济社会新发展和广大人民群众新期待,对全面建设小康社会目标进行了充实和完善,提出了更具明确政策导向、更加针对发展难题、更好顺应人民意愿的新要求。党的十九大提出在全面建成小康社会的基础上,分两步走在本世纪中叶建成社会主义现代化强国的战略安排。贫困是人类社会的顽疾。反贫困始终是古今中外治国安邦的一件大事。一部中国史,就是一部中华民族同贫困作斗争的历史。全面建成小康社会最艰巨最繁重的任务在农村特别是在贫困地区,党中央把脱贫攻坚摆在治国理政的突出位置,把脱贫攻坚作为全面建成小康社会的底线任务,组织开展了声势浩大的脱贫攻坚人民战争,党和人民披荆斩棘、栉风沐雨,发扬钉钉子精神,敢于啃硬骨头,攻克了一个又一个贫中之贫、坚中之坚,脱贫攻坚取得了重大历史性成就。新时代,我们经过接续奋斗,实现了小康这个中华民族的千年梦想,我国发展站在了更高历史起点上。我们坚持精准扶贫、尽锐出战,打赢了人类历史上规模最大的脱贫攻坚战,全国八百三十二个贫困县全部摘帽,近一亿农村贫困人口实现脱贫,九百六十多万贫困人口实现易地搬迁,历史性地解决了绝对贫困问题,为全球减贫事业作出了重大贡献。习近平总书记在庆祝中国共产党成立100周年大会上的重要讲话中庄严宣告:"经过全党全国各族人民持续奋斗,我们实现了第一个百年奋斗目标,在中华大地上全面建成了小康社会,历史性地解决了绝对贫困问题,正在意气风发向着全面建成社会主义现代化强国的第二个百年奋斗目标迈进。"党的二十大指出:

从现在起，中国共产党的中心任务就是团结带领全国各族人民全面建成社会主义现代化强国、实现第二个百年奋斗目标，以中国式现代化全面推进中华民族伟大复兴。对全面建成社会主义现代化强国，党的二十大分两步做了战略安排：从二〇二〇年到二〇三五年基本实现社会主义现代化；从二〇三五年到本世纪中叶把我国建成富强民主文明和谐美丽的社会主义现代化强国。全面建设社会主义现代化国家，是新时代赋予的光荣使命，是满足人民对美好生活向往的迫切需要，我们要时刻准备着付出更为艰巨、更为艰苦的努力。

新时代是全国各族人民团结奋斗、不断创造美好生活、逐步实现全体人民共同富裕的时代。带领人民创造美好生活、实现共同富裕，是我们党矢志不渝的奋斗目标。习近平总书记强调，"永远把人民对美好生活的向往作为奋斗目标""共同富裕是社会主义的本质要求，是中国式现代化的重要特征"。人类社会总是在矛盾运动中不断向前发展的、不断进步的，创造高品质生活，必须找准我国社会的主要矛盾。习近平总书记指出："中国特色社会主义进入新时代，我国社会主要矛盾已经转化为人民日益增长的美好生活需要和不平衡不充分的发展之间的矛盾。"这一重大论断，指明了解决当代中国发展主要问题的根本着力点。社会主要矛盾的变化是事关全局的历史性变化，对创造高品质生活提出了新要求。进入新时代，人民对美好生活的向往更加强烈，人民群众期盼有更好的教育、更稳定的工作、更满意的收入、更可靠的社会保障、更高水平的医疗卫生服务、更舒服的居住条件、更优美的环境、更丰富的精神文化生活。如何在持续推动发展的基础上，着力解决好发展不平衡不充分问题，更好满足人民在经济、政治、文化、社会、生态等方面日益增长的需要，更好推动人的全面发展、社会全面进步，不断满足人民对美好生活的需要，便成为新时代的重大课题。全面建成小康社会，为促进共同富裕创造了良好条件。现在，已经到了扎实推动共同富裕的历史阶段。适应我国社会主要矛盾的变化，必须把

中国式现代化的高品质生活研究

促进全体人民共同富裕作为为人民谋幸福的着力点。党的二十大报告提出2035年我国发展的总体目标，其中包括"人的全面发展、全体人民共同富裕取得更为明显的实质性进展"。新时代新征程，满足人民对美好生活的向往，创造高品质生活，要坚持以人民为中心的发展思想，在高质量发展中促进共同富裕，正确处理效率和公平的关系，构建初次分配、再分配、三次分配协调配套的基础性制度安排，加大税收、社保、转移支付等调节力度并提高精准性，扩大中等收入群体比重，增加低收入群体收入，合理调节高收入，取缔非法收入，形成中间大、两头小的橄榄型分配结构，促进社会公平正义，促进人的全面发展，使全体人民朝着共同富裕目标扎实迈进。

新时代是全体中华儿女勠力同心、奋力实现中华民族伟大复兴中国梦的时代。实现中华民族伟大复兴是中国共产党的历史使命，是中国人民和中华民族的伟大梦想。中华民族是世界上伟大的民族，创造了灿烂的中华文明，长期走在世界前列。明朝后期开始实行闭关锁国政策，后来又错失工业革命、科技革命机遇，中国在内部矛盾和西方现代化浪潮冲击下逐渐走向衰落。1840年鸦片战争以后，中国逐步成为半殖民地半封建社会，国家蒙辱、人民蒙难、文明蒙尘，中华民族遭受了前所未有的劫难。从那时起，实现中华民族伟大复兴，就成为中国人民和中华民族最伟大的梦想。中国共产党一经诞生，就把为中国人民谋幸福、为中华民族谋复兴确立为自己的初心使命。一百年来，中国共产党团结带领中国人民进行的一切奋斗、一切牺牲、一切创造，归结起来就是一个主题：实现中华民族伟大复兴。实现中华民族伟大复兴的中国梦，本质是国家富强、民族振兴、人民幸福。国家富强，就要是在全面建成小康社会基础上，全面建成富强民主文明和谐美丽的社会主义现代化强国；民族振兴，就是要使中华民族更加坚强有力地自立于世界民族之林，为人类作出更大的贡献；人民幸福，就要以人民为中心，增进人民福祉，促进人的全面发展，朝着共同富裕方向稳步前进。为实现中华民族伟大复兴，中国共产党团结带领中国人民，浴血奋战、百折不挠，创造了新民主主义革命的伟大成就；自力更生、发愤图强，创造了社会主义革命和建设的伟大成就；解放思想、锐意进取，创造了改革开放和社会主义现代化建设的伟大成就；自信自强、守正创新，统揽伟大斗争、伟大工程、伟大事业、伟大梦想，创造了新时代中国特色社会主义的伟大成就。伟大梦想不是等得来、喊得来的，而是拼出来、干出来的。新时代新征程，我们必须坚持大团结大联合，坚持一致性和多样性统一，加强思想政治引领，广泛凝聚共识，广聚天下英才，努力寻求最大公约数、画出最大同心圆，形成海内外全体中华儿女心往一处想、劲往一处使的生动局面，汇聚起实现民族复兴的磅礴力量！

新时代是我国日益走进世界舞台中央、不断为人类作出更大贡献的时代。大道之行，天下为公。中国人民历来把自己的前途命运同各国人民的前途命运紧密联系在一起。在新时代，中国与世界的关系发生深刻变化，我国同国际社会的互联互动空前紧密，成为促进世界和平与发展的强大力量。中国特色社会主义进入新时代，为解决人类问题贡献了中国智慧和中国方案。习近平总书记强调，我们要与世界各国人民同心协力，构建人类命运共同体，建设持久和平、普遍安全、开放包容、清洁美丽的世界。中国式现代化，打破了"现代化＝西方化"的迷思，展现了现代化的另一幅图景，拓展了发展中国家走向现代化的路径选择，为人类对更好社会制度的探索提供了中国方案。中国式现代化蕴含的独特世界观、价值观、历史观、文明观、民主观、生态观等及其伟大实践，是对世界现代化理论和实践的重大创新。中国式现代化为广大发展中国家独立自主迈向现代化树立了典范，为其提供了全新选择。新时代新征程，创造高品质生活与世界更加密切相关，我们统筹国内国际两个大局，坚持和平发展道路，积极构建人类命运共同体，推动建设更加美好的世界。

中国特色社会主义进入新时代，创造高品质生活，必须把握新时代特点、直面新时代课题，在体现时代性、把握规律性、富于创造性中不断展现蓬勃的生机活力。

三、新发展格局是创造高品质生活新的空间布局

2020年5月，习近平总书记提出要建立以国内大循环为主体、国内国际双循环相互促进的新发展格局。2020年10月，党的十九届五中全会对构建新发展格局作出全面部署。2022年10月，党的二十大围绕全面建设社会主义现代化国家，对加快构建新发展格局进一步作出部署和要求。2023年1月31日，习近平总书记在二十届中央政治局第二次集体学习时讲话强调，加快构建新发展格局，把握未来发展主动权。加快构建新发展格局，是立足实现第二个百年奋斗目标、统筹发展和安全作出的战略决策，是把握未来发展主动权的战略部署。

把握未来发展主动权是创造高品质生活的立足点。中国式现代化是人口规模巨大的现代化。中国式现代化的特点是人口众多，超过了现有发达国家人口的总和，从而带来了前所未有的挑战和复杂性。在这一独特背景下，牢牢把握发展主动权至关重要。作为一个超大规模经济体，中国必须内部可循环。在当今世界，最稀缺的资源是市场。中国拥有巨大的市场资源优势，必须充分利用市场资源，不断巩固和加强这一优势，将为构建新发展格局奠定坚实基础。扩大内需不是缓解金融风险和外部冲击的短期措施，也不是盲目扩张或仅仅依靠增加政府投资的战略。相反，为了适应我国经济发展实际情况，建立一个有效的扩大内需的体系至关重要。当前，我国经济正面临着转型升级的新阶段，内需正在逐渐成为经济增长的主要驱动力。因此，需要采取一系列措施来挖掘内需潜力，加快培育完整的内需体系，并加强需求侧管理，以推动家庭消费的扩大，提高消费质量和水平，使建设超大规模的国内市场成为一个可持续的历史过程。加大对教育、医疗、养老等领域的投资，提高公共服务的质量和水平，满足人民日益增

长的美好生活需要,进一步激发消费潜力。加强消费者信心和消费者权益保护。提高消费者的信心和满意度,鼓励他们增加消费支出。政府和企业共同努力,加强产品质量监管,保护消费者的合法权益,增加消费者对市场的信任度,从而推动消费需求的增长。创新金融服务,提高居民消费能力。通过完善金融体系,加大对个人消费信贷的支持,提供更加灵活多样的金融产品和服务,降低居民消费的融资成本,进一步提高居民的消费能力,促进内需的扩大。加强城乡居民之间的收入分配调节。通过增加公共财政支出,加强社会保障体系建设,为低收入群体提供基本保障,提高他们的可支配收入,进而推动内需的提升。加强城乡一体化发展,促进农村地区消费潜力释放。通过推动农村产业升级、建设现代农业和乡村振兴,提高农民收入水平,扩大农村居民的购买力,激发农村消费潜力,实现城乡一体化发展,进一步推动内需的扩大。以现代产业体系作为新发展格局的基础,在各个产业之间建立良好的联系和高效的联系至关重要。当前,全球产业体系和供应链布局多样化、区域合作、绿色转型、数字化加速。加快构建新发展格局,充分发挥超大规模市场优势,通过繁荣国内经济、畅通国内循环、夯实经济发展的根基,增强发展的安全性稳定性。增强我国国内循环经济体系,奠定坚实的经济基础,就必须对全球要素产生强大的吸引力,增强我国的内生动力和可靠性,提升其国际竞争力,从而增强应对可预见和不可预见挑战的韧性、竞争力、发展能力和可持续性,实现共同富裕,促进个人全面发展。

新发展格局是创造高品质生活的坚强保障。构建新发展格局的关键在于经济循环的畅通无阻,经济循环顺畅,物质产品会增加,社会财富会积聚,人民福祉会增进,国家实力会增强,从而形成一个螺旋式上升的发展过程;经济循环过程中出现堵点、断点,循环就会受阻,在宏观上就会表现为增长速度下降、失业增加、风险积累、国际收支失衡等情况,在微观上就会表现为产能过剩、企业效益下降、居民收入下降等问题。构建新发展格局，更好统筹扩大内需和深化供给侧结构性改革，增强国内大循环动力和可靠性，推动供需两端同时发力、协调配合，形成需求牵引供给、供给创造需求的更高水平动态平衡，实现国民经济良性循环。要针对性地加快补上我国产业链供应链短板弱项，确保国民经济循环畅通。全面推进城乡、区域协调发展，提高国内大循环的覆盖面。只有实现了城乡、区域协调发展，国内大循环的空间才能更广阔、成色才能更足。乡村既是巨大的消费市场，又是巨大的要素市场，是国内大循环的重要组成部分。要充分发挥乡村作为消费市场和要素市场的重要作用，全面推进乡村振兴，推进以县城为重要载体的城镇化建设，推动城乡融合发展，增强城乡经济联系，畅通城乡经济循环。防止各地搞自我小循环，打消区域壁垒，真正形成全国统一大市场。推动区域协调发展战略、区域重大战略、主体功能区战略等深度融合，优化重大生产力布局，促进各类要素合理流动和高效集聚，畅通国内大循环。要坚决贯彻落实扩大内需战略规划纲要，尽快形成完整内需体系，着力扩大有收入支撑的消费需求、有合理回报的投资需求、有本金和债务约束的金融需求。要建立和完善扩大居民消费的长效机制，使居民有稳定收入能消费、没有后顾之忧敢消费、消费环境优获得感强愿消费。要完善扩大投资机制，拓展有效投资空间，适度超前部署新型基础设施建设，扩大高技术产业和战略性新兴产业投资，持续激发民间投资活力。要继续深化供给侧结构性改革，持续推动科技创新、制度创新，突破供给约束堵点、卡点、脆弱点，增强产业链供应链的竞争力和安全性，以自主可控、高质量的供给适应满足现有需求，创造引领新的需求。构建新发展格局最本质的特征是实现高水平的自立自强。当前，我国经济发展环境出现了变化，特别是生产要素相对优势出现了变化。劳动力成本在逐步上升，资源环境承载能力达到了瓶颈，旧的生产函数组合方式已经难以持续，科学技术的重要性全面上升。在这种情况下，我们必须更强调自主创新。加快科技自立自强步伐，解决外国"卡脖子"问题。我们要完善党中央对科技工作统一领导的体制，健全新型举国体制，强化国家战略科技力量，优化配置创新资源，使我国在重要科技领域成为全球领跑者，在前沿交叉领域成为开拓者，力争尽早成为世界主要科学中心和创新高地。要实现科教兴国战略、人才强国战略、创新驱动发展战略有效联动，坚持教育发展、科技创新、人才培养一体推进，形成良性循环；坚持原始创新、集成创新、开放创新一体设计，实现有效贯通；坚持创新链、产业链、人才链一体部署，推动深度融合，从而为创造高品质生活提供坚强的保障。

高水平对外开放是创造高品质生活的重要路径。开放是当代中国最显明的标识。习近平总书记强调："中国开放的大门只会越开越大，永远不会关上。"当今世界，开放融通是大势所趋，经济全球化是人类社会发展的必经之路。虽然近年来单边主义、保护主义、孤立主义上升，世界经济低迷，国际贸易和投资大幅萎缩，给人类生产生活带来了前所未有的挑战和考验。但世界决不会退回到相互封闭、彼此分割的状态，开放合作仍然是历史潮流，互利共赢依然是人心所向。中国扩大高水平开放的决心不会变，同世界分享发展机遇的决心不会变。构建新发展格局，实施高水平对外开放，加强国内大循环在双循环中的主导作用，塑造我国参与国际合作与竞争的新优势至关重要。应注意通过国际循环提高国内大循环的效率和水平，改善我国生产要素的质量和配置，有效提高国内大循环的质量和水平。必须以高标准的国际贸易和投资规则为基准。当前，我们正处于全球经济格局深刻演变和全球化进程加速推进的时代。在这种背景下，我国积极应对挑战，不断深化商品、服务、资金、人才等要素的开放流动，以实现更高水平的开放发展。同时，我们也认识到仅仅依靠开放要素是不够的，还需要稳步扩大规则、法规、管理和标准的制度开放，以确保我国在国际大循环中的话语权和影响力。优化区域开放布局，加快建设西部陆海新通道，加快建设海南自由贸易港，实施自由贸易试验区提升战略，形成参与国际大循环的增长点。有序推进人民币国际化，依法保护外商投资权益，构建参与国际经济合作和竞争的新优势。推动共建"一带一路"高质量发展，积极参与国际经贸规则谈判，推动形成开放、多元、稳定的世界经济秩序，从而推动经济高质量发展，有利于世界和平、稳定、发展，有利于满足人民对美好生活的向往。

构建新发展格局，是着力推动高质量发展的必然要求，是由我国经济社会发展的理论逻辑、历史逻辑、现实逻辑决定的。在新发展格局中创造高品质生活，我们要充分把握好未来发展主动权，推动科技自立自强，增强国内大循环动力和可靠性，推动城乡、区域协调发展，实行高水平对外开放，解放和发展生产力，不断满足人民对美好生活的需要。

第二节　高品质生活的重大意义

一、高品质生活是中国特色社会主义的本质要求

人民对美好生活的向往，就是我们的奋斗目标。习近平总书记在党的二十大报告中指出："共同富裕是中国特色社会主义的本质要求，也是一个长期的历史过程。我们坚持把实现人民对美好生活的向往作为现代化建设的出发点和落脚点，着力维护和促进社会公平正义，着力促进全体人民共同富裕，坚决防止两极分化。"马克思、恩格斯指出，未来社会"生产将以所有的人富裕为目的""给所有的人提供健康而有益的工作，给所有的人提供充裕的物质生活和闲暇时间，给所有的人提供真正的充分的自由"。邓小平同志指出："社会主义最大的优越性就是共同富裕，这是体现社会主义本质的一个东西。""社会主义与资本主义不同的特点就是共同富裕，不搞两极分化。""社会主义的本质，是解放生产力，发展生产力，消灭剥削，消除两极分化，最终达到共同富裕。"2022年11月17日，习近平总书记在亚太经合组织工商领导人峰会上指出："我们的共同富裕，是要更好满足人民美好生活需要，逐步实现整体富裕、普遍富裕，坚持市场和政府相结合、效率和公平相统一，在做大蛋糕的同时分好蛋糕，打造橄榄型分配结构。"

实现人民对美好生活的向往是中国特色社会主义的出发点和落脚点。共同富裕，是人民对美好生活的向往。共同富裕，是马克思主义的一个基

本目标。按照马克思的构想,未来社会将彻底消除阶级之间、城乡之间、脑力劳动和体力劳动之间的对立和差别,实行各尽所能、按需分配,真正实现社会共享、实现每个人自由而全面发展。"生产将以所有的人富裕为目的""所有人共同享受大家创造出来的福利"。贫穷不是社会主义。一部分人富起来、一部分人长期贫困,也不是社会主义。共同富裕是以所有人的富裕、美好生活为目的,而不是以一部分人或少数人过上富裕生活为目的,其根本价值目标就是人的全面发展。习近平总书记指出:"一些发达国家工业化搞了几百年,但由于社会制度原因,到现在共同富裕问题仍未解决,贫富悬殊问题反而越来越严重。"只有在社会主义制度下,才能避免两极分化,逐步实现共同富裕。中国特色社会主义是社会主义而不是其他什么主义,科学社会主义基本原则不能丢,丢了就不是社会主义。一个重要的"确证标准"就是,中国走的是一条实现共同富裕的道路,是一条让发展成果更多更公平惠及全体人民、不断促进人的全面发展、朝着实现全体人民共同富裕不断迈进的道路。习近平总书记强调,中国特色社会主义就是要在中国共产党领导下,立足基本国情,以经济建设为中心,坚持四项基本原则,坚持改革开放,解放和发展生产力,建设社会主义市场经济、社会主义民主政治、社会主义先进文化、社会主义和谐社会、社会主义生态文明,促进人的全面发展,逐步实现全体人民共同富裕。中国特色社会主义是以实现所有人的富裕为目的,以实现人民美好生活为追求。我们追求的发展是造福人民的发展,我们追求的富裕是全体人民共同富裕。共同富裕是中国特色社会主义发展的根本目的。实现共同富裕不仅是经济问题,而且是关系党的执政基础的重大政治问题,是关乎社会主义本质的实现、关乎社会主义巩固和发展的根本问题。创造高品质生活,反映了中国特色社会主义中人民对美好生活的向往和追求。习近平总书记强调,我们不能等实现了现代化再解决共同富裕的问题,而是要始终把满足人民对美好生活的新期待作为发展的出发点和落脚点。

创造高品质生活是中国特色社会主义进入新时代的内在要求。从人民的根本利益来讲,中国特色社会主义追求高品质生活的内在要求源自于人民的根本利益。作为社会主义制度的基本目标,中国特色社会主义致力于满足人民的物质和精神需求,提高人民的生活水平和幸福感。创造高品质生活是为了实现人民对美好生活的向往,让每个人都能享受到社会发展成果带来的实际福祉。从经济发展的基础来讲,创造高品质生活需要强大的经济基础。中国特色社会主义注重经济发展和创新驱动,通过持续的经济增长和结构调整,为人民提供更多的物质条件和资源支持,为创造高品质生活奠定基础。只有经济强大,才能提供更多的就业机会,增加收入水平,改善基础设施和公共服务,从而实现高品质生活的全面发展。从社会文明的提升来讲,创造高品质生活需要社会文明的提升。中国特色社会主义强调文化建设和道德伦理建设,注重培养公民的素质和价值观,促进全社会的精神文明建设。高品质的生活不仅仅包括物质享受,还涉及社会文化环境的改善、公民素质的提升、文化艺术的繁荣等方面,使人们享受到更多的精神满足和文化内涵。从生态环境的保护来讲,创造高品质生活需要生态环境的保护。中国特色社会主义高度重视生态文明建设,致力于构建可持续发展的生态环境。为了实现高品质生活,必须保护和改善环境质量,保护生态资源,降低环境污染和生态破坏,为人们提供清洁的空气、饮用水和舒适的生活环境,保障人民的健康和生活质量。创造高品质生活是新时代中国特色社会主义的内在要求,体现了中国特色社会主义为满足人民对美好生活的向往而不断努力的宗旨。通过经济发展、社会文明建设、生态环境保护和人民民主的发展,中国特色社会主义为每个人创造高品质的物质和精神生活,使人民在和谐稳定的社会环境中共同享受社会进步带来的成果,实现全体人民的幸福和共同富裕。

二、高品质生活是中国式现代化的核心目标

党的二十大报告指出：在新中国成立特别是改革开放以来长期探索和实践基础上，经过十八大以来在理论和实践上的创新突破，我们党成功推进和拓展了中国式现代化。中国式现代化是我们党领导全国各族人民在长期探索和实践中历经千辛万苦、付出巨大代价取得的重大成果。概括提出并深入阐述中国式现代化理论，是党的二十大的一个重大理论创新，是科学社会主义的最新重大成果。习近平总书记在学习贯彻党的二十大精神研讨班开班式上发表重要讲话强调，党的十八大以来，我们党在已有基础上继续前进，不断实现理论和实践上的创新突破，成功推进和拓展了中国式现代化。我们在认识上不断深化，创立了习近平新时代中国特色社会主义思想，实现了马克思主义中国化时代化新的飞跃，为中国式现代化提供了根本遵循。我们进一步深化对中国式现代化的内涵和本质的认识，概括形成中国式现代化的中国特色、本质要求和重大原则，初步构建中国式现代化的理论体系，使中国式现代化更加清晰、更加科学、更加可感可行。我们在战略上不断完善，深入实施科教兴国战略、人才强国战略、乡村振兴战略等一系列重大战略，为中国式现代化提供坚实战略支撑。我们在实践上不断丰富，推进一系列变革性实践、实现一系列突破性进展、取得一系列标志性成果。2023年3月15日，习近平总书记在中国共产党与世界政党高层对话会上的主旨讲话《携手同行现代化之路》中指出："政党要锚定人民对美好生活的向往，顺应人民对文明进步的渴望，努力实现物质富裕、政治清明、精神富足、社会安定、生态宜人，让现代化更好回应人民各方面诉求和多层次需要。"中国式现代化的高品质生活，就是实现人口规模巨大的高品质生活、全体人民共同富裕的高品质生活、物质文明和精神文明相协调的高品质生活、人与自然和谐共生的高品质生活、和平发展的高品质生活。

人口规模巨大的高品质生活。中国式现代化是人口规模巨大的现代化。人口规模庞大是中国的基本国情。据2022年相关人口资料,中国人口约占世界总人口18%,大致相当于10个俄罗斯,3个欧盟,4个美国。目前为止,世界上还未有如此巨大人口体量的国家进入现代化。目前,全世界实现现代化的国家和地区不超过30个、总人口不超过10亿人。我国十四亿多人口要整体迈入现代化社会,其规模超过现有发达国家的总和,将彻底改写现代化的世界版图,在人类历史上是一件有深远影响的大事,艰巨性和复杂性前所未有,发展途径和推进方式也必然具有自己的特点。习近平总书记指出:"在我国这样一个14亿人口的国家实现社会主义现代化,这是多么伟大、多么不易!"新征程,创造人口规模巨大的高品质生活,我们要始终从国情出发想问题、作决策、办事情,既不好高骛远,也不因循守旧,保持历史耐心,坚持稳中求进、循序渐进、持续推进。

全体人民共同富裕的高品质生活。中国式现代化是全体人民共同富裕的现代化。共同富裕是中国特色社会主义的本质要求,也是一个长期的历史过程,不可能一蹴而就,必须保持历史耐心、进行不懈努力,根据现有条件把能做的事尽量做起来,积小胜为大胜,推动全体人民共同富裕取得更为明显的实质性进展。在中国共产党领导的社会主义中国,我们追求的富裕是全体人民共同富裕,决不允许出现贫富差距越来越大。我们党始终带领人民为创造美好生活、实现共同富裕而不懈奋斗。党的十八大以来,以习近平同志为核心的党中央把握发展阶段新变化,把逐步实现全体人民共同富裕摆在更加重要的位置上,推动区域协调发展,采取有力措施保障和改善民生,打赢脱贫攻坚战,全面建成小康社会,为促进共同富裕创造了良好条件。现在,已经到了扎实推动共同富裕的历史阶段。新征程,创造全体人民共同富裕的高品质生活,我们要坚持把实现人民对美好生活的向往作为现代化建设的出发点和落脚点,着力维护和促进社会公平正义,着力促进全体人民共同富裕,坚决防止两极分化。我们坚持在发展中保障

中国式现代化的高品质生活研究

和改善民生，鼓励共同奋斗创造美好生活，不断实现人民对美好生活的向往。我们要实现好、维护好、发展好最广大人民根本利益，紧紧抓住人民最关心最直接最现实的利益问题，坚持尽力而为、量力而行，深入群众、深入基层，采取更多惠民生、暖民心举措，着力解决好人民群众急难愁盼问题，健全基本公共服务体系，提高公共服务水平，增强均衡性和可及性，扎实推进共同富裕。

物质文明和精神文明相协调的高品质生活。物质贫困不是社会主义，精神贫乏也不是社会主义。仓廪实而知礼节，衣食足而知荣辱。物质富足、精神富有是社会主义现代化的根本要求。新征程，创造物质文明和精神文明相协调的高品质生活，要不断增强现代化建设的物质基础，不懈巩固人民幸福生活的物质条件。近年来，中国正致力于实现高质量发展并构建新的发展格局。这一目标的核心是实现国内大循环和国际大循环的良性互动。国内大循环强调加强内需，通过扩大消费、投资和进口等手段，推动经济持续增长。国际大循环则侧重于推动开放型经济发展，积极参与全球经济合作，实现互利共赢。为了实现这一目标，中国正在进行供给侧结构性改革。这意味着通过提高供给端的效率和质量，来满足居民多样化和个性化的消费需求。改革的关键在于提高全要素生产率，促进创新驱动和技术进步，优化资源配置，推动经济发展方式转型升级。同时，中国还致力于保障产业链和供应链的安全性。随着全球化的深入发展，中国越来越重视加强与各国的经贸合作，打造稳定可靠的供应链网络。在推动内需扩大的同时，也注重引进和培育高质量的外商投资，加强与其他国家的合作和交流。另外，城乡一体化是重要方向之一。中国提出了加强城乡一体化发展的战略，通过城镇化和农村现代化相结合，实现资源、人才和产业的良性流动，促进城乡居民共同分享现代化成果。经济质量增长是高质量发展的核心要求之一。中国将注重提高经济增长的质量和效益，注重经济结构优化和产业升级，推动经济持续健康发展。在这个过程中，科技创新、人才培养、环境保护等都将得到更多的重视，以实现经济的可持续发展。在经济发展的同时，中国也非常注重文化建设和文化自信。中国特色社会主义文化是中国推动现代化和实现中华民族伟大复兴的重要力量。我们将继续加强对自身文化价值的认同和宣传，提倡社会主义核心价值观，培育和弘扬中华优秀传统文化，推动中国文化走出去，增强对外话语权和文化影响力。在坚持自身核心价值的基础上，与世界各国分享文化成果，开展多元对话和交流。通过文化交流，不断丰富和拓展中国人民的精神世界，推动不同文明之间的相互理解和尊重，实现文化多样性和文明共存。中国在实现高质量发展和建设现代化国家的道路上，将继续秉持面向现代化、面向世界的思路，推动国内大循环和国际大循环的有机衔接，加强供给侧结构性改革，促进全要素生产率提高，保障产业链和供应链的安全性，推动城乡一体化发展，促进经济质量增长，弘扬中国特色社会主义文化，增强文化自信，为中华民族伟大复兴的目标不懈努力。

　　人与自然和谐共生的高品质生活。中国式现代化是人与自然和谐共生的现代化。生态文明是人类社会进步的重大成果，只有更好平衡人与自然的关系，维护生态系统平衡，才能守护人类健康。对人的生存来说，金山银山固然重要，但绿水青山是人民幸福生活的重要内容。我国在现代化进程中高度重视人与自然的关系，主张与自然和谐共生的方式来实现高品质的生活。人类生活质量与环境质量的密不可分。高品质的生活不仅仅是对物质生活水平的追求，还包括了健康、幸福和社会心理等多个方面。因此，为了实现高品质的生活，必须确保与环境的和谐共生，实现人与自然的良好关系。我国始终强调可持续发展，注重生态环境的保护和修复，在经济增长的同时，坚持绿色低碳的发展模式。政府出台了一系列的环保政策，加强环境治理和资源管理，提倡绿色生产和消费方式，以实现人与自然的和谐共生。这种中国式现代化的理念不仅仅关乎经济的发展，还关乎人们的身心健康、社会的稳定以及未来世代的福祉。中国式现代化追求人与自然和谐共生。从生态环境保护来讲，我国在保护环境方面投入了大量的资源和努力，强调减少污染、降低资源消耗，实行严格的环境监管和保护措施，推动可持续发展，实现经济、社会和环境的协调发展。而且，我国还积极参与国际气候变化议程，致力于全球环境治理。从生态文明建设来讲，我国积极推进生态文明建设，强调保护生物多样性、推动生态修复和生态补偿，倡导绿色发展和低碳生活方式。通过法规制度的建设，建设生态文明示范区，加强环境教育和宣传，培养人们对自然的尊重和保护意识。从自然资源的合理利用来讲，我国推动节约资源和循环利用的生产方式，鼓励生产和消费的绿色化，加大对可再生能源的开发和利用，减少对非可再生资源的依赖和消耗，实现资源的可持续利用。我国以人与自然和谐共生的方式推进现代化进程，既是对传统文化的传承和发扬，也是为了更好地满足人们对高品质生活的追求，并传递给后代一个更美好的未来。

和平发展的高品质生活。中国式现代化是走和平发展道路的现代化。中华民族传承和追求的是和平和睦和谐理念。中国始终是世界和平的建设者、全球发展的贡献者、国际秩序的维护者、公共产品的提供者，将继续以中国的新发展为世界提供新机遇。走和平发展道路，不是权宜之计，更不是外交辞令，而是从历史、现实、未来的客观判断得出来的结论，是思想自觉和实践自觉的有机统一。历史和现实一再告诉我们，当今世界，如果走对立对抗的歧路，无论是搞冷战、热战，还是贸易战、科技战，最终将损害各国利益、牺牲人民福祉。我们过去没有，今后也不会侵略、欺负他人，不会称王称霸。我国不走一些国家通过战争、殖民、掠夺等方式实现现代化的老路，那种损人利己、充满血腥罪恶的老路给广大发展中国家人民带来深重苦难。中国坚定奉行独立自主的和平外交政策，始终根据事情本身的是非曲直决定自己的立场和政策，维护国际关系基本准则，维护国际公平正义。中国尊重各国主权和领土完整，坚持国家不分大小、强弱、贫富一律平等，尊重各国人民自主选择的发展道路和社会制度，坚决反对一切形式的霸权主义和强权政治，反对冷战思维，反对干涉别国内政，反对搞双重标准。中国奉行防御性的国防政策，中国的发展是世界和平力量的增长，无论发展到什么程度，中国永远不称霸、永远不搞扩张。新征程，创造和平发展的高品质生活，我们要坚定站在历史正确的一边、站在人类文明进步的一边，高举和平、发展、合作、共赢旗帜，在坚定维护世界和平与发展中谋求自身发展，又以自身发展更好维护世界和平与发展。

三、高品质生活是中华民族伟大复兴的内在要求

2012年11月29日，习近平总书记在参观《复兴之路》展览时指出：实现中华民族伟大复兴，就是中华民族近代以来最伟大的梦想。这个梦想，凝聚了几代中国人的夙愿，体现了中华民族和中国人民的整体利益，是每一个中华儿女的共同期盼。国家好、民族好，大家才会好。现在，我们比历史上任何时期都更接近中华民族伟大复兴的目标，比历史上任何时期都更有信心、有能力实现这个目标。实现中华民族伟大复兴进入了不可逆转的历史进程。2021年7月1日，习近平总书记在庆祝中国共产党成立100周年大会上的讲话中指出：中国共产党和中国人民以英勇顽强的奋斗向世界庄严宣告，中华民族迎来了从站起来、富起来到强起来的伟大飞跃，实现中华民族伟大复兴进入了不可逆转的历史进程！2022年10月16日，习近平总书记在党的二十大报告中指出：从现在起，中国共产党的中心任务就是团结带领全国各族人民全面建成社会主义现代化强国、实现第二个百年奋斗目标，以中国式现代化全面推进中华民族伟大复兴。

人民幸福是实现中华民族伟大复兴的重要内涵。人民幸福是国家富强、民族振兴的题中之义和必然要求，是国家富强、民族振兴的根本出发点和落脚点，是国家富强、民族振兴的根本目标。习近平总书记指出："中国梦汇聚了中国人民对美好生活向往的最大公约数。"中国梦把国家的追求、民族的向往、人民的期盼融为一体，是国家的梦、民族的梦，也是每一个

中国式现代化的高品质生活研究

中国人的梦。这个伟大梦想体现了中华民族和中国人民的整体利益,表达了全体中华儿女的共同愿景。实现中华民族伟大复兴的中国梦,本质是国家富强、民族振兴、人民幸福。人们的利益诉求是多元的,人们对美好生活的向往也是多样的。为了凝聚人心,形成共识,就需要寻找并实现最广大人民群众的共同利益,为中国最广大人民群众共同的美好生活目标而奋斗。我们要大力弘扬中国人民在长期奋斗中培育、继承、发展起来的伟大创造精神、伟大奋斗精神、伟大团结精神、伟大梦想精神,不断增强中国人民和中华民族"强起来"的"精气神",真正凝聚起中华民族伟大的"强国之魂",让人民过上幸福美好的生活。

高品质生活是人民幸福的具体体现。人民幸福蕴含着高品质生活的内在要求,体现了人民幸福与民族复兴的价值统一。为人民谋幸福、为民族谋复兴是马克思主义鲜明理论品格。"国之大者"就是人民的幸福生活。习近平总书记强调,小康梦、强国梦、中国梦,归根到底是老百姓的"幸福梦"。人民生活显著改善,对美好生活的向往更加强烈,人民群众的需要呈现多样化、多层次、多方面的特点,期盼有更好的教育、更稳定的工作、更满意的收入、更可靠的社会保障、更高水平的医疗卫生服务、更舒适的居住条件、更优美的环境、更丰富的精神文化生活。人民幸福安康是推动高质量发展的最终目的。基层治理和民生保障事关人民群众切身利益,是促进共同富裕、打造高品质生活的基础性工程。统筹做好就业、收入分配、教育、社会保障、医疗卫生、住房、食品安全、生产安全、公共治安等各项民生的保障和改善工作,确保人民安居乐业、社会安定有序。我们党干革命、搞建设、抓改革,都是为了让人民过上幸福生活。要让人民群众有更多获得感,要把是否促进经济社会发展、是否给人民群众带来实实在在的获得感,作为改革成效的评价标准。我们要聚焦"美好生活需要",不断满足人民对民主、法治、公平、正义、安全、环境等方面要求。

实现中华民族伟大复兴,是中华民族的最高利益和根本利益。中华民族伟大复兴，是中华民族在政治、经济、文化等各个方面全面发展，实现国家振兴和民族崛起的目标。中华民族拥有悠久的历史和灿烂的文化，但在近代以来的国家苦难和挫折中，曾经经历了外来侵略、民族矛盾和经济落后等问题。实现中华民族伟大复兴是为了摆脱这些问题，重建强大的国家和繁荣昌盛的民族。实现中华民族伟大复兴意味着国家的繁荣和人民的福祉，是每个中华儿女的共同期盼。现在，我们比历史上任何时期都更接近实现中华民族伟大复兴的目标，比历史上任何时期都更有信心、更有能力实现这个目标。同时，必须清醒地认识到，中华民族伟大复兴绝不是轻轻松松、敲锣打鼓就能实现的，前进道路上仍然存在可以预料和难以预料的各种风险挑战。当前，世界百年未有之大变局加速演进，国际环境更加严峻复杂，国内改革发展稳定任务艰巨繁重，各种风险考验也会越来越复杂，甚至会遇到难以想象的惊涛骇浪。实现中华民族伟大复兴，中国人民和中华民族必须同舟共济，依靠团结战胜前进道路上一切风险挑战。只有通过全体中华儿女的共同努力和奋斗，实现国家的振兴和民族的崛起，才能真正实现中华民族的最终目标和福祉。

四、高品质生活是人的全面发展的重要内涵

人的全面发展是马克思主义的核心价值，彰显了人的发展的最高境界。人是现实的人、社会关系中的人、历史发展中的人。马克思主义科学揭示了人类社会的发展规律，指明了实现人的自由全面发展的共产主义社会是人类社会的美好未来。创造高品质生活，是新时代的呼唤，是社会发展的要求，是人的全面发展的需要，对满足人民对美好生活的向往、促进人的全面发展具有重要意义。

高品质生活体现了人的全面发展的核心要义。马克思指出，"当人类还不能使自己的吃喝住穿在质和量方面得到充分供应的时候，人们就根本不能获得解放""物质生活的生产方式制约着整个社会生活、政治生活和

精神生活的全过程。不是人们的意识决定人们的存在，相反，是人们的社会存在决定人们的意识"。恩格斯指出，"通过社会生产，不仅可能保证社会成员有富足和一天比一天充裕的物质生活，而且还可能保证他们的体力和智力获得充分的自由的发展和运用。"习近平总书记强调，要着力践行以人民为中心的发展思想。以人民为中心的发展思想，不是一个抽象的、玄奥的概念，不能只停留在口头上、止步于思想环节，而要体现在经济社会发展各个环节。要坚持以人民为中心的发展思想，这是马克思主义政治经济学的根本立场。要坚持把增进人民福祉、促进人的全面发展、朝着共同富裕方向稳步前进作为经济发展的出发点和落脚点，部署经济工作、制定经济政策、推动经济发展都要牢牢坚持这个根本立场。中国特色社会主义"五位一体"的总体布局和"四个全面"战略布局，是促进人的全面发展的制度基础和保障，包含了促进人的全面发展的经济需要、政治需要、文化需要、社会需要、生态需要、数字需要和法治需要。"创新、协调、绿色、开放、共享"的新发展理念，把满足人民对美好生活的需要、促进人的全面发展作为出发点和落脚点。面对人民过上更好生活的新期待，创造高品质生活，我们不能有丝毫自满和懈怠，必须再接再厉，使发展成果更多更公平惠及全体人民，朝着共同富裕方向稳步前进，促进人的全面发展。

高品质生活彰显了人的全面发展的价值追求。马克思指出，"人的本质不是单个人所固有的抽象物，在其现实性上它是一切社会关系的总和。""人以一种全面的方式，也就是说，作为一个完整的人，占有自己全面的本质""个人的全面性不是想象的或设想的全面性，而是他的现实关系和观念关系的全面性"每个人的自由发展是一切人的自由发展的条件。习近平总书记强调，要想群众之所想、急群众之所急、解群众之所困，在学有所教、劳有所得、病有所医、老有所养、住有所居上持续取得新进展。让老百姓过上好日子是我们一切工作的出发点和落脚点。中国梦既是中国人民追求幸福的梦，也同各国人民追求幸福的梦想相通。国家好、民族好，大家才会好。世界好，中国才会好。党的十八大以来，以习近平同志为核心的党中央，高举中国特色社会主义伟大旗帜，坚持和发展中国特色社会主义，开创了马克思主义中国化时代化的新境界，推动创造高品质生活，不断满足人民对美好生活的需要，人民的获得感、幸福感和安全感不断增强，为促进人的全面发展开辟了新局面。高品质生活体现了人的全面发展的价值取向。只有高品质生活实现了，人的全面发展才会实现。人类生活在同一个地球村里，生活在历史和现实交汇的同一个时空里，越来越成为你中有我、我中有你的命运共同体。只有全世界每个人的高品质生活实现了，人类社会一切人的自由而全面的发展才能够实现。

第三章
高品质生活的基本涵义及其理论框架

第三章　高品质生活的基本涵义及其理论框架

第一节　高品质生活的定义及内涵外延

2018年3月习近平总书记提出"高品质生活"以来，国内学界开始对此从概念内涵、评价体系、建设路径等进行不同角度的研究。从理论上来看现有研究资料大多是针对生活质量或生活品质进行的研究，对高品质生活的研究相对较少，对高品质生活理念的理论性、系统性、时代性认识不多，缺乏从理论层面解构高品质生活内涵的研究。

什么是高品质生活，目前国内理论界并没有统一公认的定义。学界普遍认为对高品质生活的研究始于国外对生活质量的研究。换句话来说，国际上可借鉴的是"生活质量"的概念、理论和实践。"二战"以后美国经济发展兴旺，创造了一个又一个经济记录和经济奇迹。与此同时，环境污染、生态破坏、分配不公、机会不均、种族歧视、贫富差距、核安全威胁、交通事故、职业疾病等伴生性问题不断出现并始终困扰着整个社会，这些问题激发了美国学术界对经济增长的意义、目的和未来前景的反思，并由此开启对生活质量的研究。生活质量的界定方式最常用的是指标。1958年，美国经济学家加尔布雷思在《丰裕社会》一书中最早提出"生活质量"这一概念。加尔布雷思是美国哈佛大学经济系教授，他的《丰裕社会》一书被赞誉为"可与三十年代凯恩斯著作相媲美……六十年代处理富裕的社会中陌生问题的流行的思想工具。"加尔布雷思从社会福利的视角提出社会追求的公共目标应当是包括经济价值目标和文化价值目标综合而来的"生

中国式现代化的高品质生活研究

活质量",并进一步阐明了"生活质量是指人的生活舒适、便利的程度,精神上所获得的享受和乐趣"。随后,西方学术界便掀起了以个人幸福(或满意度、满足感、生活水平等)为研究中心和出发点的"生活质量"研究热潮。经济学、社会学、心理学、医学等学科都开始展开对"生活质量"的研究。国际上涉及"生活质量"有2500多种期刊,提出100多种定义,没有一个是普遍公认的定义。1966年,鲍尔主编的论文集《社会指标》掀起了一场社会指标运动,这场运动将生活质量的研究从理论阐述过渡到了实证阶段。此后,坎特尔、坎贝尔、麦克纳尔、约斯科、菲勒等人都构建了关于生活质量的评价体系。在评价模式上,对生活质量的评价基于三种模式:一是以经济学为基础的拓展账户(GDP)模式;二是以社会学为基础的社会指标模式;三是以心理学为基础的心理模式。在评价指标选择上,关于早期国外对生活质量的评价可以划分为欧洲模式(侧重于客观指标)和美国模式(侧重于主观指标)。此外,部分学者和机构还把生活质量评价刻度为一个独立的指数,如人类发展指数(HDI)、社会进步指数(ISP)、幸福指数(WBI)、社会发展指数(SDI)、OECD美好生活指数等。

国际上生活质量的评价模式主要有两种:一种是斯堪的纳维亚模式,侧重美好生活概念,将社会的幸福作为一项福利,哪些资源可以获得幸福,如金钱、财产、知识、社会关系、安全等等。侧重研究生活水平和生活质量的客观水平。另一种模式是美国模式,侧重从主观指标来进行研究。如对幸福的测量、个体层面的主观评价、主观幸福感等。1964年美国时任总统约翰逊曾经说过:"评价一个美好社会并不是看它有多少财富,而是在于品质——不是商品的数量,而是人们的生活质量。"被理解为是对社会进步的阐释,生活质量成为美好社会成就的一个客观指标。生活质量的指标一般有客观指标,指的是独立于个体评价的社会数据;生活质量也有主观指标,指的是个体对社会状况的评价。

2011年，OECD推出测量生活质量的"幸福生活"指标体系，包括经济、社会、环境等方面的多个维度。其中经济指标包括收入水平、就业机会、经济增长率、贫富分配等经济方面的指标，反映人们的物质生活水平和经济状况。社会指标包括教育水平、健康状况、社会支持网络、社会公平等社会方面的指标，反映人们在社会层面的福利和社会关系的质量。环境指标包括环境保护、污染水平、自然资源利用等环境方面的指标，反映人们所处环境的可持续性和生态平衡。通过综合考虑以上不同方面的指标，可以更全面地评估和测量居民的生活质量和幸福感，然后形成各个国家及地区的"美好生活指数"，用来衡量民众对生活的满意度。根据这些指标来评价，2017年，生活质量指数最高的前三个国家分别是瑞典、澳大利亚和新西兰。其中瑞典的环境状况最好，政府管理方面得分也较高；澳大利亚在政府管理和居民健康两个方面的得分都是最高的，并且居民安全及生活满意度也较高；新西兰在环境、社区及居民健康方面的得分较高，排名都在前三位。生活质量指数排序在最后三位的国家分别是智利、墨西哥和土耳其，其中智利的环境状况最差，安全方面的得分也不高；墨西哥在教育和安全方面的得分都是最低的，并且居民工作和生活平衡度得分位居倒数第二；土耳其在社区以及工作生活平衡度的状况最不理想，在教育和环境方面也都位居倒数第二。

一开始生活质量研究是围绕个人生活状态的测量展开的。如何以社会为焦点来测量社会状态？20世纪80年代以后，国外研究的视角从生活质量转移到社会质量，1997年6月在荷兰阿姆斯特丹召开的欧盟会议标志着社会质量理论的建立。

生活质量概念于20世纪80年代被引入我国学术界，由于对"生活质量"的理解和翻译理解上的差异，出现部分研究将生活质量等同于生活品质的情况。

国内的研究大致可分为三个研究阶段。

中国式现代化的高品质生活研究

生活质量研究阶段（20世纪80年代至2003年）

北京大学厉以宁教授较早地开展对生活质量的研究，并探讨构建了指标体系——社会主义的福利与发展指标体系；夏海勇的《中国人口生活质量与综合国力竞争》是第一个国家社会科学基金关于生活质量的立项课题；冯立天的《中国人口生活质量研究》是第一部关于生活质量的著作。随着研究的发展，生活质量逐步被社会学、经济学、统计学、政治学、医学、心理学等学科所关注。在研究对象上，妇女、青少年、儿童、老年人等都成为学者研究的对象。在评价方法上，已经形成了运用定性与定量、主观与客观、个体与群体、区域与国家等不同研究视角涉及经济、政治、文化、社会、生态文明等多种因素在内的研究成果。综合来看，学界对生活质量的研究已经呈现出多学科、多视角、多种分析工具的研究趋势。

生活品质研究阶段（2004—2012年）

杨士萱、郑时龄较早地从城市规划设计的角度使用"生活品质"。2007年1月，杭州宣布建设"生活品质之城"，随后生活品质被广泛研究，并被纳入美学、新闻学、教育学、管理学等学科研究范畴。丁元竹较早地对生活品质进行了专门系统的阐述，提出"生活品质是指人们享受物质和文化发展的水平和对于这种享受的主观感受与满意程度"[1]。在评价方法上，生活品质研究有主观评价、客观评价、主观客观混合评价。

高品质生活研究阶段（2012年至今）

邓嵘较早地从艺术设计的角度对高品质生活进行解读。他从设计的核心价值目标发问，试图探讨更深层次的设计意义，从树立良好的生活价值观出发，围绕适宜的生活境界、健康的生活方式、提高生活的文化品位以及与自然的和谐共生等几个方面阐述了创造高品质生活。[2]在概念内涵上，杜玉华认为高品质生活就是人的本质力量在新发展阶段的确证，也是人民

---

[1] 丁元竹.论生活品质及其评价体系的构筑[J].开放导报,2007(03):45—49+1.
[2] 邓嵘.设计创造高品质生活[J].艺术百家,2012(06):241—242.

美好生活在新发展阶段的必然要求和促进新发展阶段社会发展的根本动力。[1]姚树洁从宏观视角提出，高品质生活是满足人民群众对经济、政治、文化、社会和生态各个方面的美好需要的生活。韩骥从微观视角提出高品质生活涉及居住与环境、工作、家庭3个方面。[2]杨皓然从经济—社会—自然的视角，提出高品质生活要求物质基础、人与社会、人与自然的融合发展。高路认为高品质生活表现为从物质需求到精神需求、从私有生活到公共生活、从基本民生到品质民生3个方面的转变。在评价体系上，上海财经大学课题组提出高品质生活的评价应包括获得感、幸福感、安全感3个层面。上海市委党校"高品质生活评价"课题组以"健康绿色生活、和谐安宁生活、智慧共享生活、多彩奋进生活"为主要内容构建了高品质生活评价指标体系。程子非在借鉴OECD国家经验基础上，提出高品质生活创建包括构建以人为本的多维生活质量评价体系，建立发展型社会政策理念，动员多种社会力量协调合作，实施公共服务层次多元化，明确不同支持和服务计划等方面。[3]孟东方等通过社会发展理论和方法对高品质生活进行了理论构建，对高品质生活的内容结构进行了分析，借助系统科学和统计理论的方法进行了高品质生活评价的指数构建。[4]在建设路径上，陈全认为高品质生活应包括以人民为中心、高质量发展、城乡统筹3个方面。杜玉华认为，以新发展理念引领高质量发展，为创造高品质生活提供坚实的物质基础；坚持供给侧、需求侧双侧改革，为创造高品质生活提供丰富的有效供给；构建新发展格局，发挥国内国际两种市场优势，把国内市场作为创造高品质生活的主要来源；完善以民生为重点的制度建设，为

---

[1] 杜玉华.创造高品质生活的理论意涵、现实依据及行动路径[J].马克思主义理论学科研究,2021(06):98—106.

[2] 韩骥.上海实现高品质生活的内涵、特征及其实施路径[J].科学发展,2019(08):100—108.

[3] 程子非.OECD国家打造高品质生活的经验及启示[J].社会政策研究,2019(03):90—100.

[4] 孟东方等.创造重庆高品质生活综合研究[M].重庆：西南大学出版社,2021.

中国式现代化的高品质生活研究

创造高品质生活提供稳定的制度保障。[1]

目前国内更多学者是把"高品质生活"放在"民生"理论体系中论述，主要涉及宏观的社会政策领域。梳理以上研究，可以看出国内现有研究多是针对生活质量或生活品质的研究，研究时间都比较早，而对高品质生活的研究相对较少，对高品质生活的系统性、时代性认识不多，缺乏从理论层面解构高品质生活内涵的研究。在评价指标体系构建方面，也是将区域高品质生活评价指标体系应用于对城市高品质生活的评价之中。因此，国内相对缺乏对高品质生活这一理论进行紧跟世界百年未有之大变局和中国式现代化的大背景的解读，构建符合中国式现代化背景下我国国情特点的高品质生活评价指标体系对城乡进行科学测度和评估。高品质生活概念的提出时间不长，因此该研究领域还是一个新兴的研究领域。相对而言，当前国内建立获得感、幸福感和安全感的指标体系的理论体系，依据也大多沿用国外的基础理论，如适应性水平理论、社会比较理论、期望水平理论以及定制理论等等。需要更加准确地反映我国全面建设社会主义现代化国家，以中国式现代化全面推进中华民族伟大复兴的实际情况，国内专家学者对于高品质生活的研究有必要在理论上融入中国式现代化独特的社会特征，提高指标体系的本土适应性。

与此同时我们也应该看到，生活质量作为一个高度综合和动态的概念，它既可以是用质量指标衡量的生活状态，也可以是对生活状态的综合评价和对美好生活的持续向往。国内已经有一些专家学者从定量分析和现实生活角度，分析生活质量的发展趋势和国际经验，探讨21世纪中国生活质量现代化的理性选择，以促进和实现全民的美好生活。

根据党的二十大全面建设社会主义现代化国家的宏伟目标，我们可以把高品质生活与生活质量现代化作为非常相近的概念来认识。

---

[1] 杜玉华.创造高品质生活的理论意涵、现实依据及行动路径[J].马克思主义理论学科研究,2021(06):98—106.

第三章　高品质生活的基本涵义及其理论框架

关于高品质生活的基本概念，国内学界比较有代表性的定义：

高品质生活是满足人民群众对经济、政治、文化、社会和生态各个方面的美好需要的生活。

高品质生活涉及人民群众居住与环境、工作、家庭三个方面。

高品质生活要求物质基础、人与社会、人与自然的融合发展，表现为从物质需求到精神需求、从私有生活到公共生活、从基本民生到品质民生三个方面的转变。

高品质生活应该体现一种在当下能够感受到充实、有保障、可持续的获得感、幸福感、安全感。"三感"是从人的主体需求和期待为基点形成的主观与客观的一致性，在形式上是主观的，内容上却是客观的；既包括人民群众具体享受到的生存和发展成果，也包括对享受到的改革发展成果的主观感受、对所处的生活状态和社会环境的满足程度以及对未来发展的期盼。因此，可以通过群众对于"三感"的主观感受管窥高品质生活的现状以及改革发展成败得失。

类似的定义大致有三层含义：其一，生活质量代表一种生活状态，通过定性指标和幸福程度来衡量。基于生活水平，反映了现实生活中的健康、舒适、幸福和满意度。其二，生活质量代表着对一个人当前生活的评估条件，包括满意度和幸福感水平，代表对生活各个方面的全面评估。其三，生活质量体现了一种对更安全、更健康、更满足和更幸福的生活的坚定不移的追求。由此看出，生活质量和生活水平是相互联系但又截然不同的概念。前者主要反映满足感和幸福感，后者主要涉及财富、物质和基本必需品的占有。简单地说，生活质量表示一个人生活中的满足感和满意度，而生活水平则量化了物质财富和财富的数量。生活质量是一个多维度的抽象概念，可以和需要从不同视角进行分析，不同角度的研究可以互补。例如，物质生活质量和非物质生活质量，客观生活质量和主观生活质量，不同层次、不同领域、不同行业和不同人群的生活质量等。边燕燕根据"五位一体"

中国式现代化的高品质生活研究

的总体布局研究高品质生活的内涵及维度,包括:高品质生活是一种经济发展、共享富强的生活;高品质生活是一种政治进步、发扬民主的生活;高品质生活是一种文化繁荣、传承文明的生活;高品质生活是一种社会稳定、追求和谐的生活;高品质生活是一种生态良好、清洁美丽的生活。[1]

一般来说,生命包括所有与生存、繁殖和发展有关的人类活动。它不仅包括个人的活动和行为,还涉及生活展开的环境和条件。根据其特征,生活活动可以大致分为私人生活与公共生活或物质生活与精神生活,尽管这些分类是相对的。将生活质量进一步分解为四个维度:私人生活、公共生活、生活环境和生活满意度。其中,私人生活、公共生活和生活环境三个方面可以合称为"现实生活",生活满意度是对现实生活的满意度。现实生活可采用相关统计指标进行分析,具有较好的国际可比性;生活满意度可采用社会调查数据进行分析,具有比较好的历史可比性。许多专家学者的研究以现实生活为重点。

生活满意度是一个高度综合的概念。一般而言,它可以分为客观满意度(客观指标衡量和反映的满意度)和主观满意度(主观指标衡量和反映的满意度)。主观满意度可分为直观满意度(直接感受获得的满意度)、纵向满意度(历史比较获得的满意度)、横向满意度(横向比较获得的满意度)、期望满意度(收益比较和期望实现获得的满意度)和多维满意度(多维度、多因素比较获得的满意度)等。

生活质量是人的生活质量,生活满意度是人的满意度。俗话说,"人上一百,形形色色;萝卜白菜,各有所爱"。对同一事物的认知和感受,可能因人、因时而异。生活质量和生活满意度,既有共性和规律,又有时代、国别、地区和指标差异,具有很大多样性。

生活质量指标和评价研究,一直是生活质量研究的重点领域。生活质

---

[1] 边燕燕.城市高品质生活评价指标体系构建与实证分析[J].重庆理工大学学报(社会科学),2020(08):45—57.

量的评价方法很多，如定量评价、定性评价和综合评价等。生活质量指数等于现实生活质量指数和生活满意度指数的几何平均值，现实生活质量指数等于个人生活质量指数、公共生活质量指数和生活环境质量指数的几何平均值，生活满意度指数大致等于个人生活满意度指数、公共生活满意度指数和生活环境满意度指数的几何平均值。

第二节 国外关于生活质量发展研究进展及其相关理论

幸福是社会发展所追求的价值性目标。对幸福生活的追求，是推动人类文明进步的重要动力。对于幸福生活的探讨最早可以追溯到公元前8世纪，而关于生活质量问题的研究大致兴起于20世纪。生活质量的变迁是社会现代化的一种重要表现形式。生活质量变迁既有普遍规律，又有国别差异、地区差异、领域差异、行业差异和时代差异。形象地说，生活质量现代化犹如一场生活质量发展的国际马拉松比赛，跑在前面的国家成为生活质量达到世界先进水平的国家，即生活质量发达国家，其他国家是发展中国家，两类国家之间可以转换。

国外生活质量研究大致可以分为三个阶段。

一是起步阶段（20世纪50～60年代）。主要开展生活质量的概念和指标研究。研究者主要来自美国，涉及经济学、社会学和管理学等。例如，1958年美国学者加尔布雷斯出版《丰裕社会》，1966年美国学者鲍尔出版《社会指标》等。

二是发展阶段（20世纪70～80年代）。重点开展生活质量的指标体系和评价研究，研究工作扩展到全球。1974年《社会指标杂志》创刊，关注生活质量的评价研究。1979年美国学者莫里斯提出"物质生活质量指数"等。

三是快速增长阶段（20世纪90年代以来）。同时开展生活质量的理论研究和实证研究，研究成果获得实际应用。1990年联合国发表《人类发展报告》。1993年国际生活质量学会（ISOQOL）成立，关注健康领域生活质量研究，出版期刊《生活质量研究》（QOLR）。1995年国际生活质量研究会（ISQOLS）成立，关注生活质量、幸福和福祉研究，出版期刊《生活质量应用研究》（ARQOL）等。

生活质量研究是一门交叉科学，涉及经济学、社会学、医学、心理学、管理学、生态学、发展研究和现代化科学等多门学科。这里简介几种相关理论。

——经济学相关理论，如福利经济学理论、经济发展阶段理论等。

福利经济学。1920年英国经济学家庇古出版《福利经济学》一书。他认为，福利的性质是一种意识形态。福利是人们因占有财物及其他原因而产生的一种满足，个人福利是个人所获得的满足的总和，社会福利是个人福利的总和。他把福利分为经济福利和非经济福利；经济福利是可以衡量的，经济福利的变化影响总福利的变化，经济福利与总福利的变化可以是不同步的。

经济发展阶段理论。1960年美国经济学家罗斯托在《经济成长的阶段》一书中提出经济发展的五个阶段，1971年在《政治和成长阶段》一书中增加了第六阶段。第六阶段是追求生活质量阶段，主要特征包括：以服务业为代表的提高居民生活质量的有关部门成为主导部门，如教育卫生、文化娱乐和旅游等；人类社会将不再只以物质产量的多少来衡量社会的成就，还包括以劳务形式、环境状况、自我实现的程度所反映的"生活质量"的高低程度等。

——社会学和现代化理论，如后现代化理论、人类发展阶段理论等。

后现代化理论。1997年美国学者殷格哈特出版《现代化与后现代化》一书，阐述后现代化理论。他认为，从传统社会向现代社会（从农业社会向工业社会）的转变是现代化，从现代化社会向后现代社会（从工业社会向后工业社会）的转变是后现代化。从现代化向后现代化的转变还包括政治、经济、性和家庭、宗教观念等的深刻变化，如从物质主义到后物质主义、从现代价值到后现代价值、从生存价值到幸福价值等。现代化的核心目标是经济增长，后现代化的核心目标是个人幸福最大化，追求生活质量和生活体验。

第二次现代化理论。1999年中国学者何传启出版《第二次现代化：人类文明进程的启示》一书，阐述第二次现代化理论。他认为，世界现代化进程可以分为两大阶段。其中，第一次现代化是从农业社会向工业社会、从农业经济向工业经济的转变，主要特点是工业化、城市化、民主化和理性化，通常以经济增长为中心，追求经济收入和生活水平的提高，满足物质生活需要等；第二次现代化是从工业社会向知识社会、从工业经济向知识经济的转变，目前主要特点是知识化、信息化、绿色化和全球化，通常以生活质量为中心，追求高质量和高满意的美好生活，物质生活质量会趋同，但精神和文化生活多样化。两次现代化的协调发展就是综合现代化。

——心理学和管理理论，如需求层次理论、多重差异理论等。

需求层次理论。1943年美国学者马斯洛提出了需求层次理论。他将人的基本需求划分为生理需求、安全需求、爱和归属的需求、尊重需求以及自我实现需求。五种需求像阶梯一样从低到高，按层次逐级递升，其中生理需求位于最底部，是最基础的需求，而自我实现需求位于金字塔的顶部，是最高层次的需求；从底部到顶部是一种由初级到高级、由生理到心理再到精神层层递进的过程。

多重差异理论。1985年加拿大学者麦卡洛斯发表论文指出，满意程度是人们将自己当前处境与多重标准相比较的结果，这些标准包括过去的条件、他人的状况、未来的期望、个人的理想或需要等。个体对满意度的评价可以表示为这种感知差异的函数。这些差异和满意度还受到年龄、性别、教育、种族、收入、自我评价和社会支持等方面的影响。

——生态学和环境理论，如可持续发展和生态现代化理论等。

可持续发展理论。1987年，世界环境与发展委员会出版《我们共同的未来》，提出了"可持续发展"的理念，强调以满足人类需要为目标，实现"代际公平"。

生态现代化理论。它是20世纪80年代西欧学者提出的一种环境社会学理论。世界现代化的生态转型，它包括生态质量的改善，生态效率的提高，生态结构、制度和观念的变化以及国际地位的变化。其结果是生态现代性的形成和扩散，主要包括现代化与环境退化脱钩，人类与自然互利共生和协同进化，实现非物质化、绿色化、生态化和全球化等。生态现代化要求经济增长与环境退化脱钩，人类与自然互利共生。

生活质量现代化研究是一种交叉研究，自然科学和社会科学的诸多研究方法，都可以作为它的研究方法。例如，调查、模拟、假设、统计分析、定量分析、定性分析、模型方法、理论分析、比较分析、历史分析、文献分析、过程分析、情景分析和案例研究等。

对生活质量的研究，包括个人生活、公共生活、生活环境、生活满意度、生活质量现代化的发展趋势研究，根据以上维度指标进而可以对世界各国的生活质量进行评估。

个人生活涉及方方面面。一般选取营养、健康、家庭、住房、消费与成本五个维度中若干个指标进行定量分析。公共生活选取经济、社会、文化和政治生活四个领域十一个维度若干个指标进行定量分析。生活环境是生活的公共基础。选取公共设施、公共服务、公共安全、自然环境和国际环境五个维度若干个指标进行定量分析。生活满意度选取个人生活、公共生活和生活环境三个维度若干个指标进行定量分析，其数据来自世界价值观调查等。

生活质量概念大致诞生于20世纪，但生活质量的相关发展指标早已存在，例如，健康、教育、工作和收入方面的指标等。一般而言，生活质量是一个社会发展问题，生活质量现代化是社会现代化的组成部分，社会现代化是国家现代化的组成部分。现代化科学认为,18世纪以来世界现代化的前沿过程可以分为两个阶段,其中,第一次现代化是从农业经济向工业经济、从农业社会向工业社会的转变;第二次现代化是从工业经济向知识经济、从工业社会向知识社会的转变。

通过分析国外理论和实践,结合我国实际,我们可以获得以下启示:

(一)强化以人为本的理念、构建多维度生活质量评价指标体系。强化以人为本的理念、构建多维度生活质量评价指标体系,是在社会发展和政策制定中具有重要意义的举措。这一理念和指标体系的构建旨在更有效地衡量和评估人们的生活质量,并使决策者能够更全面地了解社会的发展状况,以制定更符合人们需求的政策。以人为本的理念强调将人的需求和幸福视为最高价值,将人们的福祉置于社会发展的核心位置。传统的经济指标如国内生产总值(GDP)等往往只能反映经济增长,而无法全面衡量人们的生活质量。因此,强化以人为本的理念要求政策制定者更广泛地考虑人们的物质、社会、精神等多个维度的需求,以及他们的健康、教育、环境等方面的福祉。为了实现这一目标,构建多维度生活质量评价指标体系是非常重要的。这种指标体系不再将生活质量简单地归结为经济指标的增长,而是将其视为多方面的综合概念。这种多维度的评价可以包括经济、社会、环境等不同领域的指标,以更全面地了解人们的生活状况和满意度。在经济方面,除了传统的GDP之外,还可以考虑人均收入、就业率、贫富差距等指标。这些指标可以反映人们的物质生活水平和经济稳定性。同时,在社会方面,可以考虑教育水平、健康状况、社会保障体系、社会公平等指标。这些指标可以反映人们在社交关系、个人发展和受教育程度方面的福祉。此外,还应该将环境维度纳入评价体系。环境指标可以包括空气质量、水源状况、可持续发展等,以确保人们在健康和可持续的环境中生活。这样的评价可以鼓励政策制定者关注生态问题和环境可持续性,并采取措施保护自然资源,改善人居环境。构建多维度生活质量评价指标体系需要充分的数据支持和专业研究,以确保指标的准确性和可比性。同时,需要广泛的参与和共识,以便从不同利益相关者的角度融入不同的观点和需求。只有建立一个包容性、透明、科学的评价体系,才能更好地反映人们的真实需求和幸福感。

(二)建立发展型社会政策理念,动员多种社会力量协调合作。建立发展型社会政策理念,动员多种社会力量协调合作,是当今社会发展的重要方向之一。这一理念的核心是以促进社会全面发展和解决人民日益增长的需求为导向,通过动员和整合多种社会力量,实现政府、市场、社会组织和个人的良性互动,共同推动社会进步和公共福祉。传统上,社会政策往往被视为政府的职责,政府通过制定政策和提供公共服务来满足人们的需求。然而,在现代社会中,单一的政府力量往往难以应对多元化和快速变化的社会需求。因此,建立发展型社会政策理念需要超越政府的角色,向社会力量的协同合作倡导,唤起社会各界的参与和责任。首先,建立发展型社会政策理念意味着要形成一个全方位的社会发展观。除了经济增长,社会进步需要关注多个维度,如教育、就业、医疗、环境保护、社会公平等。政策制定者应该在制定政策时,更深入地了解社会的多样性和复杂性,更客观地判断社会问题,更有效地应对各种挑战。其次,动员多种社会力量意味着将政府、市场、社会组织和个人各方的能力和资源整合起来,共同推动社会发展。政府在发挥引导和管理作用的同时,应当注重为市场提供公正竞争的环境和规则,鼓励和支持社会组织的参与和创新,提供多样化的服务和解决方案。同时,个人应当被视为社会发展的主体和受益者,在实现个人发展的同时也要承担相应的社会责任。此外,建立发展型社会政策理念还需要加强多方协作和合作机制的建设。政府、市场、社会组织和个人需要形成一个紧密互动的合作网络,共同解决社会问题和推动社会进步。政府应当主动促进多方合作的机制和平台的建设,建立信息共享、资源整合和利益协调的机制,以形成政府与各方合作的良好机制和方式。

在实践中，建立发展型社会政策理念需要全社会的共同努力。政府应当负起责任，通过制定明确的政策框架和措施，引导和推动社会力量的积极参与。市场主体应当积极履行社会责任，创造就业岗位、提供优质产品和服务，并遵守公平竞争的原则。社会组织可以发挥其专业和创新优势，提供有针对性的社会服务和公共产品。个人应当关注公共利益，积极参与社会事务，并通过自身的行动促进社会的进步和公共福祉。

（三）实施公共服务层次的多元化，明确不同支持和服务计划。实施公共服务层次的多元化，明确不同支持和服务计划，是建设现代化社会的重要举措之一。这一方向的核心是针对不同层次、不同需求的群体提供个性化、差异化的公共服务，以满足人民日益增长的多样化需求，促进社会的全面发展和公平福祉。首先，实施公共服务的多元化需要充分重视不同特殊群体的需求。例如，对于老年人、残疾人、儿童、低收入家庭等弱势群体，应制定特殊的服务政策，包括医疗保障、社会福利、教育机会等方面的支持措施。同时，针对不同地区、不同社会群体的差异性需求，应制定相应的服务策略，确保公共服务的普惠性和可及性。其次，强化公共服务层次的多元化还需要加强信息和数据的收集与分析。政府和相关机构应建立完备的信息系统，包括人口统计、社会需求评估、服务需求预测等数据收集和分析，从而更准确地评估不同群体的需求和优先级，灵活调整和优化服务计划。此外，这些数据也可以为决策者和服务提供者提供指导，使其能够更好地了解和回应社会的需求。实施公共服务层次的多元化需要全社会的共同努力。政府应发挥主导作用，制定政策、提供资金和资源，促进不同群体平等享有公共服务的权利。市场主体应当积极响应，提供多样化、个性化的服务产品，满足不同群体的需求。同时，社会组织和志愿者也应参与其中，提供专业化的服务和支持，弥补政府和市场的不足。加快政府、市场和社会组织之间的合作与共建，通过充分调动各方的资源和力量，确保公共服务的普惠性、适用性和可持续性。

第三节　国内关于生活质量现代化的研究进展

国际欧亚科学院院士何传启及其团队连续十几年对现代化进行了国内外比较研究，形成了比较系统的理论体系。他们公开出版《中国现代化报告 2019》，以生活质量现代化为研究主题，以促进和实现美好生活为总体目标，研究成果对各界有参考价值，很有思想性。

——中国生活质量现代化的战略目标

中国生活质量现代化的战略目标是：高标准实现生活质量现代化，全面建成健康长寿、环境优美、生活美好、人民满意的现代化国家和美好社会，逐步达到现实生活质量和生活满意度的世界先进水平，让全民享有世界先进水平的美好幸福生活。

2035 年前后基本实现生活质量现代化，基本建成健康长寿、环境优美的中等发达国家；

2050 年前后全国平均实现生活质量现代化，基本建成生活美好、人民满意的发达国家；

2080 年前后（约改革开放 100 周车）高标准实现生活质量现代化，个人生活质量、公共生活质量、生活环境质量和生活满意度都达到世界先进水平，全面建成具有世界先进水平的现代化国家和美好社会。

中国生活质量现代化的基本任务。

（1）三个层次的基本任务。

其一，国家层面的基本任务。中国生活质量现代化要完成两个转变，要上三个台阶。

两个转变。一是发展目标转变，从生活水平现代化到生活质量现代化、从全面建成小康社会到全面建成生活质量达到世界先进水平的美好社会和现代化国家；二是发展模式转变，从以经济建设为中心到以生活质量为发展主题。

三个台阶。一是生活质量水平从初等发达水平升级为中等发达水平；二是从中等发达水平升级为发达水平；三是从发达水平升级为世界先进水平，走到世界前列。

其二，地区层面的基本任务。中国地区层面的生活质量现代化的任务比较复杂。从《中国统计年鉴》的面板数据看，2016年全国34个地区生活质量差别比较大。

两个转变。一是发展目标转变，从生活水平现代化到生活质量现代化，从提高人均收入到提高生活满意度；二是发展模式转变，从以经济建设为中心到以生活质量为发展主题。

三个台阶。发达地区要完成从发达水平升级为世界先进水平的任务；中等发达地区要完成从中等发达水平升级为发达水平，然后升级世界先进水平的任务；初等发达地区要完成升级为中等发达水平和发达水平的任务，并继续提升水平。

其三，家庭层面的基本任务。中国家庭层面的生活质量现代化的任务，既有共性，又有个性和多样性。共性任务是提高和改善家庭成员和家庭生活的生活质量。个性任务是提高老年人、妇女儿童、残疾人和患者等的生活质量。

两个转变。一是发展目标转变，从提高家庭生活水平到提高家庭生活质量；二是发展模式转变，从提高人均收入和丰富物质生活到丰富文化生活和提高生活满意度。

三个台阶。富裕家庭要完成从生活质量发达水平升级为世界先进水平；中等富裕家庭要完成从生活质量中等发达水平升级为发达水平，然后升级世界先进水平；初等富裕家庭要完成从生活质量初等发达水平，然后到中等发达水平；不富裕家庭要同时提高生活水平和生活质量。

（2）基本任务的时间分解。

中国生活质量现代化的基本任务与战略目标相对应，可以分解成两大阶段的任务。其中，21世纪前50年的基本任务比较明确，后50年需要专题研究。中国生活质量现代化的基本任务可以分解到个人生活、公共生活、生活环境和生活满意度四个方面。

——中国生活质量现代化建设的路径

根据生活质量现代化的国际经验，21世纪生活质量现代化有三条基本路径。一是生活质量现代化路径，适合于已经进入第二次现代化的国家。二是追赶路径，先实现生活水平现代化，然后再推进生活质量现代化，适合于尚没有完成第一次现代化的国家。三是综合路径，同时推进生活水平现代化和生活质量现代化，适合于第一次现代化接近完成的国家，特别是地区发展不平衡的国家。从理论和政策角度考虑，综合路径是中国的合理选择，简称为生活质量现代化的运河路径。

中国生活质量现代化的路径是：瞄准生活质量的未来前沿，生活水平现代化和生活质量现代化协调发展，并加速向生活质量现代化的转型，迎头赶上未来的世界前沿水平；在21世纪上半叶达到或接近生活质量现代化的发达国家水平，基本建成健康长寿、环境优美、生活美好、人民满意的现代化国家；在21世纪下半叶早日达到生活质量的世界先进水平，个人生活质量、公共生活质量、生活环境质量和生活满意度等达到当时世界先进水平，全面建成具有世界先进水平的美好社会，高标准实现生活质量现代化。

——中国生活质量现代化监测指标

中国生活质量现代化的监测指标体系，可以选择个人生活质量、公共生活质量、生活环境质量和生活满意度的指标。以生活质量评价的 38 个指标为监测指标。可以根据政策需要，调整和增加监测指标。

——中国生活质量现代化动态监测

个人生活质量的动态监测。包括营养与健康 5 个指标、家庭与住房 2 个指标和消费与成本 3 个指标。可以根据政策需要，调整或增加更多监测指标。

公共生活质量的动态监测。包括经济生活 3 个指标、社会生活 4 个指标、文化生活 2 个指标和政治生活 1 个指标。可以根据政策需要，调整或增加更多监测指标。

生活环境质量的动态监测。包括公共设施 2 个指标、公共服务 4 个指标、公共安全 2 个指标和自然环境 2 个指标。可以根据政策需要，调整或增加更多监测指标。

生活满意度的动态监测。包括个人生活满意度 3 个指标、公共生活满意度 3 个指标和生活环境满意度 2 个指标。可以根据政策需要，调整或增加更多监测指标。

——人类发展阶段理论

2017 年中国学者何传启发表《生活质量：未来三十年的发展主题》一文提出"向生活质量进军，符合人类文明的发展逻辑"。他认为，人类文明发展是有逻辑的，在人类社会发展的不同阶段有不同需求和文明成就。原始社会的基本需求是食物需要，主要成就是完成从动物本能向人类社会的转变，发明语言和文字；农业社会的基本需求是生存需要，主要成就是建立传统农业文明，完成从食物采集者向食物生产者的转变，基本解决生存问题；工业社会的基本需求是物质需要，主要成就是建立工业文明，完成从小农经济向工业经济的转变，发达国家基本解决物质生活需求，物质生活非常丰富。知识型社会的基本要求包括四个方面：提高生活质量、丰富精神生活、促进健康长寿和探索空间。主要成就在于建立了知识文明，从工业经济向知识经济过渡,逐步满足了生活质量的多样化和多层次需求。

"美丽生活"代表了一个综合的概念,不能仅仅用金钱等物质条件来衡量。它还包含了个人的精神和社会生活领域。从"物质文化需求"到"美好生活需求",从"落后的社会生产"到"不平衡不充分的发展"的演变来看,关注点扩大了,问题的尖锐性提高了。当前,我国社会生产力、综合国力和人民生活水平实现了历史性跨越。人们对美好生活的向往日益强烈,需求呈现出多样性、多层次性、多方面性。他们渴望"更好的教育、更稳定的工作、令人满意的收入、可靠的社会保障、更高质量的医疗服务、舒适的生活条件、宜人的环境和丰富的精神文化生活"。这八个"更好"的视角从改善民生的角度揭示了"美好生活"的本质。我国实现了十几亿人的稳定生活,全面建成小康社会,开启了建设社会主义现代化国家的新征程。人们对美好生活的渴望日益广泛,不仅要求更高的物质和文化生活水平,而且表明人们对民主、法治、公平、正义、安全和原始环境的渴望与日俱增。

"美"是一个高度主观的概念。在现实生活中,由于不同的成长、教育背景和生活经历,每个人对"美好生活"的诠释和渴望都有所不同。有些人追求充实健康的"日常生活",而另一些人则渴望理想主义的"幸福生活",或丰富美德的有意义的生活……从个人角度来看,与其盲目地比较或嫉妒他人的生活,个人应该量入为出地追求自己的美好生活,并学会尊重和欣赏他人生活中的美好。正如社会学家费孝通曾经说过的那样:"各美其美,美人之美,美美与共,天下大同。"

高品质生活体现了以人民为中心的发展思想,本质上是为了满足人们对美好生活日益增长的需求。作为一个发展中的东方大国,我们必须坚持辩证唯物主义和历史唯物主义的方法论,把握和理解"美好生活"的概念。这种认识应该是历史与现实、理论与实践、国内与国际相结合的认识。我国经济已经从高速增长阶段转到高质量发展阶段,为每个人提供了从追求物质财富转向追求幸福的机会。就此而言,现阶段的"美好生活"就是"人民平等参与、平等发展权利得到充分保障,社会文明程度将达到新的高度,人民生活将更为宽裕,中等收入群体比例将明显提高,全体人民共同富裕小康生活"。换言之,可物化的指标,就是实现全体人民共同富裕的基本成果,将使中国人民的生活更加幸福健康。除了有形的指标外,这还需要个人和内心的成长,以及实现人类的全面发展和社会进步。

从以上分析可以看出,高品质生活是一个内在统一的有机整体,包括经济、政治、文化、社会、生态、数字和法治等方面,有必要以系统性的方法处理这一问题,统筹兼顾,同时对每个方面进行深入分析。经济发展为高质量的生活提供了物质基础。经济生活需要考虑微观层面的收入、储蓄和消费,以及宏观层面的经济发展。政治进步确保了高质量生活的政治保障,包括法治、民主参与、组织支持和结社自由等因素。文化繁荣为高质量生活提供了精神支撑,包括教育投资、教育水平、教育效果、文化投资和文化普及。社会稳定为高质量的生活创造了社会条件,涵盖了就业、医疗、交通和住房等方面。健康的环境为可持续发展奠定了基础,包括资源、环境和生态三个方面。在这里,考虑的范围从资源保护和所有权到环境污染和管理。数字化转型,驱动生产方式、生活方式和治理方式变革,构筑了美好生活的新图景。良法善治为高品质生活提供法治保障,具体构建全面建设社会主义现代化国家相适应的法律法规体系,保障高品质生活。在满足人的经济需要、政治需要、文化需要、社会需要、生态需要、数字化需要、法治需要的基础上,整体建构一个完整的人,满足人的全面发展的需要,创造高品质生活。

第四章
高品质生活的目标和评价指标体系

第四章 高品质生活的目标和评价指标体系

第一节 高品质生活的阶段性目标

习近平总书记关于高品质生活的重要论述,深刻体现了以人民为中心的发展思想,为新时代新征程创造高品质生活、促进人的全面发展提供了科学理论指导。

党的二十大报告提出全面建成社会主义现代化强国,总的战略安排是分两步走:从二〇二〇年到二〇三五年基本实现社会主义现代化;从二〇三五年到本世纪中叶把我国建成富强民主文明和谐美丽的社会主义现代化强国。到二〇三五年,我国发展的总体目标是:经济实力、科技实力、综合国力大幅跃升,人均国内生产总值迈上新的大台阶,达到中等发达国家水平;实现高水平科技自立自强,进入创新型国家前列;建成现代化经济体系,形成新发展格局,基本实现新型工业化、信息化、城镇化、农业现代化;基本实现国家治理体系和治理能力现代化,全过程人民民主制度更加健全,基本建成法治国家、法治政府、法治社会;建成教育强国、科技强国、人才强国、文化强国、体育强国、健康中国,国家文化软实力显著增强;人民生活更加幸福美好,居民人均可支配收入再上新台阶,中等收入群体比重明显提高,基本公共服务实现均等化,农村基本具备现代生活条件,社会保持长期稳定,人的全面发展、全体人民共同富裕取得更为明显的实质性进展;广泛形成绿色生产生活方式,碳排放达峰后稳中有降,生态环境根本好转,美丽中国目标基本实现;国家安全体系和能力全面加强，基本实现国防和军队现代化。

基于这个战略目标，可以明确创造高品质生活分阶段目标。

到2025年的总体目标是：创造高品质生活上实现新进展。具体目标如下：（1）高品质生活迈上新台阶。就业更加充分更高质量，人民生活更加富裕，民生福祉达到新水平，城乡人居环境显著改善，人均预期寿命继续提高。（2）创造高品质生活体制机制初步建立。居民人均可支配收入增长与国内生产总值增长基本同步，市场主体活力、技术数据等要素潜力、创新创业动力显著增强，基本公共服务均等化水平提高，多层次社会保障体系更加健全。

到2035年的总体目标是：人的全面发展、全体人民共同富裕取得更为明显的实质性进展。具体目标如下：（1）生活的质量水平更高。基本实现人民期盼更好的教育、更稳定的工作、更满意的收入、更可靠的社会保障、更高水平的医疗卫生服务、更舒适的居住条件、更优美的环境、更丰富的精神文化生活等。（2）高品质生活的覆盖范围更广，涵盖经济、政治、文化、社会、生态、数字、法治等各个领域，促进人的全面发展和全体人民共同富裕，人民群众获得感、幸福感、安全感更加充实、更有保障、更可持续。

第二节　构建高品质生活评价指标体系意义

民生是人民幸福之基、社会和谐之本。党的十八大以来，以习近平同志为核心的党中央坚持以人民为中心的发展思想，努力推动高质量发展，创造高品质生活，实现人民对美好生活的向往和期待。党的二十大报告提出，增进民生福祉，提高人民生活品质，必须坚持在发展中保障和改善民生，鼓励共同奋斗创造美好生活，不断实现人民对美好生活的向往。高品质生活既是经济社会发展水平的客观反映，也是人民群众的主观感受；高品质生活不是抽象的概念，而是有一系列具体的目标要求，涵盖人民群众生活的方方面面。高品质生活不仅意味着幼有所育、学有所教、劳有所得、病有所医、老有所养、住有所居、弱有所扶，更对生态环境、法治文明、文化精神等更高层级需要提出了更高水平要求。新的发展阶段，必须准确把握人民群众对美好生活多样化多层次多方面需求，为准确全面客观了解一个地区一个时段高品质生活的状态，构建高品质生活评价指标体系具有现实意义。

国外学者对生活质量指数进行了广泛深入的研究，如"人类发展指数（HDI）"主要由三个指标构成：出生时的预期寿命，教育获得即成人识字率与小学、中学、大学综合入学率合并计算结果和人均GDP的对数，这三个指标分别反映了人的长寿水平、知识水平和生活水平，是一类客观指标体系。"美好生活指数（BLI）"包括住房条件、家庭收入、工作、教育、环境、公民参与、健康等11个方面。"快乐星球指数（HPI）"综合考虑了生活满意度、平均寿命和环境承受能力（包括全国人口生活空间和能消耗能量）等多项指标，经济规模和增长速度则不在考虑之列，其结果在一定程度上显示出经济社会发达程度并不是民众感觉快乐的首要因素。"社会进步指数（SPI）"，涉及3个层级、12个社会经济领域的54项指标。"德国创造品质生活评价指标体系"包括评价品质生活的3个部分、12个维度和48项主客观指标等，这些研究可为我们构建高品质生活指标体系提供有益借鉴。

2018年3月习近平总书记提出"高品质生活"以来，国内学界开始对此从概念内涵、评价体系、建设路径等进行不同角度的研究。上海市委党校"高品质生活评价"课题组（2019）以"健康绿色生活、和谐安宁生活、智慧共享生活、多彩奋进生活"为主要内容构建了高品质生活评价指标体系，包含"健康绿色生活、和谐安宁生活、智慧共享生活、多彩奋进生活"4个一级指标、21个二级指标与69个三级指标组成的高品质生活评价指标体系。上海财经大学课题组（2019）提出构建一套能够综合反映上海居民高品质生活的评价指标体系，该指标体系高品质生活的评价包括获得感、幸福感、安全感3个目标层，10个二级指标、81个三级指标，其中包含31个客观评价指标、50个主观评价指标。[1]孟东方等通过社会发展理论和方法对高品质生活进行了理论构建，对高品质生活的内容结构进行了分析，借助系统科学和统计理论的方法进行了高品质生活评价的指数构建，包含8个一级指标、29个2级指标、78个三级指标。[2]重庆市统计局从主客观两个维度入手，探索建立了重庆市创造高品质生活监测评价指标体系，以美好生活与和谐环境2项一级指标出发，构建了二级指标6项，其中客观

---

[1] 上海财经大学课题组,徐国祥,张正,苏杰.上海高品质生活评价指标体系研究[J].统计科学与实践,2019(06):9—13.

[2] 孟东方等.创造重庆高品质生活综合研究[M].重庆：西南大学出版社,2021.

指标35项、主观指标25项。[1]边燕燕（2020）根据"五位一体"的总体布局研究高品质生活的内涵及维度，构建了包括经济生活、政治生活、文化生活、社会生活、生态文明生活在内的"五位一体"城市高品质生活评价指标体系，包含5个一级指标、22个二级指标、30个三级指标。[2]雷晓康、张琇岩（2023）从公民的需求角度出发，以"五位一体"总布局为领域划分标准，将高品质生活测度指标分为经济生活、政治生活、文体教育、社会生活以及生态环境等5项一级指标、18项二级指标以及49项三级指标，并最终形成"高品质生活指数"，涵盖了客观现实与主观感受。[3]程子非在借鉴OECD国家经验基础上，提出高品质生活创建包括构建以人为本的多维生活质量评价体系，建立发展型社会政策理念，动员多种社会力量协调合作，实施公共服务层次多元化，明确不同支持和服务计划等方面。[4]

本研究依据统计学的理论和方法进行相应的指标设定，构建高品质生活评价体系，一是能够客观地衡量当前我国社会经济、政治、文化、社会、生态、数字、法治等高品质生活建设水平以及人民群众生活幸福状态，直观地反映社会各领域高品质建设实际；二是能够把握高品质生活建设发展总体状况，从对比中发现问题，明确差距，深度分析问题成因，并提出具体解决措施与原则。

高品质生活创建要始终坚持以习近平新时代中国特色社会主义思想为指导，与高质量发展相适应，与人民美好生活内在统一，涉及经济、政治、文化、社会、生态文明等各个方面，要立足新发展阶段、贯彻新发展理念、构建新发展格局、推动高质量发展，以中国式现代化全面推进中华民族伟

---

[1] 重庆统计局.重庆统计分析与研究[M].北京：中国统计出版社，2019.

[2] 边燕燕.城市高品质生活评价指标体系构建与实证分析[J].重庆理工大学学报（社会科学），2020(08):45—57.

[3] 雷晓康,张琇岩.高品质生活理论意涵、指标体系及省际测度研究[J].西安财经大学学报,2023(04):89—102.

[4] 程子非.OECD国家打造高品质生活的经验及启示[J].社会政策研究,2019(03):90—100.

大复兴。中国式现代化建设,要统筹推进"五位一体"总体布局。同时,法治中国、数字中国建设深入推进。法治是人类文明进步的重要标志,是治国理政的基本方式,是中国共产党和中国人民的不懈追求,法治兴则国兴,法治强则国强。数字中国建设是数字时代推进中国式现代化的重要引擎,是构筑国家竞争新优势的有力支撑,加快数字中国建设,对全面建设社会主义现代化国家、全面推进中华民族伟大复兴具有重要意义和深远影响。所以高品质生活评价指标体系要基于国家建设总体布局,结合数字中国、法治中国建设统筹构建。

本研究充分参考上述国内外较为权威的指标体系构建经验,同时借鉴在不同领域学者的研究成果,在"五位一体"总布局基础上,引入了法治和数字两个一级指标。因此,本研究构建高品质生活评价体系采用了客观指标评估和主观指标评估相结合的方式,客观指标选取经济、政治、社会、文化、生态文明、数字、法治7个方面进行衡量,从客观角度对高品质生活进行量化评估;主观指标选取主要从群众获得感、群众幸福感和群众安全感3个方面加以衡量。

第三节 高品质生活评价指标体系的构建原则

高品质生活评价指标体系的构建,需要切合中国式现代化内涵和特征,考虑我国经济社会运行的现实特征以及数据的连续性与可得性,注重指标体系的实际应用性,采取多维度、多层次的设计思路,选取能够反映我国高品质生活水平的关键指标,构建具有中国特色的高品质生活评价体系。

引领性。始终坚持党的领导,保证各类指标的选取能够反映人民对高品质生活的需求。将高品质生活评估指标体系的指标与国家重大战略部署相结合。

科学性。指标体系要建立在科学基础之上,指标的选择、指标权重的确定,要以科学的理论和方法作为指导,确保测算的结果科学、合理、可靠、规范、准确地反映居民生活质量的基本内涵,同时指标的内容密切结合工作实际,赋予指标特色性和创新性。

系统性。指标体系的建立应相对全面地反映高品质生活指向的多个维度、多个领域。各指标之间要相互联系、相互配合、各有侧重,形成有机整体,以保证对高品质生活全方位、多角度和综合性的评估。高品质生活评估指标体系要能够充分反映高品质生活的丰富内容,高品质生活评估指标体系的指标层次之间、主观指标与客观指标之间保持全面。

时效性。指标体系要以创造高品质生活阶段性和长远性目标相结合,使高品质生活评估指标体系动态贯穿于高质量发展和创造高品质生活始终。

可操作性。指标体系的指标选取要考虑来源的可行性、指标的可测度、指标的认同度，以全面反映总体情况，保证所选取的评价指标体系的实用性和可行性。

可行性。指标体系的构建，不仅要按照居民对高品质生活向往目标所涉及的各个方面选择性设置，还要在科学研究的基础上，切实把握高质量生活的特征，形成能准确反映实际情况的综合评价体系。

可获取性。指标体系要能反映评价对象的客观实际，保证数据真实有效，在既有统计方法数据基础上，要尽可能考虑现有统计制度，利用已有的数据资源，以便调查、测评、统计、计算和对比分析，并充分利用新技术新方法新手段获取数据。

第四节　高品质生活评价指标体系的基本构成

高品质生活以强国建设、民族复兴为背景，与高质量发展相适应，与人民美好生活内在统一，涉及经济、政治、文化、社会、生态文明、数字、法治等各个方面。实现人民对美好生活的向往，必须坚持以人民为中心的发展思想，维护和保障人民群众根本利益，激发广大人民积极性、主动性、创造性。高品质生活是高质量发展的动力和目的，高质量发展是高品质生活的基础和前提。高品质生活与人民日益增长的美好生活需要是内在统一的。高品质生活评价指标体系的架构要始终坚持以习近平新时代中国特色社会主义思想为指导，从满足人民群众对经济、政治、文化、社会、生态、数字、法治各个方面的美好需要，增强人民群众的获得感、幸福感、安全感等角度确定高品质生活的主要体系架构。

高品质生活指数评估指标体系应由客观指标和主观指标两个方面构成，因此要基于高品质生活的客观物质基础和人民对于获得感、幸福感和安全感（以下简称"三感"）的主观感受评价高品质生活的结果。

高品质生活评估指标体系主观指标：创造高品质生活的终极目标是要不断提高人民的获得感、幸福感和安全感，民生"三感"是人民的需求、政府的供给和人民的感知三者的统一，所以，人民群众的获得感、幸福感、安全感是衡量人民生活品质的基本指标。

高品质生活评估指标体系客观指标：高品质生活的客观物质基础是国

家经济社会建设取得的成果,因此高品质生活指数客观指标评估体系还需要基于国家建设总体布局。要统筹推进"五位一体"总体布局、协调推进"四个全面"战略布局,立足新发展阶段、贯彻新发展理念、构建新发展格局、推动高质量发展,以中国式现代化全面推进中华民族伟大复兴。同时,推进数字中国建设是推进中国式现代化的应有之义和必然选择,数字技术与经济、政治、文化、社会、生态文明等深度融合,以新动能带动新发展,实现需求精准响应、服务均衡惠及、潜能有效激发、价值充分实现的数字生活新图景,让人民生活更有品质、更有尊严、更加幸福。法律是治国之重器,法治是国家治理体系和治理能力的重要依托,推进依法治国,推进法治中国建设,是全面建成社会主义现代化强国的根本。因此,构建高品质生活评价体系要从经济、政治、文化、社会、生态、数字、法治等方面建立,从客观角度对高品质生活进行量化评估。

综上所述,高品质生活评估指标体系的构建采用了客观指标评估和主观指标评估相结合的方式。其中,客观指标选取经济、政治、社会、文化、生态、数字、法治7个方面进行衡量;主观指标选取主要从群众获得感、群众幸福感和群众安全感3个方面加以衡量。

一、高品质生活评估指标体系客观指标内容

高品质生活主观评估指标共包括7个一级指标,即高品质生活政治建设指标、高品质生活经济建设指标、高品质生活文化指标、高品质生活社会建设指标、高品质生活生态文明建设指标、高品质生活法治建设指标、高品质数字建设指标等7个方面,共有21个二级指标、64个三级指标。

表 1　高品质生活评估指标体系客观指标

一级指标	二级指标		三级指标
高品质生活经济建设指标	经济发展水平	1	人均 GDP
		2	城镇化率
		3	服务业占比
		4	R&D 经费占 GDP 的比重
	居民生活水平	5	居民人均可支配收入
		6	社会福利支出占 GDP 比重
		7	恩格尔系数
高品质生活政治建设指标	公众参与	8	民生重大决策听证率
		9	基层民主参选率
		10	每万人拥有社会组织机构数
	行政效能	11	基尼系数
		12	营商环境指数
	社会安全	13	万人案发率
		14	每万人交通死亡人数
		15	亿元 GDP 生产安全事故死亡率
高品质生活文化建设指标	文化投入	16	公共文化财政支出
		17	每万人公共文化设施面积
	文化市场	18	文化产业增加值
		19	文化产业占 GDP 比重
		20	旅游总收入
		21	居民文化娱乐消费支出占居民消费支出比重
	文化参与	22	居民出游次数
		23	成年国民综合阅读率

续表

一级指标	二级指标	三级指标	
高品质生活社会建设指标	医疗卫生	24	每千人口拥有医师数量
		25	每千人口医疗卫生机构床位
	教育事业	26	教育事业支出占财政支出比重
		27	义务教育免试就近入学比例
		28	高等教育毛入学率
		29	劳动年龄人口平均受教育年限
	居住条件	30	人均住房面积
		31	人均公园绿地面积
	社会保障	32	平均预期寿命
		33	基本社会保险参保率
		34	城镇登记失业率
		35	每千名老年人口拥有养老床位数
	交通出行	36	城市人均拥有道路面积
		37	高铁通车里程
		38	百户家庭拥有私家轿车数量
	健康水平	39	居民体质总达标率
		40	居民健康素养水平
		41	体育人口
高品质生活生态文明建设指标	自然资源	42	全年空气质量达标率
		43	森林覆盖率
	环境质量	44	生活垃圾无害化处理率
		45	主要重金属污染物排放量
		46	城乡污水处理率
		47	农村卫生厕所普及率
	生态经济	48	万元工业增加值主要工业污染物排放强度
		49	单位GDP能耗
		50	工业固体废弃物综合利用率

续表

一级指标	二级指标	三级指标	
高品质生活法治建设指标	法律服务体系	51	每万人拥有公证员数
		52	每万人拥有律师数
		53	每万人拥有调解员数
		54	村（社区）法律顾问覆盖率
		55	村（社区）法治文化阵地建设普及率
	依法治理	56	刑事案件破案率
		57	政务信息申请公开答复率
		58	行政复议纠错率
高品质生活数字建设指标	信息基础设施	59	互联网普及率
		60	固定宽带接入用户数量
		61	5G基站建设数量
	数字化服务	62	依申请政务服务事项"一网通办"率
		63	电子商务交易额
	数字经济规模	64	数字经济核心产业增加值占GDP比重

高品质生活评估指标体系客观指标具体内涵及相关要素如下：

（1）高品质生活经济建设指标

经济建设是创造高品质生活的重要物质基础，准确把握和量化经济发展水平对于推动和创造高品质生活意义重大。高质量发展满足人民日益增长的高品质生活需要，创造和引领人民高品质生活新需求，是创造高品质生活的根本路径。只有推动高质量发展，有效化解制约人民美好生活需要的深层次矛盾和问题，才能创造人民多方面、多层次、多样化的高品质生活。因此从"经济发展""居民生活水平"两个维度进行评估。

①经济发展。经济发展就是在经济增长的基础上，一个国家或地区经济结构和社会结构持续高级化的创新过程或变化过程。经济发展是衡量经济建设的直接指标，可通过总量结构等方面的指标进行反映。

人均GDP：即人均国内生产总值，衡量经济发展水平及发展阶段，反映了物质丰裕程度。

城镇化率：通常指一个地区常住于城镇的人口占该地区总人口的比例，反映城镇化水平。

服务业占比：指服务业增加值占同期国内生产总值的比重，衡量经济发展和现代化水平。

R&D经费占GDP的比重：代表国家或地区对研发和创新的投入强度，反映社会的财富创造和积累潜力及质量高低程度。

②居民生活水平。居民生活质量的提高，可以从居民人均可支配收入水平、恩格尔系数、社会福利支出占GDP比重等三个方面，反映居民生活质量的变化。

居民人均可支配收入水平：反映居民的实际收入水平及生活阶段。

社会福利支出占GDP比重：反映居民享有的保障和福利水平。

恩格尔系数：家庭食品消费支出占家庭总消费支出的比重，衡量居民生活水平和质量的一项重要指标。

（2）高品质生活政治建设指标

推进国家治理体系和治理能力现代化，把制度优势更好转化为治理效能，确保人民安居乐业和社会安定有序，为创造高品质生活提供坚强保障。在新发展阶段创造高品质生活，以高效能治理有力保障高品质生活，推进国家治理体系和治理能力现代化，实现治理效能显著提升，让社会呈现活力和秩序的有机统一，形成生活品质与治理效能的良性互动。因此从"公众参与""行政效能""社会安全"三个维度进行评估。

①公众参与。公众参与是民主政治建设的动力，对民主政治的发展具有重要意义。

民生重大决策听证率：征集利益相关群体的意见，完善决策过程，有利于保障群众的知情权，也有利于政府做出正确的决策。

基层民主参选率：即参与投票的选民数与登记选民总数的比例，是实现全过程人民民主的重要体现。

每万人拥有社会组织机构数：是衡量社会文明程度的重要指标。

②行政效能。政府行政工作需要不断提高工作效率，提高政府行政效能，进而切实提升群众对社会的满意度和社会管理的认同感、获得感。

基尼系数：是衡量一个国家或地区居民收入差距的常用指标。

营商环境指数：反映出国家或地区在保障企业建立、运营、扩张和破产各个阶段的制度环境和法治环境。

③社会安全。社会安全是国家治理建设的重要成果表现，也是高品质生活建设的重要环境依赖。

万人发案率：指在一定时间内发生一定数量的犯罪案件在人口中的比例，反映某一地区范围和某一个时期治安情况的好坏。

每万人交通死亡人数：是指在一定空间和时间范围内按机动车拥有量所平均的交通事故死亡人数的相对指标。

亿元GDP生产安全事故死亡率：是综合反映和评价一个国家或地区安全生产状况和水平的指标。

（3）高品质生活文化建设指标

文化建设是提高人民思想觉悟和道德水平的重要条件，也是创造高品质生活的重要保证，所以，文化高品质建设也是高品质生活评价指标体系的重要组成部分。社会文化建设主要由文化活动投入、文化市场、文化活动参与等方面构成。因此从"文化投入""文化市场"和"文化参与"三个维度进行评估。

①文化投入。文化投入采用"公共文化财政支出""每万人公共文化设施面积"等指标进行衡量。

公共文化财政支出：政府为提供公共文化产品和服务，满足社会共同需要而进行的财政资金的支付。

每万人公共文化设施面积：是衡量一个城市的文化水平、公共服务的重要指标。

②文化市场。文化市场为文化建设发展提供了良好的持续运营环境，是推进文化产业发展和文化高品质建设的重要支撑平台。

文化产业增加值：指一个地区所有常住单位一定时期内进行文化及相关产业生产活动创造的新增价值和固定资产的转移价值。

文化产业占GDP比重：指一个国家或地区文化产业占国内（或地区）生产总值的份额。

旅游总收入：指一定时期内旅游目的地国家或地区向国内外游客提供旅游产品、购物品和其他劳务所获得的货币收入的总额。这一经济指标综合反映了旅游目的地国家或地区旅游经济的总体规模状况和旅游业的总体经营成果。

居民文化娱乐消费支出占居民消费支出比重：是衡量一个国家或地区的文化娱乐消费水平和文化软实力的重要指标之一。

③文化参与。社会文化参与和文化高品质建设之间存在密切的相互依赖关系，就文化消费参与而言，其文化参与交流程度直接关系到社会文化发展的活力。

居民出游次数：是反映地区客运总需求的一个重要指标，指一定地域范围内的旅客发送量与人口数的比值。

成年国民综合阅读率：指18—70周岁常住居民对图书、报纸、期刊等纸质出版物和数字出版物（互联网PC端、手机终端、手持阅读器、光盘等）阅读行为人口占总人口的比例，反映总体阅读人口的比例，主要体现居民阅读参与情况。

（4）高品质生活社会建设指标

社会建设是为了解决人民直接的利益问题，为人民创造稳定的生活和社会环境，是创造高品质生活的核心内容，是高品质生活评价指标体系的重要内容。社会建设的领域包括教育、居住、交通、医疗卫生、社会保障和社会管理等众多方面,其建设水平直接关乎民生。因此从"医疗卫生""教育事业""居住条件""社会保障""交通出行""健康水平"六个维度进行评估。

①医疗卫生。医疗卫生水平直接影响国民健康,而健康是高品质生活的基本保证。

每千人口拥有医师数量:指一个国家或地区平均每千人拥有的执业(助理)医师数,反映一个地区的医疗保健发展水平,是衡量一个地区医疗服务能力的重要标志。

每千人口医疗卫生机构床位:体现了床位的分布情况,也反映了医疗卫生服务的可及性。

②教育事业。教育是个体获取社会资源和改善生活品质的有效途径,同时居民的受教育水平也决定了生活品质的高低。居民受教育水平高低主要取决于社会对教育的投入。

教育事业支出占财政支出比重:指政府为推动教育发展而拨付的经费占总支出的比例,是评估教育发展水平的重要指标之一。

义务教育免试就近入学比例:是衡量教育公平、依法保障适龄儿童少年的受教育权益的一个重要指标。

高等教育毛入学率:指高等教育在学人数与适龄人口之比,衡量高等教育发展的相对规模,反映了国家或地区提供高等教育的整体水平。

劳动年龄人口平均受教育年限:指16—59岁人口平均接受学历教育(含成人学历教育、不含非学历培训)的年数,能够客观反映劳动者素质,有利于引导增加公平而有质量的公共教育服务,持续提高人力资本水平,更好支撑产业转型升级。

③居住条件。居住条件是对人们生存生活现状的切实反映。

人均住房面积:指按居住人口计算的平均每人拥有的住宅面积,人均住房面积用于衡量民生和公民居住权益改善的程度。

人均公园绿地面积：指城镇公园绿地面积的人均占有量。

④社会保障。社会保障增强了人们的抗风险能力，能够为高品质生活兜底，社会保障包括覆盖率、保障水平和可持续性。

平均预期寿命：指假若当前的分年龄死亡率保持不变，同一时期出生的人预期能继续生存的平均年数，反映了一个国家或地区疾病防治和卫生服务水平。

基本社会保险参保率：一个国家或地区实际参加社会保险的人数占应参加人口总数的百分比。

城镇登记失业率：是指在报告期末城镇登记失业人数占期末城镇从业人员总数与期末实有城镇登记失业人数之和的比重。

每千名老年人口拥有养老床位数：指一个地区每千名户籍老年人拥有养老床位数量。

⑤交通出行。交通便捷是人们出行便利的物质基础。

城市人均拥有道路面积：指平均每个城市人口拥有的道路面积反映一个城市交通的拥挤程度的指标。

高铁通车里程：衡量高铁发达程度的重要标志。

百户家庭拥有私家车数量：衡量一个地区汽车和人民生活标准的一个指标。

⑥健康水平。健康是高质量生活的基石。

居民体质总达标率：是国家或地区居民健康水平的重要反映。

居民健康素养水平：指个人获取和理解基本健康信息和服务，并运用这些信息和服务作出正确决策，以维护和促进自身健康的能力。是衡量地区居民健康水平的重要参考指标，也是评价辖区开展公共卫生、健康教育与健康促进工作效果的重要指标之一。

体育人口：是指在一定时期、一定地域，经常从事体育锻炼、健身娱乐，接受体育教育、参加运动训练，以及其他与体育事业有关系的群体。

（5）高品质生活生态文明建设指标

生态文明建设为高品质生活创造了环境基础，生态文明建设也是高品质生活评价指标体系的重要组成部分。生态文明本质上包含自然生态文明和经过人为建设的生态发展文明，而自然生态文明又可以分为自然资源和自然环境。因此从"自然资源""环境质量""生态经济"三个维度进行评估。

①自然资源。自然资源主要是指支撑人们生产生活的环境资源建设情况。

全年空气质量达标率：指所在城市全年空气质量良好以上天数（即空气污染指数 API 小于或等于 100 的天数）占总天数的比例。

森林覆盖率：指森林面积占土地总面积的比率，是反映一个国家或地区森林资源和林地占有的实际水平的重要指标。

②环境质量。环境质量是人们根据环境污染程度对所处生产生活的环境质量做出的评价。

生活垃圾无害化处理率：是指生活垃圾无害化处理量与生活垃圾产生量的比率。

主要重金属污染物排放量：制定主要污染物总量减排目标的重要依据。

城乡污水处理率：指经管网进入污水处理厂处理的城市污水量占污水排放总量的百分比。

农村卫生厕所普及率：指行政区使用卫生厕所的农户占农户总数的比例。

③生态经济。生态经济是指人们在经济发展过程中为保护生态环境采取的行动，可以从污染物排放、固体废物处理等角度进行。

万元工业增加值主要工业污染物排放强度：指每万元工业增加值主要污染物的排放量。

单位 GDP 能耗：是指一次能源消费总量与国内生产总值（GDP）的

比率,反映能源消费水平和节能降耗状况的主要指标。

工业固体废物综合利用率:指工业固体废物综合利用量占工业固体废物产生量的百分率。

(6)高品质生活法治建设指标

法治在高质量发展中起到了固根本、稳预期、利长远的重要作用,不论是执政兴国、社会发展、提高百姓福祉、推进共同富裕,都离不开法治的力量,要践行以人民为中心的发展思想,用法治守护群众高品质生活,不断增强人民群众的获得感、幸福感、安全感。因此从"法律服务体系""依法治理"两个维度进行评估。

①法律服务体系。是满足全体公民基本法律服务需求的法律服务体系,对于更好地满足人民群众对公共法律服务的需求,增强人民群众获得感有重要意义。

每万人拥有公证员数:是指一个区域内每一万人口中平均拥有的公证员的人数。

每万人拥有律师数:是指一个区域内每一万人口中平均拥有的律师人数,是衡量公众接受法律服务的便利程度和法治意识强弱的指标。

每万人拥有调解员数:是指一个区域内每一万人口中平均拥有的调解员的人数,是衡量公众接受法律服务的便利程度和法治意识强弱的指标。

村(社区)法律顾问覆盖率:是司法行政工作向基层延伸、服务人民群众的重要载体。

村(社区)法治文化阵地建设普及率:是深化新发展阶段全民普法、实施乡村振兴战略、推进全面依法治国的基础性指标。

②依法治理。依法治理,有利于在国家治理过程中巩固体制根基、发扬制度优势,培育全社会办事依法、遇事找法、解决问题用法、化解矛盾靠法的法治环境。

刑事案件破案率:指在特定的时区范围内刑事破案数占发案总数的

比重。

政务信息申请公开答复率：指对公民、法人和其他组织通过各种形式申请信息公开的答复总数占比。

行政复议纠错率：行政复议的纠错功能是指行政复议机构通过撤销、变更原行政行为，来实现对下级行政机关行政行为的监督。

（7）高品质生活数字建设指标

党的二十大报告中明确作出"加快建设数字中国"的部署安排。数字中国是数字时代推进中国式现代化的重要引擎，是构筑国家竞争新优势的有力支撑。数字中国建设为我国经济建设、政治建设、文化建设、社会建设、生态文明建设提供信息化技术和信息资源支撑，以信息化驱动现代化，推动经济社会高质量发展，为数字时代推进中国式现代化提供强大动力。生活数字化转型，是创造高品质生活的重要抓手。以生活数字化产生的"牵引力"，激发经济数字化，强化治理数字化，提升各类民生服务的精准性、充分性和均衡性，推动政府、企业、社会三方紧密互动，共同创造高品质生活。因此从"信息基础设施建设""数字化服务""数字经济规模"三个维度进行评估。

①信息基础设施建设。新型信息基础设施建设对促进信息化和数字化的发展，是提高社会服务水平和推动经济发展的重要动力。

互联网普及率：指一个地区互联网用户占总常住人口的比例，反映了一个国家或地区经常使用互联网的人口比例，用于衡量一个国家或地区的信息化发展程度。

固定宽带接入用户数量：指一个地区固定使用互联网的用户数量。

5G基站建设数量：指一个地区建设的5G基站建设数量。

②数字化服务。采用依申请政务服务事项"一网通办"率和电子商务交易额进行衡量。

依申请政务服务事项"一网通办"率：是一个地区政务服务水平的重

要体现。

电子商务交易额：一个地区电子商务交易金额，是衡量一个国家或者地区电子商务发展状况的重要指标。

③数字经济规模。反映数字经济发展状况，采用数字经济核心产业增加值占GDP比重进行衡量。

数字经济核心产业增加值占GDP比重：数字经济核心产业增加值占GDP比重。

二、高品质生活评估指标体系主观指标内容

党的二十大报告指出，要使"人民群众获得感、幸福感、安全感更加充实、更有保障、更可持续，共同富裕取得新成效"。民生"三感"是人民的需求、政府的供给和人民的感知三者的统一，所以，人民群众的获得感、幸福感、安全感是衡量人民生活品质的基本指标。高品质生活主观评估指标共包括3个一级指标，38个三级指标。获得感主要调查居民现在的生活状况与自己期望值相符的程度，对目前社会公平程度的看法，影响获得感的因素，包含薪酬水平、物价水平、福利水平、工作强度、晋升空间、住房条件、养老质量、孩子成长、自我价值、消费便利等方面。幸福感主要调查居民对自己目前生活状况的满意程度和幸福程度，影响幸福感的因素，包含居民收入水平、健康状况、家庭和谐、人际社交、社会认同、心态情绪、业余生活、精神追求、榜样力量、文化自信、同事关系、团队文化等方面。安全感主要调查居民生活中是否会感到担心或不安，目前是否感觉安全，影响安全感的因素，包含政府办事效率、政府服务意识、教育培训、治安状况、信息安全、食品安全、财产安全、生态环境、社会保障、诚信状况、法治观念、道德规范、行业前景、交通状况、廉政反腐、政商关系平等方面。

表 2 高品质生活评估指标体系主观指标

一级指标	二级指标	
获得感	1	薪酬水平
	2	物价水平
	3	福利水平
	4	工作强度
	5	晋升空间
	6	住房条件
	7	养老质量
	8	孩子成长
	9	自我价值
	10	消费便利
幸福感	11	收入水平
	12	健康状况
	13	家庭和谐
	14	人际社交
	15	社会认同
	16	心态情绪
	17	业余生活
	18	精神追求
	19	榜样力量
	20	文化自信
	21	同事关系
	22	团队文化

续表

一级指标	二级指标	
安全感	23	政府办事效率
	24	政府服务意识
	25	教育培训
	26	治安状况
	27	信息安全
	28	食品安全
	29	财产安全
	30	生态环境
	31	社会保障
	32	诚信状况
	33	法治观念
	34	道德规范
	35	行业前景
	36	交通状况
	37	廉政反腐
	38	政商关系

第五章

国内外创造高品质生活的实践及启示

第五章　国内外创造高品质生活的实践及启示

第一节　国内部分地区的实践及启示

一、国内部分地区的探索实践

（一）北京市：在更高水平上保障和改善民生[1]

改善公共卫生管理，加强公共卫生管理系统。做优做强市级疾控中心，规划建设市疾控中心新址，推进市和区两级疾控中心标准化建设，统筹布局 P3 实验室。北京市通过建立强有力的社区卫生委员会，提高公共医疗机构的传染病治疗能力，加强街道社区和乡镇的公共卫生责任。加强医疗保健服务，北京市将重点转向以健康为中心的医疗保健和进一步的医疗保健系统改革至关重要。建立完善的分级医疗服务体系，加强分级诊疗服务，推动医疗联盟紧密结合，推进卫生联合体试点，实现社区卫生服务中心在各区、乡镇的动态覆盖。近年来，北京市积极采取一系列措施，致力于提高家庭医生服务的覆盖率和质量，并进行公立医院改革，建立多样化的医疗服务模式。确保优质医疗资源的公平分配，同时加强三级医院和妇幼保健施的建设。此外，北京市还着重加强医院安全管理，积极支持中医药创新和人才发展，推动研究型医院的发展。为了更好地促进信息化与医疗

---

[1] 本案例根据以下资料编写：《北京市国民经济和社会发展第十四个五年规划和二〇三五年远景目标纲要》《北京市政府工作报告（2023）》《中国共产党北京市第十三次代表大会》。

服务的结合，北京市积极建立了高水平的卫生信息系统，从而促进了各医疗机构之间的互联互通，以及互联网医疗服务的发展。这一举措为患者提供了更加便捷、高效的医疗服务渠道，使得医疗资源能够更好地满足人们的需求。落实公民健康公约，倡导并推动健康习惯和生活方式的普及，引导人们养成良好的生活习惯，积极参与各项健康活动。

应对人口老龄化挑战。在老龄化社会的背景下，北京市高度重视社区养老服务的建设和发展。加强社区养老服务网络的建设，建立养老服务中心、居家养老服务站，为老年人提供全方位、个性化的养老服务。同时，北京市还致力于建立长期护理保险制度，为有需要的老年人提供长期护理的经济支持，减轻他们的经济负担。此外，北京市积极发展养老产业，通过引入社会资本和技术创新，提供更多样化、专业化的养老服务，不断满足老年人多样化、个性化的需求。不断加大对家庭医生服务的推广力度，注重提高医疗服务的质量和效率，改革公立医院，推动多样化医疗服务模式的建立。积极推进医院安全管理、中医药创新和人才发展，以及研究型医院的发展。建立长期护理保险制度，发展养老产业，促进养老服务与产业的协同发展。推进跨地区医疗保险系统的整合。积极开发老年人力资源，培育银发经济，促进老年人友好的居住环境，优化人口结构以保持城市活力。此外，加强包容性的儿童保育服务体系和提高全体人口的教育水平有助于全面进步。

促进体育高质量发展。扩大体育场馆的可用性，促进公众使用体育设施，为公众创造方便的"一刻钟健身圈"。在促进体育产业的发展上，鼓励与体育相关的消费，还着重推动健身休闲等多个领域的发展，以实现全方位的体育活动增长。鼓励消费者参与体育相关活动，购买体育用品和健身设备，以及参观体育赛事和观看体育节目。优化竞技体育项目布局，注重培养后备体育人才，以提高竞技体育水平。通过投入更多的资源和资金，北京市加强了青少年体育培训和选拔体系的建设，为年轻运动员提供更优质的培训和训练条件。鼓励学校和社区建立多样化的体育俱乐部和训练中心，为广大群众提供参与竞技体育项目的机会，激发人们对体育的兴趣和热爱。成功举办了众多重要的国际体育赛事，推动了体育文化的传播和交流。积极发展体育旅游产业，吸引国内外游客参与体育活动和相关体验。例如，北京市建设了一系列专业运动场馆和健身休闲场所，为游客提供了丰富多样的体育娱乐项目，如攀岩、高尔夫、滑雪等。注重提高体育赛事的品质和水平，吸引更多的国际顶级体育赛事落户，这也为北京市建设国际体育赛事名城、体育旅游目的地提供了强有力的支持和推动。通过这些努力，北京市为广大市民提供了更多参与体育活动、享受体育盛事的机会，推动了体育产业与旅游、文化、经济等多个领域的协同发展，为城市的发展注入了新的活力。

提高人民收入水平。制定确保人均可支配收入持续稳定增长的行动计划，旨在解决收入分配不均的问题，并为实现可持续经济发展和社会稳定奠定基础。为了改革事业单位和国有企业的工资分配制度，北京市着眼于建立公平、透明和激励机制。加强事业单位和国有企业薪酬的监管和审查，确保薪酬的合理性和公平性。通过建立相应的薪酬体系和考核机制，将工资与员工的贡献和绩效挂钩，激发员工的积极性和创造力，促进企业的创新和发展。此外，鼓励和支持员工参与股权激励计划，与企业共享发展成果，提高中低收入群体的收入水平。加大对中小微企业的支持力度，鼓励和引导中小微企业提高员工的薪资水平。通过减税减费、降低企业经营成本等政策措施，为中小微企业创造更好的经营环境，使它们能够承担更高的工资支出。加大对中小微企业的培训和技术支持，提升其竞争力和盈利能力，为员工提供更好的发展机会。加快提高就业质量。有针对性侧重于帮助关键群体找到工作，为弱势个人的就业安置提供便利，并确保有就业成员的家庭零失业。鼓励创业活动以促进就业，通过多种渠道促进灵活就业。

推进教育现代化。坚持社会主义办学方向，全面落实立德树人根本任务，坚持"五育并举"，努力办好人民满意的教育。提高学前教育质量，规范社会力量办园。推动义务教育优质均衡发展，深化学区制管理和集团化办学，多途径扩大义务教育学位供给，优先补足重点区域和结构性缺口。完善市级优质高中教育资源统筹机制，推动高中教育多样化特色发展。完善特殊教育、专门教育保障机制。增强职业技术教育适应性，实现产教融合。支持在京高校"双一流"建设，推进市属高校内涵、特色、差异化分类发展。加快推进沙河、良乡高教园区建设。推进智慧校园和智慧课堂建设，打造"未来学校"。加大教师培养培训力度，强化师德师风建设，打造高素质专业化教育人才队伍。深化新时代教育评价改革和考试招生制度改革。支持和规范民办教育发展，规范校外培训机构。完善终身学习体系，建设学习型城市。

改善社会保障体系。加强社会保障体系建设，提高中低收入群体的社会保障水平，减轻他们在面对风险和困难时的负担。落实养老保险全国统筹、最低缴费年限调整等国家政策。统一城乡失业保险政策，为失业人员提供有效的保障和帮助。应对紧急情况和突发事件的发生，建立社会保险基金应急管理机制。针对民生福利事业，推进民生卡"多卡合一"制度改革，通过整合社会救助、就业服务、医疗保障等方面的福利，为人民提供便捷、高效的服务。着重加强退役军人工作体系和保障制度，确保他们的权益得到有效的维护和保障。在社会救助方面，致力于建立分层分类的社会救助制度，确保帮扶对象能够得到精准的援助和关怀。重视维护妇女儿童的合法权益，通过加强法律保障和社会支持，营造一个公平、安全的环境。重视老年人和残疾人的综合护理服务，不断满足他们日益增长的养老和护理需求，加快发展老年人和残疾人综合护理服务体系，提供全方位的照料和支持。

致力于完善多元供给、多渠道保障、租购并举的住房保障体系。坚持"房住不炒"的原则，维护市场稳定，防范投资投机行为。北京市致力于有序均衡地提供住宅用地，并增加保障性住房的供应。除了购房之外，住房租赁市场的发展也受到了重视。北京市正在积极推动住房租赁市场的规范化和健康发展，以确保租房市场的公平和透明。优化住房供应的空间布局，促进职住平衡。加强社区管理和提升物业服务水平，健全完善党建引领下的社区居民委员会、业委会（物管会）、物业服务企业之间的协调运行机制。鼓励用市场化手段破解老旧小区、失管弃管小区物管难题，促进物业服务市场的健康发展。北京市正朝着构建多元化、健康稳定的住房保障体系的目标稳步前进。通过各种政策和举措的实施，市政府不断努力，以满足人民对于居住的需求，并为市民提供更加舒适、便利的居住环境。

把重点放在解决群众家门口的事情上。以党建为引领加强基层治理，深入推进党建引领"吹哨报到"向社区治理深化，完善基层治理应急机制、服务群众响应机制和打通抓落实"最后一公里"的工作机制。坚持及时解决群众关切的问题，通过12345市民服务热线提供更好的服务。深化"接诉即办"改革，最大限度利用好民生大数据，推进主动治理，解决好群众的急事、烦心事。

（二）天津市：以人民为中心提高生活品质[1]

天津市为实现好、维护好、发展好最广大人民的根本利益，强调发展基本公共服务体系的重要性，以确保弱势群体获得教育、医疗保健、就业、社会保障、养老、住房和援助，扎实推进共同富裕。

实施积极的就业政策，提高就业质量。天津市强化创业教育，为青年人提供创业机会和培训，激发他们的创业激情和能力。支持残疾人的就业，积极提供公益性职位，并为其提供必要的支持和适应性培训，通过各种政策和措施，提供就业机会和支持，帮助他们摆脱困境。统筹城乡就业发展，引导农村劳动力就业，提供就业信息和职业指导，帮助农村劳动力找到合

---

[1] 本案例根据以下资料编写：《天津市国民经济和社会发展第十四个五年规划和二〇三五年远景目标纲要》《天津市政府工作报告（2023）》。

适的工作岗位。建立劳资关系协调机制，促进劳资关系的和谐与稳定，创造一个公平的就业环境，保护劳动者的权益。及时掌握就业市场的动态，为失业者提供及时的援助和支持。加强就业培训，提升失业者的就业能力和竞争力。在收入分配方面，建立合理的工资增长机制，确保劳动者的工资能够与经济发展相适应。采取措施增加低收入群体的收入，帮助其改善生活条件。此外，天津市还积极推动中等收入群体的增长，通过提供更多的就业机会和提高职业技能，让更多的人分享到经济发展成果。探索通过土地、资本等要素使用权和收入权的分配方式增加中低收入群体的生产要素收入。鼓励发展慈善和其他社会公益事业，促进社会的公平和谐发展。

建设高质量教育体系。全面推进大中小幼思政课一体化建设，加强和改进学校体育美育，广泛开展劳动教育，重视心理健康教育，推进教育公平。缩小义务教育城乡差距和校际差距，促进城乡优质教育均衡融合发展。此外，采取措施改善普惠性学前教育、特殊教育和专业教育保障机制。推进有质量、有特色的普通高中的发展。作为全国职业教育创新发展的先行标杆，天津市通过建立"产教融合"试点城市、支持高职院校"双高计划"、与行业和企业合作提炼职业教育特色，促进职普融通、产教融合、校企合作。

完善多层次社会保障体系。完善多层次的社会保障体系，努力形成一个更加公平和可持续的社会保障体系。促进社会保障的可转移性和跨区域医疗安置。基本养老金和医疗保险制度的筹资和福利调整机制正在完善，努力实现全民养老金和医疗保险的全面覆盖。医疗体系正在改革和深化，包括完善医疗保险制度，发展商业医疗保险，完善灵活就业人员的社会保障制度。确保妇女和儿童的平等机会和合法权益得到保护。老年人和残疾人的护理服务、设施和社会福利制度正在得到加强，支持残疾人和孤儿的福利制度也在改善。退役军人工作体系和保障制度不断完善。加快构建多主体、多渠道、租住结合的住房体系。

加快建设健康天津。天津市坚持预防为主、预防与治疗相结合原则，努力提供全面的终身健康服务，使每个市民都能享受到高质量的医疗保健。天津市通过增加投入，改善基层医疗卫生设施和人员配置，提升医疗服务的质量和效率。致力于完善重大突发公共卫生事件的监测和预警机制，提高应对突发事件的能力，保障人民群众的生命安全和身体健康。在家庭医生签约服务方面，通过签约服务，市民可以获得专业的医疗指导和健康管理，提前发现并防范潜在的健康风险。加强基层医疗机构的常见病和流行病诊疗能力，提升基层医疗服务的质量和水平。构建"互联网+医疗健康"服务体系，推广远程医疗。重视中医药的发展和传承。市政府鼓励支持中医药新药和产业的发展，以丰富和完善医疗资源，满足人民群众多样化的健康需求。在实践中，天津市也加强了中西医结合的研究和应用，探索中医药在现代医疗体系中的有效性和价值。天津市的医药卫生体制改革正在迅速推进。鼓励支持社会办医，吸引更多的社会资本和专业力量参与医疗服务的提供。

（三）辽宁省：让人民群众共享振兴发展成果[1]

辽宁省坚持把实现、维护和发展最广大人民的根本利益作为发展的出发点和落脚点，建立健全基本公共服务体系，完善共建共治共享的社会治理体系，提升人民生活质量，扎实推进共同富裕。

推进更充分、更高质量的就业。加强就业政策优先是辽宁省为实现就业稳定和全面发展而制定的重要目标。在公共就业服务体系方面，致力于完善服务机制，提供全方位、多层次的就业服务。通过建设就业服务中心、人才交流平台等载体，为求职者提供就业信息发布、职业指导、岗位匹配等服务，以提升就业匹配度和就业质量。强化劳动关系协调机制，确保劳动者和企业之间的合法权益。建立和完善劳动争议解决机制，加强劳动合同管理，预防和解决劳动纠纷，维护劳动者的合法权益。积极推进终身职

---

[1] 本案例根据以下资料编写：《辽宁省国民经济和社会发展第十四个五年规划和二〇三五年远景目标纲要》《辽宁省政府工作报告（2023）》。

业技能培训体系的建设。通过设立职业技能培训机构、制定职业培训计划等方式,为劳动者提供持续的职业教育和培训机会,提升其就业竞争力。着重加强对重点群体的就业支持体系。通过采取有针对性的政策措施,为高校毕业生、职校毕业生、返乡人员等重点群体提供更多的就业机会和创业支持。其中,全面取消高校毕业生、职校毕业生、返乡人员的户籍限制,吸引更多的青年人才到辽宁创业就业,促进人才流动和经济发展。建立多渠道的创业和就业保障体系。通过完善各类创业扶持政策、优化创业环境、拓宽融资渠道等措施,为创业者提供全方位的支持和保障。

提高城乡居民收入水平。辽宁省致力于通过多渠道增加城乡居民的财产性收入,提升整体收入水平。在建立合理的工资增长机制方面,通过完善最低工资标准的制定和调整机制,确保劳动者的基本收入得到保障。加强工资集体协商制度的建设,通过劳资双方的协商,确定合适的工资增长幅度,确保劳动者的工资与生产力的提高相适应。提高最低工资标准、发放社会救助和补贴,确保低收入群体的基本生活需求得到满足。同时,加强对低收入劳动者的职业培训和技能提升。优化收入分配结构,规范收入分配秩序。完善收入分配政策,确保收入分配的公平性和可持续性。加强对收入分配秩序的监管,打击非法收入和不合理收入分配行为,维护社会的公平正义。制定相应的慈善政策和法规,促进慈善事业的发展。鼓励富裕群体和企业参与慈善事业,提高公众参与的积极性和意识,为低收入群体提供更多的帮助和支持。

建设高质量的教育体系。加快教育强省建设。首先,增加学前教育资源的投入,确保每个孩子都能接受到适宜的早期教育。其次,推动义务教育的均衡发展和城乡融合。针对普通高中阶段,促进其多元特色发展。鼓励高中学校依托各自的地域文化、特色优势和专业设置,培育一批具有特色的优质学校。加强特殊教育学校建设,提供专业化的教育服务,确保每个特殊学生都能获得适宜的教育环境和支持。对于高等教育,优化学科专业，打造一流大学和一流学科，提高高等教育质量。优化学科结构，提升教学和科研水平，培养具有创新能力和实践能力的高素质人才。加强教师职业道德建设，提高教师的专业素养和教育教学水平。关注青少年的体质和心理健康教育。加强体育课程的开展，培养学生的身体素质和健康意识。加强对校外培训机构的规范和监管，确保其教学内容、教师队伍的质量。构建完善的终身学习体系，为人们提供持续学习的机会，提供包括职业培训、继续教育和在线学习等多样化的学习途径和形式。

完善多层次的社会保障体系。推进多层次、多支柱的养老保险体系建设。推动失业保险和工伤保险的省级统筹，以确保全省范围内的保险制度的有效运行。全面实施基本医疗保险统筹，确保基本医疗保险的覆盖范围和保障水平的逐步提高。探索城乡居民医疗保险的省级统筹，以确保更广大的人群能够享受到医疗保险的福利。完善大病医疗保险和救助制度，落实异地就医结算。积极发展商业医疗保险。建立灵活就业人员社会保障的有效机制。加强监管和管理，确保社保资金的安全和合理使用，同时加强对各级社保机构的指导和培训，提高管理水平和服务质量。完善灵活员工、退伍军人的社会保障体系，健全分层分类的社会救助体系。改善社会福利制度，为贫困儿童、妇女、老人和残疾人提供适当的护理设施和支持系统。

加快建设健康辽宁。不断提高应对各种健康紧急情况的能力，建立稳定的公共卫生投入机制，确保有足够的资源用于保障人民的健康。加强健康教育、慢性病管理和残疾康复服务的质量，推动国家区域医疗中心和县级医院的建设，为人民提供更高质量的医疗服务。在药品采购和供应保障体系方面，以确保人民能够及时获得必需的药品。积极支持社会办医，并倡导推广远程医疗服务。促进中医药传承创新发展，为人民提供更加综合和个性化的医疗服务。开展广泛的爱国卫生运动，动员全社会的力量来共同关注和参与保障人民健康的事业。加快健康产业的发展步伐，为人民提供更多元化、高质量的健康服务。推动以健康为中心的战略转变，让人民的健康得到更好的保障和发展。加强各方面的合作与创新，共同建设一个健康、幸福的社会。

（四）上海市：创造高品质生活，打造人民城市[1]

上海市把创造高品质生活作为一切工作的出发点和落脚点，以创造高品质生活为引领，对标国际最高标准、最好水平，积极推动实现高质量发展与高品质生活的互促共进，扎实推动共同富裕，逐步实现社会民生更高质量、更有效率、更加公平、更可持续的发展，使改革发展成果更多更公平，惠及全市人民。

坚持供给侧结构性改革优先，坚定不移推动经济高质量发展。城市综合实力再上新台阶，截至 2022 年末，上海市 GDP 总量超过了 4 万亿元，人均 GDP 达到了 17.8 万元左右，一般公共预算收入约 7608.2 亿元，已成为国际经济、金融、贸易和航运中心，国际科技创新中心已形成基本框架，同时其全球影响力不断增强。上海市率先建成国际消费中心城市，开展跨境贸易便利化专项行动，整体通关时间缩短 50% 以上。上海市数字化转型全面展开，成为首个实现 5G 和固定宽带"双千兆"城市。上海市着力打造"张江在线""长阳秀带""虹桥之源"等线新经济生态园区。培育了 4 家国家级标杆智慧工厂、8 家国家级智能制造示范工厂，成为第一个获得世界智慧城市奖的中国城市。深化关键领域改革，成功完成区域国资国企改革综合试点，在新兴产业、民生保障等领域成立了一批国有企业集团。政府、行业协会、银行、企业合作机制进一步深化。

秉承以人为本的城市理念，致力于保障和改善民生。深入贯彻以人民为中心的发展思想，把最好的资源分配给公民，为其提供高质量的服务。上海市旨在培育儿童成长，让年轻人实现梦想，让老年人享受生活，并为

---

[1] 本案例根据以下资料编写：《上海市国民经济和社会发展第十四个五年规划和二〇三五年远景目标纲要》《上海市第十六届人民代表大会第一次会议的政府工作报告》《中国共产党上海市第十二次代表大会报告》《推进上海生活数字化转型 构建高品质数字生活行动方案（2021—2023年）》。

每个人提供健康生活的机会。首先，优先发展教育事业，努力建立一个以培养学生德、智、体、美、能为核心的良好教育体系。其次，上海正在深化就业创业服务，扩大职业发展机会和平台，让更多年轻人在这座城市实现梦想和抱负。重点是满足宜居、保障性住房需求，完善租赁住房供给体系，为年轻人在上海落户提供适宜的居住条件。第三，致力于照顾老人。上海市加强居家、社区和机构养老服务的协调，将医疗和护理相结合，特别关注独居、残疾和身体功能受限的老年人。上海市还不断丰富老年人的精神文化生活，积极发展老年大学，鼓励终身学习和积极参与，从而让更多的老年朋友享受到更多丰富多彩的生活，将重点从补救性医疗保健转移到以健康为中心的方法。第四，深入参与了全国性的健身运动和爱国卫生运动，帮助人们实现身体素质、健康心态和健康生活。第五，大力鼓励勤奋劳动、诚实劳动和创造性劳动，提高全社会的整体人力资本和职业技能，创造更多发展机会。一个全面、包容、公平、可持续、覆盖全体人口、城乡一体化的多层次社会保障体系正在建立。积极开展慈善等社会公益事业。切实保障妇女儿童合法权益得到保护。特别注意照顾残疾人等群体。切实实施惠民工程。民生基本社会保障体系得到加强。大力推进创业、就业和职业技能提升。现代公共文化服务体系和文化创意产业体系不断完善。

  坚持科学化、精细化、智能化"三化联动"，推动城市治理体系和治理能力现代化。城市管理的精细化水平持续提高。黄浦江和苏州河岸线的开放和提升，使昔日的"铁锈工业带"变成了充满活力的"生活秀带"和"发展绣带"。上海市成功举办了2022年世界城市日全球市长论坛和第二届全球城市可持续发展大会。大规模城市运营数字标志系统的初步建立，以及交通管理、防洪和防台风在实际场景中有效应用。通过减轻基层实体负担和赋予其权力、优化街道和城镇管理体制和机制的措施，社会治理的有效性不断增强。群众申诉处理机制、群众建议收集机制和12345市民服务热线得到进一步加强。全面开展安全生产运动，形成了新的现代警务机制，社会治安和犯罪预防综合能力显著提高。生态文明建设取得显著成就，全国碳排放交易体系在上海启动。污染防治阶段性目标全面实现，连续三年在国家评估中保持"优秀"评级。钢铁行业超低排放措施的升级、挥发性有机物的处理，以及白龙江污水处理厂和泰和污水处理厂等项目的开发，都体现了上海市对环境改善的承诺。建立了生活垃圾综合收运处置体系，河长制、湖长制、林长制全面落实。

坚持围绕数字化赋能美好生活，全力打造数字生活新图景。上海围绕数字化赋能美好生活，将生活与经济、治理数字化转型作为整体，统筹部署、统一推进，以生活数字化产生的"牵引力"，激发经济数字化"推动力"，强化治理数字化"保障力"，推动政府、企业、社会三方紧密互动，共同打造数字化美好生活。围绕在人的全周期、多层次需求的数字化能力响应和服务赋能，面向各类人群不断发展的生活服务需求，通过数字化构建线上线下有机联动的数字孪生生活空间，不断提升各类民生服务的精准性、充分性和均衡性。强调"以人为本"的数字生活体验、综合规划、转型设计和创新思维，努力成为市民的主要舞台，为商业高质量发展增添动力。集中力量解决人民群众最迫切的需求、最紧迫的问题和最频繁的事情，旨在创造一个精准满足需求、均衡提供服务、有效释放潜力、充分实现价值的数字化生活新格局。公民的数字素养和能力显著提高，同时对数字服务的感知不断提高。公共服务和社会运作的创新不断涌现，从而建立了一个数字化的社会。"智能感"生活方式成为上海创造高品质生活的标志和主要支撑。

（五）江苏省：在率先实现社会主义现代化上走在前列，不断满足高品质生活需求[1]

江苏省坚持以人民为中心的发展思想，实现好维护好发展好最广大人

---

[1] 本案例根据下列资料编写：《江苏省国民经济和社会发展第十四个五年规划和二〇三五年远景目标纲要》《江苏省政府2023年政府工作报告》《中共江苏省第十四次代表大会报告》。

民根本利益,努力创造更多现代化建设的领先成果,不断满足人民群众对美好生活的向往。

加快科技自立自强,更大力度建设自主可控的现代产业体系。将创新放在经济发展的核心位置,加强科研和技术创新,不断提升产业的科技含量和附加值。政府出台了一系列创新政策和资金支持措施,鼓励企业加大研发投入,提高自主创新能力。同时,还积极引进国内外优秀科研人才,建立创新创业平台,促进技术转移和产业化,并加强知识产权保护,营造良好的创新氛围。建设自主可控的现代产业体系,在新兴产业方面,着力培育高技术产业,如先进制造业、信息技术、新能源、新材料等领域。同时,加强了传统产业的转型升级,鼓励企业进行技术改造、提高生产效率和产品质量。此外,实施一系列促进产业协同发展的政策,加强产业链、供应链、价值链的整合,形成具有竞争力的产业集群和价值链,提高产业自主可控性。加强创新平台的建设,建立国家级、省级和地市级的科技创新中心、高新技术园区、企业研发机构等创新平台,促进创新资源的集聚和优化配置。充分发挥苏南国家自主创新示范区引领带动作用,推动紫金山实验室、姑苏实验室、太湖实验室等承担更多战略任务,进一步优化区域创新发展格局。此外,还鼓励企业与高校、科研院所、行业协会等建立密切合作关系,推动产学研用深度融合,加快科技成果的转移转化,提高科技创新的实效和经济效益。积极改革人才评价制度,加大对高层次人才的吸引和激励力度,吸引了大批优秀人才来到江苏从事科研和产业发展工作。同时,还加强教育体制改革,培养创新型人才,提供良好的人才培养环境和机会。通过打造人才高地和创新高地,积极构建人才引领发展的新格局。全面深化科技体制改革,推动科技成果转化和产业化,全面提高知识产权的创造、利用、保护、管理和服务水平。

加快建设制造业强省,大力推进国家高质量制造业示范区建设。江苏省着力打造高端装备、物联网、工程机械、智能电网、节能环保等世界级的先进制造业集群。加快推进五个重点工程,包括产业基础振兴、产业链建设卓越、重点产业振兴、未来产业培育以及自主品牌创建。同时,还将加快技术改造和智能制造的推进。实施生产性服务业十年倍增计划,促进生产性服务业的发展。注重提升生活服务业的质量和多样性。通过促进服务业的升级,提供更加多样化、高质量的生活服务产品和服务,满足人民群众对美好生活的需求。提高数字政府、数字社会和智慧城市建设水平,最终形成全面的数字治理体系。提升数字治理能力,以全面数字化引领经济社会转型升级。主动适应、服务构建新发展格局,加快实施扩大内需战略,主动顺应消费升级趋势,促进传统消费扩容提质、新型消费加快成长、线上线下融合发展,积极开拓城乡消费市场,加快建设国际消费中心城市。大力推进优质产业项目建设,加大数字基础设施等新基建投入力度,充分发挥有效投资在扩大内需中的关键作用。数字经济成为高质量发展的"新引擎",数字经济规模超5万亿元,两化融合发展水平连续8年居全国第一。

深化文化强省建设,更好满足人民群众精神文化需求。深入实施哲学社会科学创新工程,统筹文明建设、文化实践和文明创建。全面提升人民思想道德、科学文化素质,争创全国文明模范城市,建设全国文明城市群。强化以人民为中心的创作导向,实施文艺作品提质工程,培养德才兼备的艺术人才。注重文艺创作的社会效益,强调创作源于人民、服务于人民,努力创作出贴近人民群众的优秀作品。推动大运河文化带高质量发展和国家文化公园建设,打造世界文化遗产的典范。提升"水韵江苏"文化旅游品牌,打造世界级旅游目的地。推进文化惠民工程,加强公共文化产品供给和服务,促进全民阅读。致力于将文化事业惠及每一个人,通过推进文化惠民工程,加大对公共文化产品的投入和供给,提供更多的文化活动和资源给广大市民。注重促进全民阅读,通过建设图书馆、发行优质图书,提高人们的阅读意识和阅读能力,推动全民阅读活动的开展。构建现代文化产业体系,建设智慧便捷的城乡文化艺术生活圈。注重文化产业的发展,通过构建现代文化产业体系,培育文化创意企业,推动文化产品的创新和市场化运作。注重城乡文化艺术生活的建设,通过举办各种文化艺术活动和展览,打造出智慧便捷的城乡文化艺术生活圈,提升人民的生活品质和幸福感。

切实保障和改善民生,更加扎实有效推进共同富裕。江苏省作为中国经济发达的地区之一,一直以来都非常注重保障和改善民生,以及推进共同富裕的目标。在过去的几十年里,在经济发展的同时,也积极探索和实施一系列政策,以确保人民群众的基本生活需求得到满足,实现居民收入的增长和社会公平的提升。首先,注重教育和就业。加大对教育事业的投入力度,提高教育资源的公平分配。建设一批高水平大学和研究机构,培养大量优秀人才,提供更多的就业机会,为人民群众提供更好的就业保障。其次,致力于改善医疗卫生服务。加大对医疗和卫生事业的投入,提高医疗资源的供给能力。建设一批农村医疗卫生服务中心和社区卫生服务站,保障居民的基本医疗需求。同时,还推动医疗体制改革,降低就医负担,提高医疗服务的可及性和质量。另外,加强社会保障体系建设。完善社会保险制度和保障标准,扩大覆盖范围,提高基本养老金、失业保险金和医疗保险待遇,有效提升居民的社会保障水平。还注重关爱特殊群体,加大对贫困人口、残疾人、儿童和老年人的扶助力度,努力实现社会保障的全面覆盖和可持续发展。此外,江苏省重视改善城乡基础设施建设。通过加大对基础设施的投资,不断提升交通、水利、电力、通信等方面的基础设施建设水平,缩小城乡发展差距。特别是在农村地区,加大农村公路和供水供电等基础设施建设力度,改善农村居民的生活条件和生产环境。此外,江苏省还注重脱贫地区教育、医疗、住房等方面工作,综合施策,加快推进共同富裕的进程,确保每个人都能够分享到经济发展成果,共同享受美好生活。

坚持生态优先绿色发展,更加有力推进美丽江苏建设。坚持生态优先、绿色发展的理念,加大环境保护力度,推动绿色产业发展,倡导生态文明建设，加强资源保护和生态补偿，积极推进美丽江苏建设。首先，强化环境治理和生态修复力度。积极推进大气污染治理，加强对工业企业的环境监管，推动清洁能源的替代和能源结构的优化升级，大力推进大气污染防治。加强水资源保护和水污染治理措施，推进工业废水、农业面源污染和生活污水处理，提高水环境质量。此外，注重生态修复，加强湿地保护、森林植被恢复和生态系统重建，努力实现生态环境的可持续发展。其次，推动绿色发展，加快转型升级。积极推进产业结构调整，促进绿色产业的发展，减少传统高耗能、高污染的产业，优化能源结构，大力发展清洁能源，推广可再生能源的利用。鼓励企业加强技术创新，推动绿色技术和绿色产品的研发和应用，大力推进循环经济和低碳发展。同时，注重提高资源利用效率，推广节能减排措施，加强能源、水资源的管理和调控，实现经济发展与资源环境的协调共生。注重加强环境监测和生态保护，强化环境执法和监管，加大对违法行为的处罚力度。积极开展环境公益诉讼和环境宣传教育，提高社会对生态环境保护的认识和意识。同时，推进生态文明教育，培养公民的环境责任感和生态意识，形成全社会共同参与生态文明建设的良好氛围。此外，加强自然资源保护和生态补偿机制的建设。注重保护土地资源、水资源、森林资源和野生动植物资源，推进耕地保护、水资源管理和森林资源可持续利用，推动经济发展与生态保护的有机结合。

（六）浙江省：打造高质量发展高品质生活先行区，建设共同富裕示范区[1]

浙江省坚持以满足人民日益增长的美好生活需要为根本目的，全面落实《中共中央国务院关于支持浙江高质量发展建设共同富裕示范区的

---

[1] 本案例根据以下资料编写：《浙江省国民经济和社会发展第十四个五年规划和二〇三五年远景目标纲要》《中共中央 国务院关于支持浙江高质量发展建设共同富裕示范区的意见》《浙江高质量发展建设共同富裕示范区实施方案（2021—2025年）》《中国共产党浙江省第十五次代表大会的报告》《浙江省第十四届人民代表大会第一次会议的政府工作报告》。

意见》,紧紧围绕高质量发展高品质生活先行区、城乡区域协调发展引领区、收入分配制度改革试验区、文明和谐美丽家园展示区"四大战略定位",以改革创新为根本动力,以解决地区差距、城乡差距、收入差距问题为主攻方向,在共同富裕改革探索、经济高质量发展、收入差距持续缩小、共建共享品质生活、精神普遍富足、全域美丽大花园建设、社会和睦团结向上等七个方面积极打造省域范例,推动率先探索建设共同富裕美好社会。

在共同富裕改革探索方面,要率先基本建立推动共同富裕的体制机制和政策框架。坚持和加强党的全面领导,把政治建设摆在首位,建立全过程、全领域、全方位监督促进共同富裕的领导体制。全面从严治党不断深化,落实全面从严治党的主体责任和监督责任,着力打造干部清正、政府清廉、政治清明、社会清朗的清廉浙江。一场全面的数字化转型正在进行,在共同繁荣的背景下推动制度重塑。以实现共同繁荣为目标,加强政策和制度创新,推动各部门、各领域发生系统性变革。浙江省建立上下联动的协调实施机制,建立创先争优机制,创造更多在整体发展中取得突破的最佳实践。建立促进共同富裕的定量与定性、客观与主观相结合的评价体系。探索衡量共同富裕实施水平的标准和方法。制定反映人民满意度和归属感的评价指标,更好地反映人们的满意度和认同感。动员全社会的参与和共同努力,促进共同富裕,促进不同地区之间的繁荣结合,鼓励先富带后富、先富帮后富,促进共同繁荣的实现。

在经济高质量发展方面,努力开创一种高质量的发展模式,促进充满活力的创新,提高竞争力。优先建设高水平创新型省份,把科技自立自强作为战略支柱。着力建设"互联网+"、生命科学与健康、新材料三大科技创新中心,在全省范围内建立全面、有特色的创新体系。建设国内大循环的战略支点和国内国际双循环的战略枢纽,创造一个强劲而充满活力的增长极。积极实施"鲲鹏行动"计划,推进"三大人才枢纽支撑行动",

推出六大人才吸引和培养计划。建立世界青年科学家峰会等平台，培养一批全球知名科学家、技术先驱、工程师和高水平创新团队，加快建设全球人才库，打造高端全球资源引力场。大力弘扬浙商精神和创业文化，完善创业创新创造扶持政策，打造创业创新升级版。实施建设高标准市场体系行动计划，推动各类要素自由流动，提升资源配置的效率和灵活性。加快建设"一带一路"倡议重要节点，进一步强化数字创新、贸易物流、产业合作和文化交流的四大枢纽功能。建立和完善统一开放的要素市场将为各类企业提供更多的发展机会，吸引更多的国内外投资。精细化的要素市场化配置将提高资源配置的精确性和效率，促进企业创新和发展，将使得该地区成为经济合作和交流的重要平台，推动经济发展的互利共赢。

在共建共享品质生活方面，率先基本实现人的全生命周期公共服务优质共享。实施政策和配套措施，例如探索建立生育成本分担机制，加强妇女在就业和工资方面的权利保护，进一步完善生育保险制度。探索多种渠道来降低生育、养育和教育成本。创建教育综合改革试验区，推动全省"教育大脑+"与"智慧学校"的融合。实施健康浙江行动，推进便捷智能医疗服务，推动全省"健康大脑+"与"智慧医疗"融合发展。推广"互联网+医疗"的先进服务，将医疗服务置于不同场景的优先地位，确保每个人都能享受便捷、智能和关爱的医疗服务。推进社会保障体系精准结构性改革。完善社区家庭护理服务网络，建立家庭护理床位，促进普及和互助养老，完善"公有民营"养老服务机构发展模式。建立综合养老服务体系，协调社区组织与医疗保健和健康维护。打造"浙江宜居"品牌，确保房价合理。针对不同城市实施量身定制的政策，将土地和住房价格保持在合理范围内。统一提供基本公共服务，确保人人享有教育、医疗、养老金和社会福利服务。"文化惠民工程"惠及各个城市和村庄的人民，推动市、县、乡三级文化设施的全覆盖。开展艺术振兴乡村、实施"书香浙江"计划、提升文学浙江等促进文化效益的创新文化活动，以实现城乡基本公共文化服务均等化。

在全域美丽大花园建设中，展现生态之美。加强生态环境保护，建立最严格的制度，致力于打赢治水治气治土治废治塑的攻坚战。为了更好地保护生态环境，建立数字化的生态环境保护综合应用体系，同时加强环境污染检测和处置的能力。此外，还致力于完善与生态环境相关的司法和公益诉讼制度，以强化法治保障。为了实现生态修复和生物多样性保护，全面落实生态环境综合区划控制体系，推动生态产品的价值实现机制，推进常态化的生态核算与评价体系，为生态产业的发展提供支持。在美丽浙江建设中，已经取得了许多新成果。水质和空气质量等生态环境指标得到了显著改善，单位GDP能耗、用水量和二氧化碳排放量也得到了降低。举办各类宣传活动、开展生态文化建设等方式，引导公众积极参与生态环境保护。总的来说，浙江省在全域美丽大花园建设中，充分认识到生态之美的重要性，将保护生态环境作为一项重要任务来抓，通过建立制度、推动科技应用、加强法治保障等多种措施，不断强化生态环境保护工作。

在社会和睦团结向上方面，推动和谐之美更加彰显。促进和谐之美在社会团结进步中的体现是一个首要目标。浙江通过整合党在"四治融合"中的领导来加强基层治理体系。加强党对基层治理的全面领导，落实街道"大工委"和社区"大党委"加强对平台型经济和企业的政治引导。此外，加强党在新兴领域和新型就业形式方面的工作。推进法治社会建设，着力加快基层社会治理法治化，建立全面、包容、高效、精准的公共法律服务体系。努力提高公民的法律素养，实施提高公民法律素养的行动计划，促进守法行为。加快高水平建设平安中国的示范区，把保护人民生命放在首位，完善风险监测、预警、处置和反馈机制。近年来，浙江省建立了党领导的全面智慧治理体系，法治平安中国示范区建设不断深化，以新时代"枫桥经验"先行先试。市域社会治理现代化作为国家试点，已实现全覆盖、高水平完成。每年每万人中的致命事故、犯罪和诉讼率持续下降。网络空间更加清晰，共建共治、共享社会治理格局初步形成。确保全面安全的风险控制和管理体系进一步完善，促进富民与保障人民安全的有机统一。

（七）安徽省：改善人民生活品质，促进人的全面发展和社会全面进步[1]

安徽省坚持把实现好、维护好和发展好最广大人民根本利益作为发展的出发点和落脚点这一根本原则，着力提升民生工程精准度，强化基本公共服务体系，完善共建共治共享的社会治理体系，扎实推进共同富裕。

提高人们的收入水平。安徽省持续努力完善高校和科研机构的薪酬激励机制，激发人才的积极性和创造力。实行定期调薪机制，提高机关事业单位人员的收入水平，确保员工的薪酬能够与经济发展和通货膨胀相适应。加强要素分配政策和制度框架建设，推行各种生产要素收益由市场决定的机制。在农村收入增长方面，着重构建了以提高工资收入、营业收入、财产收入和转移收入为重点的可持续增长机制，包括通过提升农民工的工资水平，促进农村企业的发展，改善农民的财产收入（如土地流转、农产品销售等），以及加大转移支付力度。通过税收制度改革，合理调节收入分配差距，确保财富的公平分享。加强社会保障体系建设，提供全面的社会保障服务，确保弱势群体的基本生活需求得到满足，促进区域间经济的均衡发展，不断提升安徽省居民的收入水平和生活品质。

推进就业政策实施。安徽省持续贯彻落实"创业江淮"行动计划，建立区域人力资源配置中心，推动人力资源在地区间的协同流动，着力完善多渠道灵活就业保障体系，以满足不同人群的就业需求。推动"安徽省技能"提升行动，鼓励和培养更多的技术工人，推动劳动密集型省份向技术工人省份转变。完善就业需求调查和失业监测预警机制。通过建立区域人力资源配置中心、完善多渠道灵活就业保障体系、推动职业技能提升行动

---

[1] 本案例根据以下资料编写：《安徽省国民经济和社会发展第十四个五年规划和二〇三五年远景目标纲要》《安徽省政府工作报告（2023）》。

以及完善就业需求调查和失业监测预警机制，努力促进就业和人力资源的发展，这些举措将为安徽省的经济发展和社会进步提供坚实的支持，为广大劳动者创造更多就业机会，提高生活质量和幸福感。

建设高质量教育体系。实施德育铸魂、智育提质、体教融合、美育熏陶、劳动促进行动，培养德智体美劳全面发展的社会主义建设者和接班人。加强学校、家庭和社会在培养个人方面的协同作用。推进"三全育人"综合改革试点省建设。坚持教育公益性原则，推进教育改革，保障教育公平，促进义务教育特别是城乡义务教育均衡发展。加强城镇小区配套幼儿园建设管理。完善特殊教育和专门教育保障机制。支持普通高中特色多样化发展。创建安徽省特殊教育职业学院，促进职业教育与普通教育融合，产学合作，促进"产教融合"试点城市发展。在高等教育方面，推动全面发展，支持中国科学技术大学办成中国特色、世界一流大学，支持合肥工业大学、安徽大学等建设一批世界一流学科，积极引进"双一流"建设高校在皖设立分支机构。支持省属高校拔尖学科建设，依托省部共建、省市共建，建立具有显著竞争优势的优秀地方高校，提升省属高校办学水平。

健全多层次社会保障体系。全面实施全民参保计划，加快健全覆盖全民、统筹城乡、公平统一、可持续的多层次社会保障体系。有序衔接基本养老保险全国统筹，落实企业职工基本养老保险基金中央调剂制度，完善城乡居民养老保险基础养老金正常调整机制，健全机关事业单位养老保险政策和职业年金运行制度。拓宽社会保险基金投资渠道，稳步推进划转部分国有资本充实社保基金，有序推动基本养老保险基金投资运营，发展多层次、多支柱养老保险体系。探索建立多层次工伤保险制度体系，推进完善失业保险、工伤保险省级统筹，积极发展商业医疗保险。加快推动基本医疗保险省级统筹，落实医保目录动态调整机制，健全重大疾病医疗保险和救助制度。落实异地就医结算，稳步建立长期护理保险制度。健全灵活就业人员社保制度。健全退役军人工作体系和保障制度。健全分层分类的社会救助体系，形成"资金+实物+服务"社会救助模式。健全城乡困境儿童和妇女、老年人、残疾人关爱服务体系和设施，完善帮扶残疾人、孤儿等社会福利制度。

全面推进健康安徽建设。把保障人民健康放在首位，落实健康安徽行动。发展紧密县域共同体和城市医联体，加强标准化农村卫生室和城市社区卫生机构建设，努力提升农村医疗服务能力和农村医务人员发展。加强安徽省公共卫生临床中心和区域传染病治疗中心的建设，提升处理疫情应急的能力，构建"1+5+N"重大疫情分级医疗救治体系。着重推动药品和疫苗的研究与开发工作，提高相关检验和检测能力。加强应急物资的战略储备，以应对突发公共卫生事件带来的需求高峰。深化药品、医用耗材集中带量采购制度改革，以提高采购效率和节约费用。创建智慧医院，以应用先进的信息技术和人工智能技术改善医疗服务质量和效率。全省统一的远程医疗服务平台也将为患者提供方便快捷的医疗咨询和远程诊疗服务。为促进中医药传承和创新发展，推动中医药的变革创新，培育"十大皖药"品牌，支持亳州市建设成为"世界中医药之都"。

（八）福建省：改善人民生活品质，扎实推动共同富裕[1]

福建省坚持把实现好、维护好和发展好最广大人民的根本利益作为根本目标。着力办好力所能及的民生工程，加强普惠型、基础型、兜底性民生建设，解决群众急难愁盼问题，让人民群众共享现代化成果。

促进居民多渠道增收。坚持多劳多得，完善工资合理增长机制，提高劳动报酬在初次分配中的比重。健全各类生产要素由市场评价贡献、按贡献决定报酬机制。探索通过土地、资本等要素使用权、收益权增加中低收入群体要素收入。实施"四大群体增收计划"，分别针对居民工资收入、经营收入、财产收入和转移支付收入进行增长。通过培育和支持各类产业，

---

[1] 本案例根据以下资料编写：《福建省国民经济和社会发展第十四个五年规划和二〇三五年远景目标纲要》《福建省政府工作报告（2023）》。

为福建人民提供更多经济发展和创业机会，为收入增长创造良好的条件。注重税收、社会保障和转移支付的再分配和精准性，重视改善困难群众基本生活，逐步缩小收入差距。积极发挥第三次分配的作用，推动慈善事业等社会公益事业的发展，引导更多的人参与到社会公益活动中，形成全社会共同关注和支持社会弱势群体的良好氛围。

建设高质量的教育体系。福建省高度重视教育事业的发展，致力于建设一个高质量的教育体系。秉持公平、公益和优质的原则，努力构建起一套完善的基础教育体系。在职业教育领域，深化职业教育与普通教育的融合，促进校企合作。在高等教育领域，以内涵发展推动高等教育的跨越式发展。通过分类推进"双一流"大学建设，努力提高高校的办学水平和知名度，力争在高等教育领域取得更多突破。开展新工科、新医科、新农科、新文科建设，加快培养理工农医类专业紧缺人才。利用在线教育和人工智能等新技术手段，建立健全继续教育体系，构建终身学习体系，建设学习型社会。

全面推进健康福建建设。福建省注重加强全民健康意识和健康教育，通过开展健康教育宣传活动，加强公众对健康生活方式的认识和重视，引导居民养成健康的生活习惯。强调预防为主的原则，将疾病预防和治疗与集体预防和控制工作相结合，为民众提供终身健康和医疗服务。加强疾病预防和控制系统，疫情预防和控制机构建设。巩固和提升"三明医改"经验，推进全面、协调、高效的"医养结合"体系建设。支持社会办医，建设"互联网＋医疗健康"示范省份。加快优质医疗资源扩容和区域均衡布局，加强区域医疗中心、县域医共体等建设，补齐医疗卫生人才、床位等短板。坚持中西医并重，促进中医药传承创新发展。大力弘扬伟大抗疫精神，营造一个尊重医疗专业人员和重视公共卫生的环境。通过互联网和移动应用技术，推动远程医疗、健康监测和健康咨询等服务，方便居民获取医疗保健信息和服务。此外，注重加强重大疾病防控和健康监测。通过建立健全疾病预防控制机制，开展疾病预防、传染病防控和慢性病管理等工作，提升公众的健康安全感。还加强健康监测和食品药品安全监管，加强对危害人民群众健康的因素的监测和控制。

（九）山东省：加强公共服务保障，不断增进民生福祉[1]

山东省把保障最广大人民根本利益作为发展的出发点和目标，全力做好各项民生问题，提高人民生活质量，扎实推进共同富裕，不断增强人民群众的获得感、幸福感、安全感。

提高居民收入水平。鼓励勤劳守法创造财富，拓宽居民劳动和财产性收入渠道，重点增加低收入群体的收入，扩大中等收入群体。通过调整这些生产要素的使用权和收入权，更公平地分配收益，从而提高中低收入群体的经济收入和社会福利。首先，针对土地要素，建立健全土地市场化经营机制，鼓励农村土地经营权流转和承包权合理延长，使农民享有更稳定的土地使用权和合理的收入权。其次，对于资本要素的市场决定奖励机制，通过鼓励创业和投资活动，提高中低收入群体的收入水平。出台支持中小企业和创业者的政策，降低创业成本，扶持创新创业，提供资金、技术和市场等支持，鼓励更多中低收入群体积极参与创业和投资，获得相应的经济回报。开展"创业齐鲁·欢乐山东"活动，促进产业、企业、创业、就业多方的联动。吸引和激励高校毕业生留鲁就业创业。完善终身职业技能培训体系。发展壮大人力资源服务业，提供全方位公共就业服务，满足劳动者多层次就业需求。建立全方位、多层次的社会保障体系。完善灵活就业人员社会保障制度。探索新业态人员参加社会保险保障方式。完善退役军人服务保障体系，维护军人军属合法权益。加强妇女儿童权益保护，促进3岁以下婴幼儿照护服务发展。

加快建设健康山东。推动医疗联合体建设，完善分级诊疗制度，促进医疗资源更加合理利用，提高基层医疗机构的诊疗能力，缓解大医院压力，

---

[1] 本案例根据以下资料编写：《山东省国民经济和社会发展第十四个五年规划和二〇三五年远景目标纲要》《山东省政府工作报告（2023）》。

让患者享受到更便捷、高效的就医服务。加快建设国家健康医疗大数据中心（北方）和济南国际医学科学中心，提升医学科研水平，推动医学科学的创新和发展。加快推进中医药传承创新，打造"齐鲁中医"品牌。全面推进体育强省建设，完善公共体育服务体系。通过增加多样化的体育设施和场馆建设，拓宽群众参与体育活动的渠道，加强体育人才培养，提高体育基础设施和服务水平，让更多的人享受到体育锻炼的快乐，提升全民健康水平。广泛推进全民健身行动，通过开展各类健身活动和运动赛事，提高人民群众的体质素质，让人民过上更加幸福、健康的生活。

强化本地文化资源保护。完善文化资源保护政策体系。健全完善艺术创作扶持机制。建立了从人才培养、剧本扶持、首次立戏、加工修改、获奖奖励以及优秀作品展演巡演的"全链条"扶持机制，大大激发了各级文化部门和广大文艺单位的创作热情，引导艺术创作财政投入持续增加，新创作作品数量年年增长。创新开展了濒危剧种"三位一体"保护模式，以对濒危地方戏曲进行剧种理论研究、剧种剧目创排、剧种纪录片拍摄为主要内容，形成"三位一体"的保护模式，实现对濒危剧种系统化、多层面的保护和提升。深入推进文化惠民。发挥文化品牌的带动作用，鼓励培育扶持富有本地特色、群众喜闻乐见的公共文化服务品牌。举办丰富多彩的文艺文化活动，满足群众文化需求。统筹公共文化设施网络，盘活存量资源。深入推动文化馆、图书馆总分馆制建设，推进公共文化机构互联互通，公共文化资源共建共享。

（十）广东省：改善人民生活品质，建设高水平幸福广东[1]

广东省坚持以人民为中心的发展思想，健全基本公共服务体系，不断提高社会建设水平，促进人的全面发展和社会全面进步，扎实推动全体人民共同富裕的现代化。

---

[1] 本案例根据以下资料编写：《广东省国民经济和社会发展第十四个五年规划和二〇三五年远景目标纲要》《广东省政府工作报告（2023）》。

中国式现代化的高品质生活研究

普遍提高居民收入水平和保障水平。 完善提高居民收入水平和实现更公平的社会收入分配机制。健全各类生产要素由市场决定报酬的机制，以增加中低收入群体的收入，包括土地和资本使用权以及收入权利。采取多渠道方式增加城乡居民的财产收入。为实现更充分高质量的就业格局，推动"粤菜师傅""广东技工""南粤家政"三项工程，加快实施"农村电商""乡村工匠""高素质农民培育"等重点工程。促进全国基本医疗保险和失业保险的省级融合，完善工伤保险制度，加快建立长期护理保险制度，同时，不断完善商业健康保险。加强灵活就业人员社会保障制度，推进社保转移接续便利化，促进城乡、区域、群体间保障水平合理衔接。

建设现代化教育高地。 建立紧密的学校、家庭和社会协调机制，提升教师育人能力素质，重视青少年身体素质和心理健康教育。坚持教育公益性原则，办好办强公办义务教育，推动学前教育普及普惠安全优质发展。推广和探索中国式学徒制，通过与企业合作，提供更多的实践和技能培训的机会，培养具备实践经验和职业素养的学生。鼓励扩大高等教育机构的自主权，赋予其更多的管理和决策权。同时，加强高等教育与产业的紧密合作，提高研究和创新能力，培养具有国际竞争力的人才。推动世界一流大学和学科的快速发展，建设粤港澳国际教育示范区，通过引进世界知名高校和特色学府，提供高质量的教育资源和国际化的教育环境，吸引更多的优秀学生和教师来粤学习和工作。同时，探索优势院校海外（境外）办学。支持提高粤东西北地区教育水平，消除教育发展的区域差距。

全面推进健康广东建设。 在发展战略中将人民健康放在首位，实施爱国健康运动，致力于健康推广和疾病预防。通过广泛的宣传教育活动，引导人们树立正确的健康观念，养成良好的生活习惯，减少疾病的发生风险。构建全民健身综合公共服务体系，提供多样化的健身设施和健康服务。推动资源的合理流动和利用，实现区域均衡分布。加快高水平医疗平台的建设，打造国家医学中心和国家区域医疗中心，提升基层服务能力。规范社会化办医，推进远程医疗和网络医院的发展，利用现代化的信息技术手段，为人们提供便捷的医疗服务。加强中西医融合的力度，更好地利用传统中医药的优势，发展中医药事业，加强中医药教育和研究，促进中医药的现代化发展，建设中医药强省，打响南药品牌。

实施积极主动的战略以应对人口老龄化问题。落实人口长期发展战略，提升生育政策协调，促进养老事业与养老产业的协调发展。积极开发老年人力资源，加快发展银发经济，推动智能养老产品和服务领域的发展。发展普惠性育儿服务体系，通过建立更多的公共育儿设施和资源，为广大家庭提供经济实惠的育儿支持。此外，政府还采取措施，降低教育成本，以便所有家庭都能够负担得起高质量的教育服务，从而为下一代的发展奠定良好的基础。促进养老事业与养老产业的协调发展，积极培育养老新业态，并致力于构建一个居家社区机构协同、医养结合的养老体系。支持广州深化医养结合改革试点，积极推动医疗和养老资源的整合和共享，为老年人提供更加便捷和优质的医疗养老服务。

加强和创新社会治理。完善党组织领导自治、法治、道德治理相结合的基层城乡治理体系，政府、社会组织和广大居民共同努力形成合力。全面促进社会融合，拓展流动人口参与社会治理的渠道和方式，让他们在新的城市环境中获得归属感，并能够充分发挥自己的作用。加强外国来粤人员服务管理和国际化社区治理，为外来人员提供良好的居住和工作环境，实现与本地居民的融合发展。推动社会治理重心向基层下移，向基层放权赋能，加强城乡社区治理和服务体系建设，加强基层治理队伍建设。

（十一）重庆市：努力创造高品质生活，提高社会建设水平[1]

习近平总书记2018年参加全国人大会议重庆代表团审议时，提出"推

---

[1] 本案例根据以下资料编写：《重庆市国民经济和社会发展第十四个五年规划和二〇三五年远景目标纲要》《重庆市人民政府工作报告（2023年）》。

动高质量发展、创造高品质生活"。近年来，重庆坚定不移践行以人民为中心的发展思想，坚持把实现好、维护好、发展好最广大人民根本利益作为发展的出发点和落脚点，以建成高质量发展高品质生活新范例为统领，着力解决发展不平衡不充分问题，让高质量发展与高品质生活有机结合、"兴渝"和"富民"相得益彰，扎实推动共同富裕，让人民群众享有更好的教育、更稳定的工作、更满意的收入、更可靠的社会保障、更高水平的医疗卫生服务、更舒适的居住条件、更优美的环境、更丰富的精神文化生活，创造高品质生活取得明显进展，不断实现人民对美好生活的向往，促进人的全面发展和社会全面进步。

坚定不移走生态优先、绿色发展之路，山清水秀美丽之地建设迈出坚实步伐。在推动绿色改革方面，重庆市制定了全面的绿色转型计划，以确保经济、社会和环境的协同发展。其中，重点保护长江生态环境，打造质量优良的青山林带，创造出壮美的自然景观和生态绿洲。实施长江十年禁渔政策，以保护长江中的渔业资源，并促进鱼类种群的恢复。此外，着重处理好三峡库区的后续工作，包括水土保持、生态修复等方面，以维护该地区的生态平衡。同时，还推动经济增长的绿色动力，以减少对环境的影响，促进可持续发展。为了推动绿色发展示范建设，致力于发展山上、水中、林下经济。通过充分利用自然资源，发展生态旅游、农业、林业等产业，促进经济增长和生态保护双赢。倡导绿色出行、垃圾分类、节约用水，全社会形成积极向上的生态文明氛围。进行生态文明体制改革，加强科技治理支撑，以提高环境保护和管理的水平。重庆市还实施多项生态保护修复试点和工程项目，取得显著成果，提高了生态环境治理能力。城市森林覆盖率达到了55%，城市呈现出绿意盎然的景象。水质维持优良，为居民提供清洁的饮用水和可持续的生活水源。通过加强生态环境保护和修复，推动绿色改革，促进全面绿色转型，着力使重庆成为一个环境友好、生态宜居的现代化城市。

坚定不移推动文化繁荣发展，社会文明程度持续提高。重庆市坚定文化自信，弘扬人文精神，为改革发展提供价值引导力、文化凝聚力、精神推动力。在新的发展阶段，以文化为支撑，在全市范围内积极展开一系列举措，努力打造一个富有魅力和内涵的文化大市。建设国际传播中心，加强文化的对外交流。充分利用现代技术和媒体平台，扩大重庆文化的影响力，让更多的人了解和关注重庆的历史、人文和艺术。加强哲学社会科学的研究和创新，形成一批有国际影响力的学术研究成果。此外，为了营造浓厚的书香氛围，着力推进"书香重庆"建设，创建更多的图书馆、书店和阅读空间，让市民和游客都能享受到优质的阅读环境。推进文明新风建设。通过加强文明礼仪教育、推广文明行为标准，培养文明意识，形成良好的社会风尚。注重保护传承重庆的优秀传统文化，建设历史文化场馆和文化公园，将历史文化融入城市的发展中，提升历史文化街区和人文景观的品质。完善公共文化服务体系，建设更多的文化设施和场所，推出更多时代特色的文化作品。通过丰富多样的文化活动和精彩纷呈的演出，将文化融入人们的生活，提升市民的精神文化生活水平。通过整合文化和旅游资源，打造独具特色的旅游产品和体验，打造世界知名的旅游目的地。着力发展文化产业，培育壮大文化企业，推动文化创意产业的蓬勃发展。加强基层文化服务，创建国家级文化产业示范园区，提升基层文化设施和服务水平，打造具有丰富内涵和多元魅力的文化之城。

坚定不移地践行以人民为中心的发展思想，创造高品质生活取得明显进展。深化教育综合改革，优化收入分配，实施中等收入群体"双增计划"，并大力推动慈善事业的发展。基本实现基础义务教育的均衡发展，各个地区的教育资源和师资得到了有效配置。同时，高等教育的入学率也大幅提高，为更多的学生提供接受高等教育的机会，促进人才培养和社会进步。在医疗领域，大力推进医疗中心建设，取得突破性的进展。通过加强医疗设施和人才队伍建设，提高医疗服务的水平和质量，使得更多的人能够享受到优质的医疗资源，提高健康保障水平。在城乡基础设施改善方面也做出积极努力。特别是在交通领域，全面建立起了机场和交通网络，为城乡居民提供更加便捷和高效的交通条件，促进货物流通和市场互联互通，为重庆的共同繁荣创造良好的条件。

（十二）四川省：提升共建共享水平，建设高品质生活宜居地[1]

四川省坚持在发展中保障和改善民生，同时倡导以人为本、便利化、均衡化、绿色化的方式，推动公共服务资源合理配置和优化，加快建设文化繁荣、高品质、环境优美的宜居家园。

推进文化繁荣发展。坚持社会主义核心价值观，加快建设文化强省。四川省开展群众性精神文明创建活动，促进社会风尚的良好形成。加强公民道德和社会诚信的培养，引导人们树立正确的价值观和道德观，增强社会诚信意识和道德意识。建立健全志愿服务制度和培训体系，引导更多的人参与到志愿服务中，发挥自己的社会价值。加强对重要文物遗址的保护，传承和弘扬中华民族的优秀传统文化。加强互联网文化内容的创作和传播，提供更多优质的文化产品和服务，满足人民日益增长的精神文化需求，推动文化产业的繁荣发展。加强家庭价值观和教育，培养家庭成员的正确价值观念和行为规范，使家庭成为培养优秀人才和传承优秀文化的重要场所。加强文化设施建设、拓展文化服务渠道、提供多样化的文化产品和活动，更好地满足人民群众的多样化精神文化需求。提高媒体的传播力、引导力和影响力，更好地传递思想理念、弘扬正能量。推动新闻出版业的创新发展、加强广播电视节目品质建设、推动文艺作品的优秀创作和社科研究的深入发展，提供更多优秀的文化产品，丰富人民群众的精神文化生活。加强传统文化的传承和创新，挖掘传统文化的内涵和价值，使其与现代社会相融合、相互交融，为人民群众提供丰富的文化精神食粮。不断完善文化

---

[1] 本案例根据以下资料编写：《四川省国民经济和社会发展第十四个五年规划和二〇三五年远景目标纲要》《四川省政府工作报告（2023）》。

管理体制,加强文化事业的规范化和市场化建设。开展文化交流活动、推动文化产品输出、加强文化人才交流等,促进文化繁荣发展。

推进教育现代化。加快落实立德树人、建设高质量教育体系、加快建设教育强省的根本任务。促进幼儿教育普及普惠发展,同时推进优质均衡的义务教育。培养具有鲜明特色的优质高中,高水平普及高中阶段教育。优化高等教育机构和学科布局,促进一流大学和一流学科建设协调推进,巩固提升中西部地区高等教育优势。提高民族地区教育的质量和水平。加强对非学校培训机构的监管,规范民办教育的发展,办好特殊教育。充分利用在线教育的优势来办好开放大学,在新时期的教育评价改革中,继续深化改革,帮助学生全面发展,更好地适应社会的需求和变革。加强体育教育课程和提供心理健康辅导,培养学生良好的生活习惯和心理素质,使他们能够更好地应对学业压力和未来挑战。

成都市实施幸福美好生活十大工程:为了适应城市人口和市场主体的变化,协调推进供给侧结构性改革和需求侧管理,通过建立现代产业体系来加强城市发展的物质基础。不断创新商业化的逻辑,提供多样化的公共服务。

一是居民收入水平提升工程。成都市通过推动产业链向高端和价值链前沿延伸,大幅增加优质市场主体,努力提高工资收入。加强就业优先政策,实施职业技能提升行动,特别注重促进重点群体就业,动态消除"零就业"户。健全工资水平决定机制、正常增长机制和支付保障机制,综合考虑人力资源市场供求关系、劳动者贡献和企业经济效益。提高劳动报酬在初次分配中的比例,建立基于市场评价和贡献的各种生产要素评价和奖励机制。合理提高社会保障待遇水平,完善多层次社会保障体系。

二是高品质公共服务倍增工程。建立符合教育行业特点的教师薪酬激励机制,重点吸引有突出贡献的院士、长江学者、青年专家等高层次教育人才。提供更多优质的医疗服务,实施重大医疗保健项目,与全球知名医疗机构合作规划和建设未来的医疗城市。构建"三级三类"公共体育设施体系，实现区（市）县级"一场一馆一池两中心"全覆盖。

三是生活成本竞争力提升工程。聚焦百姓衣食住行，完善供给体系、稳定价格成本、提升服务质量，房价收入比保持在全国主要城市中的较低水平，打造"中国最具生活成本竞争力"的超大城市。加快保障性租赁住房建设，建设高标准人才公寓。这一综合住房供应体系涵盖不同层次，满足不同需求，包括公共住房、政策性租赁住房、人才公寓、产业园区配套住房和普通商品住房。为支持保障性住房举措，成都市将提供全面的租金补贴，并建立一个动态机制。日常消费品价格保持稳定，提供种类繁多、质量上乘的产品。通过政府储备和应急投放机制，确保粮食、食用油和猪肉等基本商品的供应和稳定价格。加快建设国际消费中心，建立全球购销网络。大力发展数字和绿色消费等新业态和新场景。引入时尚精品店和具有高端定制服务的国内外知名品牌。为城市社区建立一个15分钟步行生活圈，推出社区商业机会清单，以实现基本便利服务的全面覆盖，努力使生活服务变得方便、多样化，满足人民的需求。

四是城市通勤效率提升工程。通过"轨道+公交+慢行"的组合，使绿色交通选择多样化，构建"通勤圈""生活圈""商业圈"高度融合的通勤系统，引入智能便捷的交通基础设施，改善人行道、自行车道和过街设施，加快重点建设绿道和利用城市边缘未使用空间的停车位商业化。智能和5G城市基础设施建设不断加强。采取有针对性的措施缓解主要道路的拥堵，改善重要旅游景点和商业区周围的交通管理，以确保交通畅通。此外，成都市将建立健全公园型城市绿色交通的法律保障体系，通过共建、共治、共享提高交通服务水平。加快实现通勤与日常生活的深度融合，支持轨道交通枢纽和社区绿道的服务和面向消费者的行业场景开发，引入新的消费场景和生活环境，满足回家途中80%的日常生活和社会需求。

五是城市更新和老旧小区改造提升工程。打造富有视觉吸引力的居住空间和充满活力的邻里生活。重点改善旧社区的硬基础设施和软环境条件，解决建筑安全隐患、动态消除 D 级危房安全风险、升级地下公用设施、加快安装电梯、改造满足老年人和年轻人需求的建筑以及停车设施。推动小区业主、建筑师、非营利组织等参与创建小尺度、多功能的"泛空间"，增强人们与城市之间的情感联系。加强对老旧小区的治理和服务，实现党群服务中心亲民化改造全覆盖，整合线上线下便民服务，提升社区整体服务水平。"微更新"将在老街区推广，打造精致的社区生活场景。深化社区协商机制，支持建立社区自治组织，激发社会参与。推广"信托制"物业服务模式，建立公开透明、开放参与、信义为本的物业管理协调机制。旧区的重建将保留传统的魅力和充满活力的街头生活。解决防洪和污水处理系统升级问题，建设面向行人的交通系统和社区公交网络系统，以确保所有居民都能使用基本公共服务设施。采用综合规划、设计、施工和运营一体化模式，提升街区和街道的建筑和标志性品质。大力推进"金角银边"更新利用，打造集体育、文化、休闲、商业等功能于一体的"1+N"复合型空间。优化利用区内可用空间和资源，打造"邻里式"商业服务圈，营造宜居宜业的环境。

六是生态惠民示范工程。加快构建全域公园体系。实施大气污染源分类治理，推进工业、能源、交通运输结构调整。强化水环境、水生态和水资源的综合治理，对岷江和沱江主要支流 1 公里范围内的各种污染源进行调查和整治。实施农药减量控制、化肥减量增效行动，开展污染场地的修复和恢复。建立废料回收系统，建设无废城市。实施"五绿润城"行动，加快建设龙泉山城市森林公园璀璨"绿心"、大熊猫国家公园生态"绿肺"、天府绿道城市"绿脉"、锦城公园超级"绿环"、锦江公园精品"绿轴"，积极探索以生态为驱动的城市发展模式，加快绿道和公园附近的优质社区建设，让更多市民享受"身憩公园、春暖花开"的美好生活。

七是稳定公平可及营商环境建设工程。以市场主体和市民获得感为评价标准,创造稳定公平的发展环境,让"办事不求人、办成事不找人"成为成都市的营商环境的鲜明标识,让市场主体安心投资、专心经营、全心发展。全面推行证明事项和涉企经营许可事项告知承诺制度,优化"蓉易办"在线政务服务平台。制定《成都优化营商环境条例》,建立和完善重大政策事前评估和事后评估制度,同时保持政策的连续性和加强政务诚信,全面杜绝"新官不理旧账"。健全知识产权保护制度,实施规范的审批、监督和执法规则。

八是青年创新创业就业筑梦工程。以"锐意创新、宽容失败"的城市气度,激励年轻人的奋斗勇气。以"乐观包容、友善公益"的城市温度提升青年情感归属,打造创新创业者"圆梦之都""活力之城"。每年举办"菁蓉汇""蓉漂杯"等创新创业活动200余场,为创业创造有利的环境。完善"无偿资助+无息借款+天使投资+信用贷款"创业全生命周期金融服务体系,提供优秀青年大学生在蓉创业分层补贴政策支持。设立"人才贷"和"成果贷"等科技金融创新产品。提升"科创交流+科创展示+科创传媒+科创培训+科创加速器"的服务水平,满足创业全生命周期的需求。

九是智慧韧性安全城市建设工程。加强城市治理能力,通过构建智慧城市治理体系,借助先进技术让城市变得更加智能化、安全化。成都市推动城市运行的全面管理,实施"一网统管"的城市运行模式,构建全域感知、全局洞察、系统决策、精准调控的"城市大脑"体系,覆盖市、区(市)县、镇(街道)、村(社区)和小区(院落)等各级管理终端,实现信息的全网共享、全时可用和全程可控。建立智慧安防系统、智慧急救信息系统和智慧应急平台,实现随时随地的智能感知和一键响应。同时,加强智慧社区和智慧小区建设,拓展"天府市民云"社区管理服务功能。此外,全面提升灾害防治能力,建立自然灾害预警发布平台,并完善抗震设防标准,提高城市防洪排涝能力。提升突发事件紧缺重要物资恢复能力。

十是全龄友好包容社会营建工程。在城市规划、建设和管理各个环节中注重柔性关怀,落实人文关怀到城市的方方面面,从衣食住行育教医养等方面为所有生活在成都的人们提供温暖和关怀。依托城市社区公园打造儿童的"15分钟公共空间体验网络",并利用城市郊野公园打造儿童的"半小时自然体验圈",为儿童们提供回归自然、释放天性的公共空间。加强未成年人保护工作,在各大中小学推广心理健康课程,并设立心理辅导室,关注儿童的身心健康成长。在老年人的日常生活中,优化居家社区养老服务体系,倡导"一院一中心多站点"的模式,探索设立"家庭照护床位",推进老年人助餐服务体系建设。

(十三)青海省:加强公共服务保障,努力创造高品质生活[1]

人民对美好生活的向往是党的奋斗目标。青海省牢固树立以人民为中心的发展思想,解决民生短板问题,加强优质公共资源和服务供给,不断增强人民的获得感、幸福感、安全感。

提高就业质量和城乡居民收入水平。加强就业政策的优先性并重点关注就业困难群体,对于高校毕业生、农民工、退役军人和下岗失业职工等群体的就业问题,提供全面的政策支持,鼓励他们积极创业、从事灵活就业或者适应新的就业形态。建设更加高效和便捷的就业服务机构,为求职者提供更精准的职业指导和培训资源。建立职业培训体系,通过开展多样化的培训课程和提供培训机会,使劳动者能够不断提升自身技能,适应产业升级的需要。优化工资增长机制,确保劳动者的工资水平与经济发展相匹配,增强劳动者的获得感和积极性。建立公平、透明的工资制度,制定相应的工资政策和调控机制,确保劳动者获得公正待遇。健全工资合理增长机制,着力提高低收入群体要素收入,实施中等收入群体2035倍增计划。完善再分配调节机制,发展慈善事业。

发展更加公平更高质量的教育。立德树人,建立协同育人机制,加强

---

[1] 本案例根据以下资料编写:《青海省国民经济和社会发展第十四个五年规划和二〇三五年远景目标纲要》《青海省政府工作报告(2023)》。

师德师风建设，提高学生的综合素质。加强教师队伍建设，提高教师的专业素养和教育教学水平。加强学校管理，优化教育资源配置，确保教育的公平性和质量。加大对基础教育的投入，提高教育资源的均衡配置，使每个学生都能够获得优质的教育机会。在职业技术教育方面，加强与企业的合作，根据市场需求培养适应各类行业的技术人才。加强对高等教育的支持，发展高水平大学，培养具有创新精神和实践能力的人才。打造教育科创园区，推动教育和科技的融合，培养创新创业人才。提高民族地区教育质量和水平，加大国家通用语言文字推广力度。同时，创新教育方式，采用先进的教育技术手段，建设数字教育资源服务体系，为民族地区的学生提供更好的教育资源和学习环境。加强对民办教育和校外培训机构的规范管理，确保它们的教育质量和教学水平。推进教育合作交流，借鉴国内外的先进教育经验和教育理念，促进教育改革的创新与发展。完善终身学习体系，为每个人提供学习的机会和平台。探索开展新时代教育现代化区域创新试验。

推进文化事业文化产业繁荣发展。保护和传承河湟文化、源头文化，建设黄河上游河湟文化生态保护试验区。加强文物保护和研究工作，加大对文物保护设施和技术的投入，提高文物保护的水平。积极推进公共文化服务体系建设，创新实施文化惠民工程。注重促进新闻出版、广播、电影、电视、文艺、哲学和社科的繁荣发展，丰富人们的精神生活。鼓励创新和创造，推动文化产业的繁荣，创造更多的就业机会和经济效益。努力营造一个健康、积极向上的网络文化氛围。深化文化体制改革，推动文化产业和市场的发展。通过放宽文化产业准入限制，激发市场活力，培育更多文化企业的成长。深入推进国家藏羌彝文化走廊和丝绸之路文化带青海片区建设，开展国家文化大数据体系（青海）建设，创建西宁国家文化和旅游消费试点城市。建设高原体育强省，完善体育服务体系，推动全民健身和体育产业的发展。支持体育产业的发展，推动"赛事＋品牌＋城市"特色发展，打造全国民族体育运动示范区。

二、国内部分地区的实践启示

从各地的实践来看，可以概括为三种类型：

第一种是发达地区，北京、上海、江苏、浙江等地，都较早明确地提出"创造高品质生活"的规划和措施。例如，上海市委市政府提出，"致力打造高品质生活，让所有工作和生活在上海的人们都能感受到这座城市带来的获得感、安全感和幸福感"，将着眼点放在市民对于教育、卫生、就业、养老、住房、文化体育和助困帮扶等基本公共服务的更高要求上以及未来城市对生态环境的更严标准上。

第二种是我国部分中西部综合条件较为优越的地区，如重庆、四川等地提出了"高品质生活宜居地"的目标。这些地方经济发展水平虽然不及沿海发达地区，但部分先天条件优越，生态环境较好，生活成本较低。例如成都市系统谋划和部署了"幸福美好生活十大工程"战略。

第三种是经济欠发达地区，例如青海省结合省情实际，把实现"一优两高"作为发展战略，探索适合自身的高品质生活创造模式。

概括各地的实践，我们可以从不同的视角来分析和认识这个问题。

从本质内涵上看。高品质生活是一个在民生改善或生活水平提高基础上延伸与拓展的重要质量指标，表现在多个维度上。践行以人民为中心的发展思想，以创新谋发展、以改革求突破，面向全球、面向未来，推动高质量发展，创造高品质生活，最终目的是回应和实现人民对美好生活的向往。因此，必须充分认识到"改革没有终点，民生工作没有终点"。我们必须坚持改革思维和创新方法。一方面，要继续着力解决基本民生问题的痛点和难点。另一方面，通过实施更多实质性措施，确保和增进人民福祉，努力提高人民的生活质量。在有新要求的新时代，重要的是要开启新征程，重新出发，实现民生领域改革的新进展、新突破，这也是新时期改革开放的根本出发点和终极追求。

从治理实践上看。高品质生活以供给创造更高水平的需求，实现与高质量发展互促共进、相辅相成、相得益彰。牢牢把握"高、更、全、实"四字要求，创造高品质生活。其中，"高"是指高品质生活要体现出"站在高起点、定位高水平、对比高标准"的要求，着力实现高品质生活的典范和标杆，使人民能够真正享有共同富裕、更加幸福安康的生活。"更"是指高品质生活要体现出对现有品质生活更进一步的期盼，如经济发展更高质量、生态环境更优美、基本公共服务更均等、收入分配更合理、事业与家庭更加兼顾、人的个性发展环境更宽松自由等。"全"是强调以人民为中心，重视个人的全面发展和进步，包括表达个性、工作满意度、职业成就、自我实现、家庭幸福感、主观安全感和社会责任的自由。"实"的理念强调要着力解决家门口的民生问题，确保他们能够获得当地的民生服务。这需要更精确的关注、有根据的观点和有针对性的政策，这些政策包括人文主义的方法和更富有同情心的方式，这有助于确保政府政策多一些人文关怀和更有民生温度，让人民群众在共建共享发展中能够有更多实实在在的获得感。

从项目驱动上看。围绕"保障全龄化+全生命周期服务"，谋划布局新业态、新产业、新模式，努力培育壮大新增长点、增长极。"三位一体"共推社会民生领域改革再出发、再起步。创造高品质生活是一项系统工程，这需要全面规划、协同推进、按需建设、持续改进、持续努力、长期承诺。还需要全社会共同努力，强调"各方参与、共建共享、协同推进"的要求，形成政府、社会、人民"三位一体"的协同效应。在政府层面，要建立坚实的民生保障，降低获得基本公共服务的成本，创造有利的环境，让人们在共同发展中获得更多成就。在社会层面，重要的是促进社会力量参与公共事务，促进社会福利和公共服务部门的投资和创新。在个人层面，努力培养对高质量生活的合理期望，并通过坚持不懈的努力和坚定不移的追求来实现个人目标。注重激发社会福利部门的投资活力。首先，考虑到人民日益增长的社会服务需求和建设多样化、多层次公共服务体系的需要，重要的是通过公私合作、私人提供公共援助、特许经营和股权交换等多种模式鼓励社会资本参与。这将使他们能够参与医疗、养老、教育、文化和体育设施的建设和运营，特别是在需求高、供应有限、人民需求旺盛的地区，如医疗和养老服务。其次，应该优先考虑鼓励政府、社会组织和社会企业之间合作和互动。在政府政策的引导和支持下，努力支持公益组织和社会创新创业企业的发展。聚集一批具有公益使命感的社会创业带头人，确保扩大公共服务供给，满足人民多样化需求，解决民生和公共服务领域的瓶颈和短板。第三，在支持公益招标和慈善投资的基础上，努力探索主要针对社会企业的社会影响投资。这些投资应坚持平衡社会效益和经济回报的原则，旨在解决社会问题，扩大公共服务的供应，降低与公共服务相关的边际成本，在政府、专业投资机构和社会资本之间产生协同效应。

从目标导向上看。努力实现幼有善育、学有优教、劳有厚得、病有良医、老有颐养、住有宜居、弱有众扶。实践中要处理好"五对"关系：即物质富裕与精神富有相协调，普惠服务与高端供给相结合，发展水平与生活方式相匹配，尽力而为与量力而行相兼顾，政府主导与社会参与相促进。

从指导原则上看。坚持党的领导与人民至上相统一，不断完善党领导人民建设高品质生活的体制机制，激发广大群众建设高品质生活的积极性、主动性和能动性，把社会主义制度优势转化为现代化治理效能，让美好生活需要转化为高品质生活的实现条件。坚持物质富裕与精神富有相结合，按照"五位一体"总体布局和系统观念的要求，依托经济健康持续发展和收入分配结构改善，带动居民物质生活更加富裕，同步增强社会主义核心价值观和文化软实力，促进群众精神生活更加富有，多维度提升人民文明素养。坚持普惠服务与高端供给相互补,面向不同层次的生活向往,提升供给体系对多样化生活需求的适配性,在织密扎牢基本民生安全网的基础上,大力发展普惠性民生服务,进一步丰富具有示范引领作用的高端民生服务供给,满足广大人民群众提高生活品质、促进全面发展的需要。坚持尽力而为与量力而行相兼顾,既要加大各方面资源投入,加快追赶全面现代化新水平,力争在部分领域形成领先优势,又要注重可行性和可持续性,立足当地省情、市情、县情和地方公共财力实际,合理引导预期,弥补历史欠账。坚持政府主导与社会参与相促进,各级政府要履行好基本公共服务、基本民生保障职责,守住高品质生活建设的安全底线。同时放大规划引领、产业扶持、投资带动、消费促进等政策效应,吸引各类企业、事业单位、社会组织等社会力量参与,为高品质生活建设注入新的活力和动能。

第二节　国外部分国家和地区实践及其借鉴意义

追求高品质生活同样也是海外民众的共同目标。实现高质量生活的众多国外实践为我们提供了宝贵的经验教训。过去几十年，联合国、经济合作与发展组织（经合组织）等国际组织和一些国家提出了与主观和客观评价高质量生活相关的改革和指标。例如，联合国开发计划署推出了人类发展指数，其中包括预期寿命、教育水平和实际人均国内生产总值等指标的"人类发展指数"，旨在评估成员国的经济和社会发展水平。经合组织提出了"美好生活指数"，涵盖社区归属、教育、环境、公民参与、医疗保健、住房、收入、就业、生活满意度、安全感以及平衡职业和个人生活等方面。英国新经济基金会提出了快乐星球指数，该指数包含了消费水平、平均预期寿命和幸福感等标准。一些国家还提出了衡量生活水平或幸福感的替代指标，旨在取代国内生产总值作为主要评估工具。例如，2010年，英国和德国政府在法德部长理事会的框架内，委托两国主流经济学家提出了一个评估未来经济增长、提高生活质量和实现社会进步的三支柱指标体系。在这些支柱中，"物质财富"支柱包括收入和财产分配、劳动和就业以及劳动生产率提高等评估标准；"生活质量"支柱包括健康、教育、政治参与、社会融合、环境承载能力和个人安全感等标准；"可持续发展"支柱侧重于国家公共预算和生态环境领域的评价。2013年，英国经济增长、社会繁荣和生活质量委员会提出了完善生活水平和社会繁荣评估指标的建议。这些建议包括从物质财富、社会发展和生态环境质量三个角度重新定义高质量生活的维度。除了使用人均国内生产总值作为指标外，还增加了新的标准，包括收入分配、国债、预期寿命、教育和培训、卫生、环境保护和政治参与。

一、英国国民福祉计划相关政策

2010年英国政府通过国民福祉计划。生活质量已经成为英国政策制定的重要依据和组成部分。

将社会效益纳入成本效益分析。2011年，英国政府发布绿皮书的讨论文件，内容涉及如何利用主观幸福感为成本效益分析提供信息，并将非市场商品和服务货币化。2012年，英国颁布了《公共服务（社会价值）法》，要求英国公共部门在履行公共服务合同时，不仅要考虑成本因素，还要充分评估项目产生的社会、经济和环境价值。最终，目标是以公平的价格购买真正造福社会的公共服务。该法案已被广泛接受，为对社会做出贡献的企业提供了更多参与和提供服务的机会。在交通领域，英国交通运输部将更广泛的社会影响纳入主要交通计划的实施案例，以帮助确定计划的不利影响和减缓方案，并确认可能带来的社会效益。英国交通运输部还发布了一个基于人类福祉的互动工具，帮助政策制定者根据影响国家福祉的10个领域来评估交通投资决策。

重视对福祉数据的积累。在不同领域的调查数据中增加主观福祉调查数据，以便为政策制定提供数据支撑。英国福祉计划中提出的关于个人幸福感的主观指标已经被用于20多个不同的政府调查当中，涵盖健康、犯罪、住房、体育和文化等主题。

促进公民参与社会活动。英国设立国家公民服务计划，该计划为期8周，将16岁以上年轻人组织起来在当地设计和实施社会行动项目。研究显示，该活动参与者的健康状况较对照组人群明显良好，同时还显示了更强的自豪感、成就感、恐惧感的克服以及给他人带来改变的愉悦感等。

实施员工福祉战略以支持生产力和绩效。对英国健康服务体系从业人员的健康和福祉进行了研究，并提出了提高其健康和福祉所应采取的行动，包括改善组织行为和绩效，实现典范服务，将员工的健康和福祉融入健康服务系统管理和基础设施建设中等。

对于个人的引导。2008年，英国政府开展了一项关于精神资本和福祉的前瞻项目，根据该项目的成果，英国独立智库新经济学基金会开发了"五种幸福方式"，认为幸福的五种方式包括：建立良好的人际联系，保持活跃、专注、不断学习和给予。五种方式已被英国卫生组织、学校和社区项目用于帮助人们采取行动改善他们的福祉，它帮助人们将更多有助于福利提升的活动纳入他们的生活。

二、不丹国民幸福总值评价指标体系

不丹是一个以国民幸福总值（Gross National Happiness，简称GNH）为基础的国家，它将幸福视为最终目标，超越了传统的以国民生产总值（Gross National Product，简称GNP）为代表的经济增长观念。这种发展理念在20世纪70年代首次提出，并在2008年不丹宪法中正式得到承认。为了实现这一理念，不丹政府成立了国民幸福总值委员会，负责推动幸福的实践和评估。国民幸福总值的概念是由不丹的第四任国王吉格梅·辛格·旺楚克提出的。他认为，传统的经济增长模式过于狭隘，只关注物质财富和经济指标，却忽视了人民内心的幸福感受和社会的整体福祉。因此，他们希望找到一种更全面、更综合的发展指标，以实现人民的幸福和社会的可持续发展。

不丹国民幸福总值的核心理念是将幸福作为衡量国家进步的主要指标，将人民的福祉置于首位。包括物质和非物质两个层面，旨在实现人的内在满足、心灵的平静与社会的和谐。这一理念的目标不仅仅是经济繁荣，更注重人的全面发展、自然环境的保护、文化传承的维护和社会公正的实现。为了将国民幸福总值理念贯彻到实际行动中，不丹政府于2008年将其正式写入国家宪法。宪法中规定，国家的责任是促进人民的幸福和繁荣，保护自然环境，并继承和发扬国家的文化价值观。为了确保国民幸福总值的评估和发展工作得以顺利进行，不丹政府成立了国民幸福总值委员会。该委员会由各部门的专家和学者组成，负责制定政策、指导实施和监测评估国家幸福的进展。委员会的成立标志着不丹政府对国民幸福总值的高度重视，以及决心将其转化为具体的行动。

国民幸福总值的评估是一个多维度的过程，涵盖了经济、社会、环境和文化等多个领域。引入了衡量经济和社会发展的四个主要维度：可持续和公平的社会经济发展、环境保护、促进文化和善治。不丹政府通过定期的调查问卷、统计数据和专家评估等手段来监测人民的幸福感受和社会的福祉状况。这些评估结果帮助政府了解人民的需求和关切，指导政策的制定和实施，使国家的发展更加符合人民的期望和利益。不丹的国民幸福总值理念在实践中得到了积极的回应和广泛的认可。许多国际组织和国家都对不丹的这一理念表示赞赏，并积极探索将幸福作为发展目标的可能性。不丹的经验为其他国家提供了有益的借鉴，使人们重新审视发展的本质，思考如何追求全面、可持续的发展。总之，不丹以国民幸福总值为导向的发展理念是一种全面而综合的发展范式，将人民的福祉置于首位，并追求经济、社会、环境和文化等多个领域的和谐发展。不丹政府的努力和国民幸福总值委员会的工作为幸福发展提供了指导和支持，取得了积极的成果。不丹的经验为其他国家提供了宝贵的借鉴，为构建全球更加美好和可持续的未来提供了有益的思路和启示。

不丹国民幸福总值评估体系是一种独特的评估方法，具有鲜明的不丹特色，但受到特定因素的影响，不容易适用于其他国家。虽然不丹的国民幸福总值概念在一定程度上弥补了传统的经济增长指标的不足，但它本身也存在着主观和抽象的缺陷。相比较传统的经济发展指标，国民幸福总值更多地关注人们的主观感受和生活质量。这种评估方法将幸福视为一种综合性的指标，包括了经济、社会、环境等多个方面。然而，由于幸福感是很难量化和标准化的，因此国民幸福总值评估体系在某种程度上缺乏客观性和科学性。尽管如此，国民幸福总值评估体系为发展中国家、特别是经济欠发达国家提供了一种新的视角。在这些国家，经济增长可能会受到限制，但人们的生活质量在其他方面可能表现出色。例如，清洁空气、食品安全、社会秩序、良好的人际关系和公平的司法制度都可以为人们带来满足感和幸福感，尽管经济增长并不是首要的目标。此外，在发达国家，经济增长的减速可能导致人们对生活的满足感下降。一味地追求经济增长，可能会忽视人们的身心健康、社会公平等因素，从而影响国民的幸福感。国民幸福总值评估体系的引入可以提醒政府和决策者，经济增长并非唯一的目标，需要更加注重人民的福祉和幸福。

尽管不丹的国民幸福总值评估体系在某种程度上受到限制，但它为研究和实践幸福的手段提供了一个有益的方法。这种评估体系可以通过定量和定性的指标来综合评估人们的幸福感，并为政策制定者提供参考，从而更好地满足人民的需求和期望。随着国民幸福总值评估体系的不断完善和应用，我们可以期待其在未来在更多国家和地区得到采用。然而，由于不同国家和地区的历史、文化、制度等方面存在差异，将国民幸福总值评估体系直接引入可能并不适用。因此，我们需要根据具体情况进行调整和适应，最大限度地发挥国民幸福总值评估体系的优势，为人民创造更美好的未来。

三、北欧四国的高品质生活体系

瑞典、挪威、芬兰和丹麦是北欧地区的四个国家，以其高品质的生活方式而闻名于世，这些国家在教育、医疗保健、社会福利和工作生活平衡等方面注重提供优质的服务和设施，为居民创造了高质量的生活环境。

(一) 瑞典：构建平等、包容、幸福和可持续发展的社会模式

瑞典是北欧地区以及全球范围内一个以高品质生活闻名的国家。它以其先进的社会福利制度、高质量的教育体系、平等和多元的价值观、环境保护和全民参与等方面做法而备受赞誉。这些做法不仅带来了物质上的福利，也构建了一个平等、包容、幸福和可持续发展的社会模式。

1. 社会福利和医疗保健

瑞典是一个高福利的国家，致力于保障其居民的福利和幸福。瑞典的社会福利制度涵盖了医疗保健、养老金、失业保险、住房等多个方面。瑞典的医疗保健系统是全面免费且高效的，所有居民都可以享受世界领先水平的医疗服务。医疗费用主要由纳税人支付，但个人的费用很低，甚至有时候是免费的。此外，瑞典还鼓励居民进行预防保健和健康习惯，通过健康教育和宣传活动促进公众的健康。

2. 教育体系

瑞典的教育体系被公认为世界一流。从幼儿园到高等教育，瑞典提供了广泛的教育机会。教育是免费的，并且注重全面素质的培养。瑞典鼓励学生独立思考、创新和实践，注重培养学生的批判性思维和问题解决能力。此外，瑞典的教育系统还注重平等和包容，重视多元文化和性别平等，致力于提供一个平等和友善的学习环境。

3. 平等和多元

瑞典强调平等和多元，致力于确保每个人都能享受平等的权利和机会。平等体现在各个方面，包括性别平等、收入平等、机会平等等。瑞典是一个坚定的性别平等倡导者，积极推动性别平等政策和法律措施。女性在社会、政治和经济领域都有较高的参与度。瑞典还重视多元文化和包容性，鼓励人们尊重和欣赏不同文化、宗教和背景的价值和贡献。

4. 环境保护

瑞典以其对环境的保护和可持续发展的承诺而闻名。瑞典采取了许多措施来减少碳排放、保护自然资源和提高可再生能源的使用。瑞典是一个废物处理和回收利用的先进国家，实行了世界一流的回收制度。瑞典还积极鼓励可持续交通，包括大力发展公共交通，鼓励步行和骑自行车。这些环境保护措施有助于创造一个清洁、健康和可持续的居住环境。

5. 社区参与和民主

瑞典鼓励公民积极参与社区事务和民主决策过程。瑞典实行代议制民主制度，同时也倡导基层的决策和社区参与。居民可以通过公民投票、社区议会等方式参与决策，发表意见和提出建议。这种民主参与的文化使居民感到被尊重和关心，促进社会的凝聚力和团结。

（二）挪威：构建政府长期承诺、全民参与和社会信任的模式

挪威是一个位于北欧的国家，被公认为世界上拥有高品质生活的国家之一。对于挪威人民来说，高品质生活并不仅仅意味着物质上的富裕，更强调社会福利、环境可持续发展、教育机会和健康照顾等方面的全面提升，为人民创造了高品质生活的条件。这些措施的成功得益于政府的长期承诺、全民参与和社会的信任。

1. 社会福利和公平性

挪威致力于建立一个公平和包容的社会体系，以确保每个公民都能够享受高品质的生活。一是构建了全面的社会保障体系。挪威实施了一个全面的社会保障体系，包括全民医疗保险、失业救济、养老金和福利等。这些保障措施为挪威人民提供了经济上的保障，有助于提高他们的生活质量和幸福感。二是构建了高度发达的福利制度。挪威的福利制度覆盖范围广泛，包括儿童津贴、产假和父母假、免费教育等。这些制度旨在支持家庭的照顾责任，并为人们在各个生命周期阶段提供支持。三是构建了收入平等和横向分配体系。挪威在收入分配方面表现出色，拥有较低的收入不平

等水平。通过税收政策和福利措施，挪威实现了财富的相对平等分配，减少了社会经济差距。

2. 环境可持续发展

挪威一直以来都非常重视环境保护和可持续发展。一是在清洁能源的发展方面，挪威是全球领先的可再生能源生产国家之一。依靠水力发电和风力发电来满足能源需求，减少了对化石燃料的依赖，并大大降低了碳排放。二是在保护自然环境和生物多样性方面，挪威以其壮丽的自然风光和丰富的生物多样性而闻名。实施了严格的环境保护政策，保护了森林、湖泊、河流和海洋等自然资源，确保它们的可持续使用。三是在可持续城市规划方面，挪威的城市规划注重可持续性和生态友好型。在城市设计和发展中，挪威充分考虑到环境保护、公共交通、自行车道和绿色空间的建设，创造宜居的城市环境。

3. 教育机会和人力资源发展

挪威非常注重教育机会和人力资源的发展，以提供高质量的教育和培训，满足人民不断提高的需求。一是建立了免费的教育体系。挪威提供免费的教育体系，包括幼儿园、小学、中学和大学教育。这使得每个人都有平等的教育机会，无论他们的背景如何，都能接受高质量的教育。二是建立了完善的职业教育和培训体系。挪威重视职业教育和培训，以确保人们具备适应就业市场需求的技能。挪威的职业教育和培训系统与行业密切合作，提供实用的技能培训和实习机会。三是拥有高素质的劳动力。由于教育体系的高水平和对人力资源的投资，挪威拥有一支高素质的劳动力。这有助于推动经济发展和创新，为人民提供更好的就业机会和薪资待遇。

4. 健康照顾和社区支持

挪威的健康照顾系统和社区支持是确保高品质生活的重要组成部分。一是建立了全民医疗保险体系。挪威实施全民医疗保险制度，确保每个人都能够获得基本的医疗保健服务。该制度包括免费的基本医疗服务和药物补贴，保障了人们的健康需求。二是拥有充分的医疗设施和专业人员。挪威拥有先进的医疗设施和高素质的医疗专业人员。该国注重医疗技术的创新和提高专业人员的培训水平，以提供高质量的医疗服务。三是高度重视社区支持和长期护理。挪威重视社区支持和长期护理，特别是对老年人和残疾人的关怀。通过设立社区服务和提供家庭护理等方式，帮助人们在家庭和社区环境中获得需要的护理和支持。

（三）芬兰：构建高度完善的福利、教育医疗、环境保护模式

芬兰是位于北欧的国家，以其高品质生活而闻名。芬兰在教育、社会福利、健康照顾、性别平等和自然环境保护等领域采取了多种政策和实践，为其人民创造了良好的生活条件。

1. 教育体系

芬兰以其卓越的教育系统而著名，被公认为全球最好的教育体系之一。一是在教育公平和普及性方面，芬兰致力于为所有学生提供平等的教育机会。在芬兰，教育是免费的，包括幼儿园、小学、中学和大学教育。芬兰鼓励学生积极参与学校活动，并在个人兴趣和天赋方面提供个性化的支持。二是在重视教育质量方面，芬兰注重培养高素质的教职员工。教师需要接受严格的培训，获得高质量的教育背景。芬兰教师有较高的职业声誉，享受专业发展的机会和良好的福利待遇。三是强调学生的自主学习，芬兰的教育系统鼓励学生主动参与学习过程，培养他们的创造力、批判性思维和解决问题的能力。相比于传统的课本教学，芬兰更注重学生的自主研究和团队合作。四是减轻学生压力，芬兰教育系统的设计旨在减轻学生的压力。学生没有太多的考试和家庭作业压力，他们有更多的时间来进行自我探索、参与课外活动和休闲娱乐。

2. 社会福利

芬兰致力于建立一个公平和包容的社会体系，确保人民享受高品质的生活并获得社会福利。一是构建全面的社会保障体系。芬兰实施了全面的

社会保障制度,包括失业救济、养老金、医疗保健、产假和父母假等。这些措施确保了人民在经济困难时能够获得基本的生活保障。二是倡导社会平等秩序。芬兰致力于推动社会平等,减少社会经济差距。他们采取积极的税收政策和福利措施,以确保财务负担相对均衡,并通过协助就业和职业培训来提高弱势群体的机会。三是充分支持弱势群体。芬兰重视支持弱势群体,特别是儿童、老年人和残疾人。他们提供免费的医疗保健服务、长期照护和康复服务,以确保这些群体的健康和福利。四是倡导职业重视和工作平衡:芬兰重视工作与生活的平衡,鼓励强调职业发展和创造力,同时为工作人员提供弹性工作时间和假期福利,使其能够兼顾工作和个人生活。

3. 健康照顾

芬兰的健康照顾系统旨在提供高质量的医疗保健服务和保障人民的健康需求。一是建立了全民医疗保险。芬兰实施全民医疗保险制度,确保每个人都能够获得医疗保健服务。这意味着人们可以免费或支付较低的费用就诊,包括紧急医疗、医疗检查和手术等。二是强调预防和公共卫生。芬兰注重预防性医疗和公共卫生。他们投资于公共卫生措施,包括健康促进活动、疫苗接种和疾病预防,以减少患病率和医疗负担。三是拥有高质量的医疗设施和技术。芬兰的医疗设施和医疗技术处于先进水平。他们拥有现代化的医院、诊所和研究机构,投资于先进的医疗技术和创新。四是高度关注人民的心理健康。芬兰非常关注心理健康问题,投资于心理健康服务和心理治疗。他们提供心理健康咨询、心理治疗和心理教育,以帮助人们改善心理健康和应对压力。

4. 性别平等

芬兰一直致力于推动性别平等和女性权益。一是在法律保障方面,芬兰建立了一系列法律和政策,以保护妇女的权益,包括反性别歧视法、反家庭暴力法和平等就业法等。二是在女性参与政治和经济决策方面,芬兰鼓励女性参与政治和经济决策。政府设定性别平等指标,促进女性在政府和企业领导层的参与。三是在强调职业平等方面，芬兰致力于消除职业领域的性别歧视。他们采取措施鼓励女性从事科学、技术、工程和数学领域的工作，并提供性别平等的职业机会和薪酬待遇。

5. 自然环境保护

芬兰拥有丰富而美丽的自然环境，包括湖泊、森林、河流和壮观的北部地区。为了保护和可持续利用这些宝贵的自然资源，芬兰在自然环境保护方面采取了多种重要的做法，包括建立国家公园和自然保护区、可持续林业管理、水资源管理、温室气体减排与气候变化、生物多样性保护以及环境教育和公众参与等，旨在确保芬兰的自然资源得到保护和可持续利用，使人们能够享受丰富的自然资源，并将其传承给未来。一是国家公园和自然保护区：芬兰拥有广泛的国家公园系统和自然保护区网络。这些地区被精心管理，以保护独特的生态系统、濒危物种和自然景观。芬兰旨在确保这些区域的保护和可持续利用，同时提供给公众进行户外活动和探索的机会。二是可持续林业管理：芬兰的林业是其重要的经济部门，但芬兰政府和林业部门致力于可持续林业管理。他们采用科学方法进行森林管理，包括选择性伐木、重新植树和维护生态系统的健康。这有助于确保森林资源的可持续利用，同时维护森林生态系统的完整性。三是水资源管理：芬兰拥有大量的湖泊和河流，因此水资源管理至关重要。芬兰积极监测和保护其水体的水质，并制定相关法律和规章来保护水环境。他们同时关注水资源的可持续利用，推行节水和水循环利用的实践。四是温室气体减排与气候变化：作为对气候变化的回应，芬兰采取了一系列措施来减少温室气体的排放。他们致力于可再生能源的推广和发展，如风能、太阳能和生物能源。此外，芬兰还通过制定和执行相关政策，鼓励能源效率和低碳生产方式，以减轻对环境的不良影响。五是生物多样性保护：芬兰非常关注生物多样性的保护。他们制定了保护物种和栖息地的法律法规，并采取了措施保护濒危物种。同时，芬兰也致力于促进生物多样性的研究和监测，以便更好地了解和保护本土物种。六是环境教育和公众参与：芬兰重视环境教育和公众参与，以提高公众对自然环境保护的认识和意识。他们通过教育课程、社区项目和公共活动等方式，鼓励人们参与环境保护行动，并培养公众的环境责任感。

（四）丹麦：构建高质量的健康、幸福和可持续性的生活模式

丹麦一直被认为是全球最幸福的国家之一，是一个拥有高品质生活的国家，以其健康、幸福和可持续性的生活方式而闻名于世。根据联合国发表的《世界幸福报告》，丹麦连续多年位居全球幸福指数榜首。这归因于许多因素，包括经济福利、社会平等、医疗保健体系、教育和社交支持等。

1. 社会福利体系

丹麦拥有一套完善的社会福利体系，旨在保障人民的基本权益。这一体系包括医疗保险、失业保险、养老金、家庭补贴等。丹麦人享有免费医疗保健、免费教育以及良好的社会福利待遇，这为人民提供了稳定的生活保障，使他们能够更好地享受生活。

2. 公共交通便利

丹麦的公共交通系统非常发达，包括公交车、地铁、轻轨、火车等多种交通工具，覆盖了城市和乡村的大部分地区。这使得丹麦人能够便捷地出行，不仅节省了时间和金钱，也减少了个人汽车使用带来的交通拥堵和环境污染。

3. 自行车文化

丹麦是自行车友好型国家之一，拥有发达的自行车文化。丹麦的城市和乡村都设有专门的自行车道和停车设施，鼓励人们骑自行车代替汽车出行。自行车不仅是环保的交通方式，也有助于提高人们的健康水平，并促进社交互动。

4. 教育优势

丹麦的教育体系备受赞誉，教育资源丰富，并注重学生的个性化发展。

丹麦的学校提供高质量的教育，注重培养学生的创造力、合作精神和批判性思维能力。此外，丹麦的大学教育也享有盛誉，吸引了来自世界各地的学生前往学习。

5. 工作生活平衡

丹麦鼓励工作和生活平衡，注重员工的生活质量。法律规定工作时间有限，休假制度完善，家庭支持政策完备，如产假和育儿假等。这使得丹麦人能够更好地平衡工作和生活，并享受更多的自由时间和家庭生活。

6. 健康和幸福指数高

丹麦常年位居世界幸福指数和人类发展指数的前列。这是因为丹麦人民一直以来注重身心健康和幸福感。丹麦拥有优质的医疗系统、良好的社区环境、低犯罪率以及平等和包容的社会环境，这些因素都有助于提高人们的幸福感。

7. 建设可持续发展

丹麦被誉为可持续发展的典范，致力于保护环境和应对气候变化。丹麦积极推动可再生能源的利用，大力发展风能和太阳能等清洁能源，并鼓励居民减少能源消耗和垃圾产生。此外，丹麦重视城市规划和绿色建筑，创造宜居的环境。

四、国外部分地区的实践启示

国外创造高品质生活的实践为我们提供了思想、理念、指标、评价和推广方面的见解，包括以下"五大参考"。

理念上的借鉴。生活质量的评估有一种超越 GDP 的全球趋势。国际主流观点认为，传统的 GDP 指标只考虑经济增长，没有包括收入分配、分享发展成果、社会公平正义等包容性发展的质量方面。它也无法直观地反映与教育、健康、环境保护、适应气候变化、提高社会福利、提高健康水平、文化繁荣和社会进步有关的条件。此外，国内生产总值的增长并不

中国式现代化的高品质生活研究

一定意味着人民的幸福感增强或满意度提高,也不包括与公平财富分配有关的因素。因此,有必要结合现有的 GDP 评估框架来考虑社会发展、政治参与和生态条件的改善。2009 年 9 月,诺贝尔奖获得者约瑟夫·斯蒂格利茨和阿马蒂亚·森带领 25 位著名经济学家和社会学家组成了"经济表现与社会进步"专家委员会。他们提出改革建议,在不过度依赖国内生产总值或收入指标的情况下评估生活质量,强调生活方式质量评估的多层面性质。除了通过 GDP 或收入等指标反映物质生活水平(收入、消费、财富等)之外,重要的是要解决健康、教育、工作满意度等其他主观看法,以及政治参与、社会治理、社会互动、人际关系、生活和生态环境等因素,以及经济和心理安全,这些都不是国内生产总值或收入指标所能反映的。因此,有必要改进现有的与健康、教育、个人行为和环境条件相关的评估指标,同时提出有说服力的、反映社会包容性、政治参与、安全性和生活满意度的新指标,特别是从主观和客观两个角度综合评估生活质量,评估实际进展和效果。

概念上的借鉴。生活质量是"社会民生改善"或"提高生活水平"概念的延伸和扩展。这是一个开放的概念,随着社会变革和更新的视角而不断演变。国际主流观点认为,创造品质生活是改善社会生活指标的延伸和扩大我的存在和更高的生活水平。它包括物质因素和社会客观体验,包括心理健康、心理和社会等非物质因素。它包含了来自社会不同阶层的个人对其生活质量的主观看法,如幸福感、成就感、满足感、安全感和归属感。同时,创造品质生活的理念和内容也不是一成不变的。相反,它们是开放的,会不断变化,特别是随着时间的推移和视角的演变。随着时间的推移,个人和不同社会阶层对生活质量的理解和解释不断加深。与仅仅强调社会客观经验不同,国际视角现在越来越重视个人的主观感受。这些主观评价包括"民生三感"、平等的教育机会、可用的休闲时间、经济适用房、工作满意度、平衡职业和家庭等主观感受。与以往强调物质财富不同,国际上对高质量生活的评价不再主要依赖于物质产品或服务的积累。相反，他们关注的是个人自由、职业和家庭平衡、充足的休闲时间、包容性的经济和社会发展、成长机会和共同成就、环境保护、社会公平正义、社会关怀和互助以及民间社会发展等因素。换言之，经济增长、收入增加和就业并不直接等同于生活质量的提高。高质量的生活主要源于与心理健康、心理和社会相关的非物质财富，而不仅仅是物质财富。社会对生活质量的客观看法并不等同于个人的主观看法，当前的满意度并不能保证未来的满意度。满足于目前的生活质量状态并不一定意味着对未来环境持乐观态度。例如，在德国进行的关于生活质量主观感知的权威公共调查显示，大多数受访者表示，如果下一代的生活环境和生态环境得到有效保护，公共债务减少，即使物质财富的缓慢进步也是可以接受的。此外，可支配时间的概念（"时间富裕"或"时间主权"）在生活质量评估中越来越多地被提及。在评估生活质量的有效性时，它与非物质财富一起成了一个重要的维度。时间富裕的评估指标包括"考虑到家庭责任的实际和预期工作时间""由于育儿责任而减少的工作时间"和"通勤时间"一些意见甚至主张将时间富足与物质财富和非物质财富平等地作为判断和把握高品质生活的"三大维度"。

  指标上的借鉴。围绕创造高品质生活的主题与公众进行对话至关重要，通过多渠道听取公众意见，建立一个包括主观评价和客观评价的指标体系。它还涉及建立一个关于生活质量的定期信息发布和政策解释系统。国际主流观点认为，建立一个全面、直观的评价指标体系，反映创造优质生活的有效性，具有重要意义。要做到这一点，应认真考虑公众对自己的经验、兴趣和建议的意见，并丰富和改进现有的民生统计指标。同时，它需要建立定期发布信息和解释政策的机制，以迅速准确地回应公众的主要关切。这种方法使公众能够通过可比较、可分析和可感知的详细数据，切实感知创造优质生活的有效性和进展。通过优先考虑公众的体验和需求，有助于加强政府在创造优质生活方面的责任感。在2015年4月至10月，德国实施的

中国式现代化的高品质生活研究

"德国美好生活"战略倡议框架内,德国政府组织了200多场公众参与活动,主题是"生活品质——民众最重要的感受",这些活动促进了包括政府官员与参与讨论的公众之间的密切互动,以讨论与创造优质生活有关的主题。

评价上的借鉴。从评价上的启示来看,创造高品质生活成效评价应尽可能地与公众直接协商。主观感知,如生活满意度,只能根据个人来判断,而政府倡导的生活质量概念往往无法与公众的感受产生强烈共鸣。从国际主流观点来看,创造品质生活的核心要素在于从确保个人获得更大的成就感、幸福感和安全感的角度来理解其意义。此外,它还包括对创造品质生活的进展和效果的评估。在这方面,个人的主观感受、第一手经验和兴趣至关重要。特别是在现阶段,个人对自身生活条件的满意度,对个人生活目标的坚定追求,以及对幸福感、成就感、满意度和安全感的主观评价,具有重要意义。此外,创造高质量的生活更多的是个人在身体健康、心理健康、心理和社会满意度方面的福祉,而不仅仅是物质和非物质的富足。在评估社会公平正义、城市宜居性、公共服务提供、生活环境和条件,特别是深刻影响个人情绪和生活质量的方面时,与社会客观看法或统计数字相比,公众的主观看法、个人经历和既得利益更具重要意义。例如,德国在努力建立一种评估生活质量的机制时,强调了主观感受的重要性,如满足感、幸福感和安全感,而主观感受只能由个人自己决定。因此,对创造品质生活的有效性的评估也应尽可能依赖于直接获得公众意见。从这个意义上说,公众对创造品质生活的主观看法和意识水平是评估政府在这方面努力的试金石。

第六章

山西创造高品质生活的实践及路径

第六章 山西创造高品质生活的实践及路径

第一节 山西创造高品质生活取得可喜进展

山西省委、省政府认真学习贯彻习近平总书记关于高品质生活的重要论述，高度重视创造高品质生活。省委书记唐登杰强调，坚持以人民为中心的发展思想，促进高质量充分就业，切实办好人民满意的教育，完善多层次社会保障体系，提升医疗服务水平，加强普惠性、基础性、兜底性民生建设，巩固拓展脱贫攻坚成果，持续提升城乡居民收入，扎实推进共同富裕，努力让人民群众的获得感成色更足、幸福感更可持续、安全感更有保障。省长金湘军强调，坚持保障基本和多元供给相结合，着力满足人民群众对美好生活的向往，多措并举促进就业增收，切实提升医疗服务水平，全面做好社会保障工作，不断丰富群众精神文化生活。山西坚持以创造高品质生活为引领，围绕广大人民群众最关心最直接最现实的利益问题，不断加大民生和社会事业投入，民生支出占财政支出比例持续保持在80%以上。千方百计促进就业和居民增收，多层次、广覆盖、可持续的公共服务体系加快构建，发展成果更充分、更公平、更实在地惠及广大人民群众，城乡居民生活质量和获得感、幸福感、安全感显著提升。

民生福祉持续提升。 2023年，山西省城镇新增就业48.93万人，转移农村劳动力32.97万人。城乡居民人均可支配收入分别达到41327元、17677元。保障农民工工资支付工作连续6年在国家考核中获评A级。县级综合医院全部达到二甲水平，住院异地就医直接结算率达到87%，排全国第 5 位。执行集采药品 786 种，排全国第 1 位。获批全国唯一的健康乡村建设试点省。不动产"房证同交""地证同交""带押过户"常态化开展。高速公路限速值调整得到社会好评。举办第十六届省运会，项目设置、参赛人数均为历届之最，全省运动健儿在杭州亚运会上勇创佳绩。有效应对海河流域历史罕见极端强降雨，97 个县（市、区）启动防汛应急响应，紧急转移避险 4.93 万人；果断处置低温雨雪冰冻造成的垣曲县停电险情，守护了父老乡亲的生命财产安全。省政府承诺的 12 件民生实事和 17 项民生政策提标扩面全部兑现，人民群众获得感、幸福感、安全感进一步增强。

拓展城乡发展空间。2023 年，全省城乡融合提速提质，基础设施一体化布局推进，城乡居民住房条件显著改善。路网密度和人均道路面积大幅提高。编制完成了省市县三级国土空间规划。全面落实中部城市群高质量发展 64 项年度重点任务，推动中部五市 100 项高频事项跨市通办，医保服务实现一体化。城市体检工作实现设区城市全覆盖，开工改造老旧小区 1948 个，完成城镇排水管网雨污分流改造 1112 公里，新增城市绿地 840.8 万平方米、"口袋公园" 278 个、绿廊绿道 295.7 公里。长治、晋城在国家海绵城市建设年度绩效评价中获评 A 档。新申报泽州县等 3 个国家乡村振兴示范县，新创建曲沃县等 4 个国家农业现代化示范区，19 个乡镇被认定为国家农业产业强镇。阳城县皇城村、宁武县宁化村、永和县乾坤湾乡等 6 村 3 镇入选全国乡村旅游重点村镇。芮城县庄上村被授予首个"中国零碳村镇示范村"称号。村级集体经济进一步发展壮大。持续巩固拓展脱贫攻坚成果，脱贫人口人均纯收入达 14339 元，与全省农民收入差距进一步缩小。推进乡村振兴，通过加强农业发展、改善农民生产生活条件、推进乡村旅游等方式，努力实现城乡发展的协调和一体化。在粮食生产方面，连续多年实现了丰收。粮食生产再创新高。粮食播种面积 4741.4 万亩，总产量 147.8 亿公斤，平均亩产 311.75 公斤，总产、单产均创历史新高。肉蛋奶总产量 428.2 万吨，水果、蔬菜产量分别达到 1093.2 万吨、

1065.9万吨。粮食和重要农产品生产稳定、供给充足,人民群众的米袋子、菜篮子、果盘子更加丰富。

生态环境明显改善。2023年,国家下达的约束性指标任务全部完成。PM2.5平均浓度下降至37微克/立方米,改善幅度排全国第2位。地表水国考断面优良水体比例达到93.6%。连续两年在党中央、国务院污染防治攻坚战成效考核中评为优秀。营造林456.7万亩,人工造林规模连续3年排全国第1位。30余种植物、17种鸟类有了新分布新纪录,华北豹数量全国最多。断流近30年的晋祠泉实现出流。交城县等3个县入选中国最美县域,偏关县老牛湾村等8个村入选中国美丽休闲乡村。三晋大地天蓝水绿、空气清新,环境更宜人。坚持山水林田湖草沙系统治理,全面做好治水兴水、治林兴林大文章,持续加强"两山七河五湖"生态修复。突出水土保持,扎实推进吕梁山山水工程建设,实施历史遗留废弃矿山示范工程,持续推进采煤沉陷区综合治理。农村人居环境持续改善,乱搭乱建、乱堆乱放、乱扔乱倒垃圾"六乱"现象得到有效整治。安全生产形势稳定好转,各类事故起数和死亡人数保持"双下降"。安全生产形势稳定好转,亿元地区生产总值生产安全事故死亡率持续下降,煤炭百万吨死亡率创历史最好水平,各类事故起数和死亡人数逐年保持"双下降"。法治山西、平安山西建设不断深化,扫黑除恶专项斗争保持严打高压态势,群众安全感和满意度明显上升。

加大公共服务力度,人民幸福指数提升。2023年,全省财政支出近八成用于民生。公益性零工市场实现县县全覆盖。新建改扩建100所公办幼儿园,新建改造500所寄宿制学校。加快健康山西建设,人均基本公共卫生服务经费标准达到89元,职工医保门诊共济保障改革平稳推进,太原市中心医院获批国家区域医疗中心,基层中医馆建设实现全覆盖。公共文化设施全部实现免费或优惠开放。全民阅读活动深入开展。推动新就业形态劳动者、灵活就业人员社保精准扩面,进一步提高城乡居民基本养老保险基础养老金最低标准,城乡居民基本医保人均财政补助增加到640元。加强低收入人口常态化救助帮扶。超额完成保交楼年度任务。全力加强各行业领域安全生产工作,全省安全生产形势总体稳定向好。加强和改进信访工作,严厉打击各领域违法犯罪活动,高水平平安山西加快建设。健全社会保障体系。深入推进全民参保计划,落实企业职工基本养老保险全国统筹制度,推动企业年金发展,开展个人养老金试点。全面实施职工医保普通门诊统筹,推进长期护理保险试点。全面推行工伤、失业保险省级统筹。规范社保基金管理。做好社会救助工作,及时有效缓解结构性物价上涨给部分困难群众带来的影响,健全老年人、残疾人、孤儿、农村留守儿童关爱服务体系,强化未成年人保护。发展慈善事业。提升退役军人服务保障水平。

提升有质量的供给。加强标准引领、质量支撑、品牌塑造,培育更多"山西精品",促进三次产业高质量发展。2023年,深入实施农业"特""优"战略,统筹抓好农林牧渔业发展,第一产业增加值增长5%左右。在确保安全生产的前提下,依法合规释放煤炭先进产能,全力稳定煤炭产量。精准调度帮扶装备制造、钢铁、建材、废弃资源综合利用等非煤工业。规上工业增加值增长4%左右,制造业增加值增长12%左右。构建房地产发展新模式,支持发展装配式建筑和绿色建筑,建筑业增加值增长5%左右。大力发展养老、托育、家政等生活性服务业,加快发展现代物流、现代金融、科技服务等生产性服务业,服务业增加值增长6%左右。

激发有潜能的消费。落实国家恢复扩大消费系列政策,提振新能源汽车、家电、电子产品等大宗消费,加大甲醇汽车推广应用力度,支持刚性和改善性住房需求,推动大规模设备更新和消费品以旧换新。实施晋菜晋味提升行动,开展"老字号嘉年华"等活动,推进住宿餐饮提质升级。积极发展数字消费、绿色消费、健康消费等新型消费,大力培育智能家居、文娱旅游、体育赛事、国货"潮品"等新消费增长点。加快培育城市多层级消费中心,建设"星级一刻钟便民生活圈",发展夜经济,提升烟火气。完善县域商业流通体系,新建改造一批乡镇商贸中心、集贸市场、农村新型便民商店,推进农村电商和寄递物流贯通发展,提升特优农产品流通销售组织化程度。

繁荣社会主义文化事业。培育和践行社会主义核心价值观,抓好三晋优秀传统文化创造性转化、创新性发展,繁荣文化艺术创作,推出一批文艺精品力作。推进新型智库建设。持续推进"五个一批"群众文化惠民工程,擦亮20项省级群众文化服务活动品牌。实施文化产业数字化战略,加快山西文化大数据体系建设,促进公共数字文化发展。提升文化遗产和文物保护传承利用水平,实施好早期中华文明重大考古项目,加强"云冈学"建设,积极发展文博、文创、文旅产业,让优秀传统文化在新时代不断焕发新的生命力。文化体育生活日益丰富。市县乡村四级公共文化体育设施网络更加健全。文艺精品创作持续繁荣,文化精品不断涌现。群众文化活动丰富多彩,免费送戏下乡一万场圆满完成,群众文化系列活动惠及群众2000余万人次。青铜博物馆、晋商博物馆等建成开馆,公共图书馆、文化馆、美术馆全部免费开放。文艺精品创作持续繁荣,舞剧《吕梁英雄传》、民族歌剧《三把锁》、晋剧《起凤街》、上党梆子《太行娘亲》、鼓乐《保卫娘子关》等文化精品不断涌现。

集中精力办好民生实事。2023年,实施农村寄递物流服务全覆盖提质工程,在原有补贴基础上,对电商平台销往县域外的农副产品给予每件1元的物流费用补贴,让农产品有个好销路、农民有个好收成;实施城镇社区幸福养老提速工程,让老年人能够享受"家门口的幸福养老";城区小学生"放心午餐"实现全覆盖,让学生开心家长安心;残疾儿童抢救性康复救助范围由0—6岁扩面到0—15岁,为残疾儿童照亮康复之路;免费送戏下乡演出1万场以上,将丰富的精神食粮送到老百姓家门口;在人流密集公共场所配置1000台自动体外除颤器,为紧急医疗救护争取"黄金时间";实施既有住宅自愿加装电梯提速工程,让更多居民享受出行便利;每个县建设1所80—150个托位的示范性公办综合托育机构,着力破解"养"的难题、提升"育"的质量;推动人口20万以上的县特殊教育全覆盖,让特殊学子得到更多关爱与滋养;实施扶残助学圆梦工程,帮助更多残疾或残疾家庭大学生圆上大学梦;提高城乡低保家庭高龄老年人生活补贴,让高龄老人安享晚年,享受美好生活;推动公益性零工市场县县全覆盖,让零工等活不再"站马路",让就业服务更加有温度。

第二节　新征程山西创造高品质生活面临的机遇

"十四五"时期是全面建设社会主义现代化国家开局起步的关键时期,是山西推动高质量发展关键时期,全省经济稳中向好、长期向好的基本趋势没有改变,高品质生活建设仍处在大有可为的重要战略机遇期。

一是经济迈向更高层次高质量发展阶段,为高品质生活建设奠定了更加坚实的物质基础。"十四五"时期,山西经济社会正全面迈向高质量高速度发展新阶段,随着转型发展在夯基垒台、架梁立柱的基础上进一步集中发力,经济发展韧性不断增强,公共财政向民生领域投入力度将持续加大,支撑城乡居民生活品质改善的物质基础更加巩固,能更好地为全社会提供便捷、高效、优质的服务,不断提升人民群众的获得感、幸福感、安全感。"十四五"期间,全省60岁以上人口总数将超过700万。满足这700万人口的需求,无疑是个潜力巨大的市场和产业,"银发经济"的快速发展必将为养老服务、康养保健、旅游观光、文化娱乐等相关产业提供广阔的空间。

二是国家重大战略效应叠加,为高品质生活建设创造了更加有利的政策条件。"十四五"时期,全省主动融入京津冀协同发展,"东进"对接长三角一体化发展,"南下"携手粤港澳大湾区建设。融入京津冀协同发展是山西在实现高品质生活建设过程中迈出的一大步。通过加强与京津冀地区的合作,促进了产业的发展,优化了资源的配置,为山西省提供了更多优质的就业机会和更好的公共服务。积极推进与长三角地区的协同发展，实现"东进"战略的对接。深入接触和合作长三角地区，通过与长三角地区的合作，开拓更多的市场，吸引更多的投资，提升自身的发展水平。积极地参与粤港澳大湾区的建设。粤港澳大湾区是国家重大战略，提高区域的竞争力和影响力。引导和扶持产业向高端、绿色、创新方向发展，加大对科技创新的支持力度，提高产品和服务的质量。同时，进一步改善基础设施建设，提高医疗、教育等公共服务水平，为人民创造更好的生活环境。加大对人才的引进和培养力度，提供更多的发展机会和职业发展通道，吸引更多的优秀人才来到山西省发展。

三是民生社会事业基础奠定，需求稳定。近年来，为了更好地满足人民群众的需求，山西省将财政收入的80%用于民生领域。这一举措的实施使得城乡居民的可支配收入大幅提升，同时也大力推动了幼儿园和学校的建设。在教育领域，山西高等教育进行了调整和优化，以建设一流大学、扩大教育覆盖面为目标，为人们提供更优质的教育资源和机会。养老和医疗保险体系不断完善。政府加大了医疗卫生改革的力度，积极推进建设医疗中心，提高了医疗卫生服务的水平。在文化领域，山西省的文化部门取得了快速发展的成就，多项工作获得了国家级的奖项。襄汾陶寺等5处考古遗址入选世纪百大考古发现，武乡县入选全国红色旅游融合发展试点单位。第二届青年运动会的成功举办为广大青年提供了展示自我才华和交流互动的平台，同时也促进了城乡社区治理的完善。山西还致力于打击黑恶势力，成功开展了扫黑除恶专项斗争，进一步维护了社会的稳定和安全。另外，为了保障人民群众的生命财产安全，山西省连续三年开展了安全生产行动，取得了显著的成效，有效提高了全省的安全生产水平。

四是历史文化底蕴深厚，文化强省建设基础扎实。山西作为中华文明的重要发祥地之一，历史文化底蕴深厚，文物遗迹遍布全省，其中尧舜德孝、关公忠义、能吏廉政、晋商诚信等已经成为中华优秀传统文化的重要组成部分，建设文化强省具有得天独厚的优势。山西古遗址众多，旧石器时代、新石器时代、两周时期均有遗存，基本上构建了中华早期文明的考古序列。历代文明文化生生不息、薪火相传、熠熠生辉，不仅丰富了中华文明传承的三晋文脉，而且也为党史、新中国史、改革开放史、社会主义发展史、中华民族发展史提供了现实佐证。2020年5月，习近平总书记考察调研云冈石窟时指出，历史文化遗产是不可再生、不可替代的宝贵资源，要始终把保护放在第一位。2022年1月，习近平总书记考察调研平遥古城时指出，要敬畏历史、敬畏文化、敬畏生态，全面保护好历史文化遗产，统筹好旅游发展、特色经营、古城保护，筑牢文物安全底线，守护好前人留给我们的宝贵财富。2023年5月，习近平总书记考察调研运城博物馆时强调，博物馆有很多宝贵文物甚至"国宝"，它们实证了我国百万年的人类史、一万年的文化史、五千多年的文明史，要深入实施中华文明探源工程，把中国文明历史研究引向深入。要认真贯彻落实党中央关于坚持保护第一、加强管理、挖掘价值、有效利用、让文物活起来的工作要求，全面提升文物保护利用和文化遗产保护传承水平。山西省现有全国重点文物保护单位531处，排名全国第一，其中古建筑420处，占到79%，排名全国第一；对外开放221处，排名全国第一；全省11个设区市中8个市全国重点文物保护单位平均拥有量超过60处；全省117个县（市、区）中101个分布有全国重点文物保护单位。弘扬优秀传统文化和红色文化，大力推动文化创新，促进文化繁荣发展，形成与经济社会发展相适应的文化优势，努力实现由文化旅游大省向文化强省的跨越。

第三节 明确基本目标

按照省委到2030年基本完成资源型经济转型任务,到2035年与全国同步基本实现社会主义现代化的要求,高标准民生保障制度全面建立,高技能支撑增收机制基本形成,高水平公共服务平台建设有序推进,高素养居民文明水平显著提升,高质量城乡宜居环境人人享有,全方位立体化公共安全网基本形成,人的全面发展水平显著提升,初步建成民生安全有保障、居民增收可持续、公共服务更便捷、精神文化更充实、城乡环境更宜居的高品质生活先行示范区。

——高标准民生保障制度全面建立。基本民生安全网切实织密扎牢,基本公共服务制度体系健全完善,更高水平的公共安全体系全面建成,重点人群保障更加精准,人民群众的基本生存和发展需求得到满足,高品质生活建设的基础条件持续巩固。到2025年,国家基本公共服务标准在全省各市县的落实率动态保持在100%,基层儿童主任培训率达到100%,残疾人"两项补贴"覆盖率达到95%,基本医疗保险参保率稳定在95%以上。

——高技能富民增收机制基本形成。技能强省建设取得重大成果,从业人员持证率大于50%,全社会劳动力持证率大于25%。知识技能型就业培训体系和全民终身学习教育体系基本建立,就业形势总体稳定,城镇调查失业率控制在5.5%以内。居民收入与经济同步增长,居民人均可支配收入年均增速高于8%。中等收入群体规模持续扩大、比例达到全国平均水平（40%），城乡收入比降至2.3倍以下，持续低于全国平均水平，全省向共同富裕迈出新步伐。

——高水平公共服务平台建设有序推进。公共服务向高品质和多样化升级，付费可享有、价格可承受、质量有保障、安全有监管的普惠型服务覆盖城乡，建设一批具有国内领先地位和国际影响力的高端优质服务项目。支持本地高校建设一流大学，探索引进1所世界一流大学在晋建设分校或校区。国家区域医疗中心、全国婴幼儿照护服务示范城市、全国养老服务示范和智慧健康养老应用试点示范等创建工作取得新进展，全省三级医院数量达到60家，每千人口拥有执业（助理）医师3.8人，每千人口拥有3岁以下婴幼儿托位数达到4个，养老机构护理型床位占比达到55%，医疗服务覆盖率达到100%。

——高素养居民文明水平显著提升。社会主义核心价值观深入人心，民族文化自信更加坚定，爱国主义、集体主义、社会主义思想和历史文化、红色文化广泛弘扬，文化软实力显著增强，全社会文明程度达到新高度。以公共文化、全民健身、旅游休闲等为载体，城乡居民精神文化生活不断丰富。文体旅产业深入融合发展，为群众美好生活提供更高层次、更为多彩的实现途径。山西居民文明素养、文体素质、出游频度均居于全国前列，省级文明城市占比明显提高，全民综合阅读率和国民体质总体达标率均达到95%。

——高质量城乡宜居环境人人享有。全省城乡环境质量、生态本底、居住条件得到较大改善，特色风貌充分彰显，居民生活方式绿色低碳化，城市更新、老旧小区改造加快推进，农村路水电气及卫生等设施基本完善，建成一批智慧城市和智慧社区、美丽宜居乡村。城乡居民人均居住面积达到40平方米，城市建成区绿化覆盖率达到42%，地级及以上城市空气质量优良天数比例完成国家考核目标，全省农村户用卫生厕所普及率达到85%。力争到2035年，基本公共服务标准超过国家标准要求，全面建成文化强省、教育强省、全周期健康高地和国际知名文化旅游目的地，老年友好、儿童友好社区覆盖城乡，平安山西、美丽山西建设达到更高水平，民生事业达到或超过全国平均水平。

第四节 实施"五大行动"

山西省在研究制定"十四五"高品质生活专题规划时提出了"五大行动",包括居民收入赶超行动、基本民生补网行动、公共服务升级行动、精神文化点亮行动、城乡环境宜居行动。

一、居民收入赶超行动

把促进全体人民共同富裕摆在更加重要的位置,进一步突出居民增收作为创造高品质生活的基础性保障地位,深入实施技能富民战略,持续强化技能提升与高质量就业创业相互促进,切实提高劳动报酬在初次分配中的比重,不断完善按要素分配制度和再分配机制,努力构建高质量转型发展成效与城乡居民收入增长之间有机联动和动态衔接转化机制,千方百计促进居民增收提档、收入水平进位,扎扎实实缩小居民收入与全国平均水平的差距。

(一)建设人人持证技能社会

按照扩面、调结构、提档次要求,深入推进"人人持证、技能社会"全民技能提升工程,加快构建"全劳动周期、全工种门类"职业技能培训体系,为高质量转型发展提供人才保证和动力源泉。到"十四五"末,从业人员持证率达到50%以上,中高级持证技能人才达到80%,全社会劳动力持证率达到25%以上。

实施以企业为重点的技能提升工程。鼓励企业制定职工培训计划,高质量组织实施岗前培训、在岗培训、脱产培训,灵活采取岗位练兵、技能竞赛、在线学习等形式,促进职工技能水平稳步提升。支持企业针对市场需求度较高的职业工种,大力培养紧缺人才和中高级职业技能人才,培育具有行业知名度的高技能领军人才。鼓励企业独资、合资、合作举办职业教育,兴办多种类型的"企业大学",支持企业使用培训补贴收入进行实训设施设备升级改造。发挥行业领袖、头部企业的积极作用,打造依托产业链的技能提升链,帮助中小微企业职工参与高水平的职业技能培训。以化工、矿山等高危行业领域企业为重点,加强职业安全技能培训。引导企业建立与技能等级、实际技能水平相挂钩的薪酬制度,拓宽技能人才职业上升通道。加快提高技能劳动者占就业人员总量的比例,提升高技能劳动者占技能劳动者的比例。加快技能评价制度改革,支持企业自主开展技能人才评价。深入推进"人人持证、技能社会"基础性战略工程,持续打造"天镇保姆""吕梁山护工""晋城棋源叉车工""忻州保德好司机"等知名劳务品牌,积极培育大数据分析师、软件工程师、算法工程师等中高端技能人才品牌,不断探索山西特色技能人才新品牌,积极与"京津冀""长三角""粤港澳大湾区"开展劳务协作,巩固本省市场、占领东南市场、拓展海外市场,不断提升国内竞争力和国际知名度。

推动产教融合发展迈入全国先进行列。聚焦新一代信息技术、高端装备和智能制造、新能源、新材料等重要产业和养老、托育、家政、大健康等民生领域,加快培育产教融合型企业。主动融入新发展格局,引导职业教育资源适度集中集聚,实施产教融合型城市建设计划,支持太原、大同、晋中、长治等城市开展省级产教融合城市试点,积累融合发展新模式、蓄积融合发展新动能。建立健全校企"双元"协同育人机制,不断探索校企合作、工学结合的新方式新路径,推行现代学徒制,实现学位与岗位有效衔接、无缝对接。探索建立以企业为主导、职业院校为平台、产业新技术应用和新技能培育为关键支撑的产教融合创新机制,促进教育链与产业链有机衔接,打造职业院校与行业企业深度融合的命运共同体,加快塑造山西产教融合品牌优势和区域竞争力。紧扣城乡区域发展空间布局,在综改区和特色产业集聚区谋划布局建设生物基新材料产业、信创产业、半导体、智能制造、通航产业等10个左右功能要素齐全的、省级大型产教融合实训基地及重大平台载体和30个市县级共享型实训基地。

实施技能提升一揽子支持政策。全面加强对全省适龄劳动力的普惠性技能培训,调高培训补贴标准,扩大培训覆盖面,促进就业能力和收入水平提升。统筹各级各类培训资源,积极开展菜单式、订单式和项目制培训,加快形成政府主导、产业融合、校企合作的职业技能培训模式。优化职业技能竞赛体系,增强职业技能竞赛的示范引领作用,积极参与构建激励机制。探索推进职业院校股份制改革、混合所有制改革,允许资本、技术、管理等要素依法参与办学并享有相应权利。实施"1+X"制度试点,高水平建设一批先进制造业、现代服务业实训基地。实行专兼职教师制度,放权职业院校自主招聘企业技能人才任教。深化职业技能培训工作"放管服效"改革,推进职业技能培训与评价有机衔接,完善技能人才职业资格评价、职业技能等级认定、专项职业能力考核等多元化评价方式。积极推进职业技能培训资源共建共享,大力推广"工学一体化""职业培训包""电子培训券"等新方式,鼓励线上线下相结合开展职业教育培训,提高全民技能提升工程的社会参与度。

(二)放大就业创业增收效应

坚持把稳就业放在经济社会发展的突出位置,全面强化就业优先政策,完善公共就业服务体系,积极促进以创业带动就业,实现更加充分、更高质量就业。

千方百计稳定和扩大就业。把稳就业保就业作为高品质生活建设的基础性工程,深入实施就业优先战略,综合发挥失业保险、公共就业创业服务、就业托底保障功能，建立公共就业服务网点，促进更加充分更高质量就业。加大援企稳岗力度，拓宽高校毕业生就业领域，丰富就业形式，开发更多高质量就业岗位。提高农村转移劳动力组织化就业程度，引导进城务工、返乡创业、就近就业。做好退役军人、4050人员、零就业家庭人员、长期失业人员等群体的就业服务和保障，实施实名制动态管理和分类帮扶。推进传统就业服务向现代人力资源服务升级，增强职业供求和薪酬信息、职业生涯指导、教育培训实训、政策咨询及办理等服务综合集成、一站式管理、订单式提供的能力。应用物联网、大数据、云计算、空间地理信息集成等新一代信息技术手段，打造开放、合作、互联、分享的就业服务流程，建立统一的智慧服务标准，实现不同行业、不同人群、不同企业的智慧服务互联，全方位提供智力、金融、渠道等服务，形成满足不同需求的就业生态圈和服务链。

以高水平创业带动高质量就业。全面落实创新创业扶持政策，加快推进网上审批，深化商事制度改革，进一步降低市场准入门槛和制度性交易成本，催生更多吸纳就业的新市场主体。加强创业政策与财政、税收、金融、产业等政策协调衔接，推动创业培训补贴、税费减免、创业担保贷款、创业奖励、场地安排等政策落地，形成创业带动就业的综合支持体系。加强创业载体建设，做强做优创业孵化平台，促进创新创业平台服务升级，积极拓展新经济、新业态就业空间，多渠道支持灵活就业。

放大新兴产业扩就业促增收效应。积极创新数字经济、智能经济、生物经济和绿色经济等新就业形态，营造灵活宽松、包容审慎的监管环境。前瞻布局新一代信息技术、生物医药、高端装备等新兴产业，吸引带动高素质人才就业创业，提升全社会财富创造和居民增收能力。新兴产业的发展具有广阔的前景和巨大的潜力，包括人工智能、生物技术、清洁能源、大数据、云计算等，这些产业具备创新性、高附加值和市场竞争力等特点，有望成为未来经济增长的引擎。通过发展这些新兴产业，不仅可以提供更多的就业机会，还可以培养高技能劳动力，推动人力资源的优化配置。新兴产业往往与传统产业相互渗透和融合，促进了传统产业的升级和转型。随着新兴技术的应用，传统产业可以实现智能化、自动化和数字化，提高生产效率和质量。这种产业升级不仅可以增加现有企业的就业机会，还可以刺激新的创业和创新，带动新的就业增长。新兴产业通常以技术密集和创新驱动为特点，具备较高的附加值和利润率。通过发展这些产业，可以创造更多高端职位和高薪就业机会，提升人们的收入水平。同时，新兴产业的快速发展还会带动相关产业链的升级和扩展，形成良性循环，推动整体经济高质量发展。为了实现新兴产业扩就业促增收效应，要加快制定和实施促进新兴产业发展的政策，包括减税减费、提供创业支持和培训等。同时，加大对研发和创新的投入，培育创新企业和科技园区，提供更好的创新环境和支持。支持企业增加研发投入，提高技术水平和创新能力，不断开拓市场和扩大生产规模。此外，加强产学研合作，培养高技能劳动力，提供有竞争力的待遇和福利，留住人才。

（三）拓宽居民要素收入渠道

完善按要素分配政策制度，健全生产要素由市场评价贡献、按贡献决定报酬的机制，多措并举拓展居民收入渠道，千方百计提高低收入群体收入，努力扩大中等收入群体。

健全创新要素参与分配机制。建立健全以实际贡献为评价标准的科技创新创业人才薪酬制度，鼓励企事业单位实行高层次和高技能人才协议工资、项目工资等激励方式，建立健全特殊津贴制度。鼓励科研院所、高等学校科技人才创业，允许到企业从事研究开发、成果转化活动并取得合法收入。完善有利于科技成果转移转化的处置权和分配权政策，探索建立科技成果作价入股、有偿转让、岗位分红权激励等多种分配办法，争取开展赋予科研人员职务科技成果所有权或长期使用权试点。允许和鼓励品牌、创意等要素参与收入分配。选择一批高等院校和科研机构开展试点，探索建立职务科技成果赋权管理制度和转化收益分配机制，采取转化前赋予职务科技成果所有权（先赋权后转化）或转化后奖励现金、股权（先转化后奖励）等不同激励方式，使科研人员收入与对成果转化的实际贡献相匹配，进一步激发科研人员创新积极性，形成技术要素参与分配的可复制、可推广的经验做法。

增加城乡居民财产性收入。首先，促进农村经济发展。农村经济的发展是增加农民财产性收入的基础。政府加大对农村经济的支持力度，推动农村产业结构升级和多元化发展。通过发展农副产品加工业、现代农业和乡村旅游等产业，提高农民的生产能力和附加值，增加他们的财产性收入。其次，提供创业支持和培训。为城乡居民提供创业支持和培训是增加其财产性收入的重要手段。建立创业扶持政策，包括提供创业筹资、减免税费、提供技术咨询等支持措施，鼓励和支持城乡居民积极创业。同时，提供相关的创业培训和指导，提高创业者的管理和经营能力，增加他们的收入水平。第三，促进就业机会和职业培训。增加就业机会是提高城乡居民财产性收入的重要途径。政府可以推动经济结构的调整，引导资源向有潜力的产业和地区倾斜，创造更多就业机会。同时，加强职业培训和技能提升，提高就业者的劳动力素质和竞争力，使他们能够获得更高的薪资和收入。四是发展农村金融和社会保障。加强农村金融体系建设，提供金融服务和支持，有助于增加农民的财产性收入。推动农村信用社和农村合作金融机构的发展，提供农村居民贷款、保险和其他金融产品，满足他们的资金需求和风险保障。同时，建立和完善农村社会保障体系，包括农村养老保险、医疗保险和失业保险等，为农民提供基本的社会保障，并减轻财产性收入的风险。五是加强土地确权和流转。加强土地确权和流转改革，有助于提高农民的土地收益和财产性收入。政府可以加强土地承包经营权的确权工作，明确农民的土地权益和权属，保护农民的土地财产权。同时，推动土地流转市场的发展，促进土地资源的优化配置，吸引更多的资金和技术进入农村，增加农民的土地收益和财产性收入。

创造条件让农民拥有更多要素收入。深化农村集体产权制度改革，加快农村集体经营性建设用地入市，探索农村宅基地制度改革试点，提高农民在土地增值收益中的分配比例。推广农村承包土地的经营权抵押贷款业务，结合宅基地"三权分置"改革试点，稳慎探索农民住房财产权抵押贷款业务，扩大农村集体经营性建设用地贷款范围，有效释放农村土地要素的金融杠杆潜能，推动农村"资产"向"资金"转变。积极发展农村集体经济，采取依法公开拍卖、租赁、承包经营、股份合作等多种方式，盘活村集体闲置或低效使用的集体资产。加大政策支持和金融产品创新力度，让更多的农民通过股票、基金、债券、保险等获得股息、利息、分红，实现农民收入多元化。

实施中等收入群体规模倍增计划。完善中等收入群体后备军发展的政策体系，增加人力资本投资，释放技能人才、研究人员、微型企业家和高素质农民的收入增长潜力。吸引高素质人才和毕业生在本地就业创业，以改善中等收入家庭的压力，并优化中等收入者在社会结构中的地位。完善人才流动体系和就业制度，促进平等的发展机会，加强法律法规对收入分配的规范，建立高效的财产信息系统，并保护合法收入。注重建设人才流动体系，提供更多的就业机会和创业平台。积极创造良好的创业环境和政策支持，为有创业意向的毕业生和人才提供资金支持、场地租赁、税收减免等优惠政策，并建立创新创业孵化基地和科技企业孵化器，为创业者提供更多的资源和支持。完善就业制度，为毕业生和中等收入人群提供更多就业机会。加大对企业的支持力度，鼓励企业增加招聘规模，特别是对技术工人和高技能人才的需求更加紧迫。推广职业技能培训和职业教育，提升劳动者的就业竞争力和适应能力，为他们创造更多就业机会。加强对就业歧视行为和不公平竞争的打击力度，建立举报机制，保护劳动者的合法权益。鼓励企业实行公平竞争原则，提高招聘和评价的透明度，确保每个人都能够公平、公正地获得发展机会。加强对收入分配的监管，推行税收改革，降低税负，尤其是对于中等收入家庭。通过调整税收政策和加大收入调节的力度，确保中等收入者能够获得合理的收入水平，减轻其经济负担，并提高生活品质。通过建立完善的财产登记制度和信息公开机制，加强对财产的登记和监管，防止财产非法流失和侵权行为，保护公民和企业的合法权益。加强对非法财产的打击力度，打击贪污腐败和经济犯罪行为，维护社会的经济秩序和公正。

推动实现更加充分更高质量就业。进一步完善各项就业政策措施，以提高就业质量和就业制度的完善程度。首先，建立健全就业检查制度，对企业实施动态监测和评估，及时发现和解决职工就业问题。建立激励机制，对积极创造就业机会、不断提升就业质量的企业和个人给予适当的奖励和优惠政策，从而更好地推动高质量就业的实现。此外，鼓励创业是激发就业活力、促进社会经济发展的有效手段之一。加强对创业者的扶持和保障，通过提供资金支持、政策指导、市场开拓等一系列措施，降低创业门槛，激发人们投身于创业创新的热情。关注灵活就业群体，建立灵活就业保障机制，确保他们的权益得到有效保障，提高灵活就业形态的稳定性和可持续性。加强对新就业形态的管理与监管，维护新就业形态从业人员的权益。为保障新就业形态从业人员权益，建立健全相关法律法规和制度机制。制定明确的职业保护法规，规定新就业形态从业人员的权益保障措施，包括工资支付、社会保险、劳动关系协调等方面，确保合法权益得到有效维护。提供全面的就业服务，包括职业培训、人力资源咨询、就业创业指导等，以满足不同群体的就业需求。加强对各类就业补贴的整合和管理，确保资源的合理配置。重点关注一些特殊群体的就业问题，包括青年人、残疾人、农民工等，在就业过程中可能面临特殊的困难和挑战，为这些重点群体提供更多的就业机会和就业支持，融入就业市场。

实施居民收入十年倍增计划。经济发展是一个国家或地区最重要的目标之一,而实现经济发展的核心要点之一是提高居民的收入水平。为此,制定并落实居民收入十年倍增计划,成为促进经济增长和改善工资水平的重要手段。同时,完善最低工资标准,确保工资与经济增长和平均工资增长之间建立起有效的联动机制,从而实现普遍增长的目标。推动工资水平的提升,除了依靠经济增长,还需建立公正合理的工资分配机制。根据岗位和个人业绩来确定工资水平,使薪酬更加与个人能力和贡献相匹配。在股权激励和员工持股计划方面,鼓励上市公司提高现金分红比例,激发公司员工的积极性和创造力,促进企业的长期稳定发展,增加员工的收入来源。推进乡村旅游富农计划,通过发展旅游业,提供更多农民就业和创业的机会。推行百万屋顶光伏项目,利用农村地区的资源,发展太阳能发电,创造收入来源。

完善创新要素参与分配机制。科技创新是推动社会进步和经济发展的重要力量。为了进一步促进科技成果的转化和分享收益,加快赋予研究机构和科学家更多的自主权,使其更加积极主动地参与科技成果的市场化过程,为社会创造更大的效益。首先,加速科技成果的市场化,完善无形资产市场和科技成果的定价机制。无形资产市场指的是通过买卖专利、著作权、商标等知识产权来实现价值转移的市场。进一步改善交易流程、标准规范。其次,加强数据要素市场的培育。通过建立数据要素市场,科研机构和科学家可以更加便捷地获取到所需要的数据资源,从而更好地推动科技创新。同时,数据的开放和共享也能够为不同领域的创新合作提供更广阔的空间。此外,知识产权保护和科技金融的发展也是支持科技创新的重要环节。知识产权保护为创新者提供了合法权益的保障,鼓励他们投入更多精力和资源进行创新。通过建立健全知识产权保护制度,可以提高创新者的创新积极性,推动科技成果的转化。同时,科技金融的发展也能为科研机构和科学家提供更多的资金支持,帮助他们将科研成果迅速转化为实际应用,推动社会经济的可持续发展。

创新和完善财政政策和体制框架。提高预算绩效管理和中长期规划能力，优化财政支出结构，增加民生投资。加强对财政资金的管理和使用，确保资金投入能够产生最大的效益，并对重点领域和民生项目进行适当的增加投资。加强省级金融体系和财政调控。建立与生态产品质量和价值挂钩的财政奖励机制，以激励和支持生态环境的保护和改善。改革县级发展考核和奖励机制，建立科学合理的考核评价体系，将经济发展与社会进步、环境保护、质量提升等因素相结合，推动全面可持续发展。加强省级土地出让收入的协调机制，合理分配土地出让收入。此外，建立资金直达机制，确保投入的资金能够直接用于需要发展的领域，提高资源的利用效率。

（四）促进城乡居民共同富裕

把共同富裕作为新发展阶段践行人民至上的主攻方向，坚持按劳分配为主体、多种分配方式并存，灵活运用三次分配制度优化财富分配格局，力争到"十四五"末，城乡居民人均可支配收入达到或高于全国平均水平。

缩小城乡收入差距。大力实施乡村振兴战略，健全城乡融合发展体制机制，探索在政府引导下工商资本与村集体的合作共赢模式。培育发展新型农业经营主体，提升职业农民技能水平，统筹提高农业效益和农民收入。加强对农民生产生活的公共财力保障，保持农村居民收入增速快于城镇居民的良好势头，进一步缩小城乡收入差距。促进农村经济发展，加强农村经济的发展是缩小城乡收入差距的基础。政府可以投入更多资源，加大对农村基础设施建设、农业现代化、农村产业发展的支持力度，提高农民的生产能力和收入水平。提高农民工收入水平，通过加强劳动法律法规的执行，保护农民工的权益，提高劳动报酬水平。同时，加强农民工培训，提高其职业技能和就业竞争力，为他们提供更多的就业机会，改善他们的收入状况。加大教育投入和改善农村教育条件，提供良好的教育条件是缩小城乡收入差距的重要途径。加大对农村教育的投入，改善农村学校的基础设施和教育资源，提高农村学生的接受教育质量，提升他们的学历和知识水平,增强其就业竞争力。发展农村金融和社会保障,推动农村金融机构的建设和发展,提供农村居民的金融服务,包括贷款、储蓄、保险等,帮助农民解决资金需求。同时,建立健全农村社会保障体系,包括养老保险、医疗保险、失业保险等,提供基本的社会保障。改革土地制度和流转机制,加强土地承包经营权的确权和保护,鼓励农民将闲置土地流转出去,吸引更多的投资和技术进入农村,提高农民的土地收益。同时,加强农村土地市场的规范化建设,提高土地流转的效率和透明度。推动城乡一体化发展,推动城乡产业结构的协调发展,提供优质的公共服务,包括医疗、教育、文化等,提高农村居民的生活质量和福利水平。

努力把专业镇打造成为转型发展的重要引擎。专业镇是集群经济的基本形式,培育专业镇是做强县域特色的产业、促进市场主体倍增、带动就业、增加收入的重要抓手。山西省专业镇主要分布在乡镇和农村,大多是劳动密集型产业,带动就业增收能力较强。省级专业镇为吸纳和带动当地农民工、城镇劳动者、高校毕业生等人员就业发挥了积极的作用。要以产业振兴带动乡村振兴,形成一批主导产业突出、品牌优势明显的产业强镇、经济强村。

健全再分配调节机制。加快健全以税收、社会保障、转移支付为主要手段的再分配调节机制,提高调节力度和精准性。在省级管理权限内,研究调整收入分配的税收政策。完善社会保险、社会救助和社会福利制度。发挥第三次分配作用,大力发展社会慈善事业,落实公益性捐赠税收优惠等激励扶持政策,开创全社会参与慈善新局面。重视发挥慈善事业在第三次分配中的独特作用,落实和强化慈善事业在税收、土地、金融、教育、政府购买服务等方面的激励政策,促进慈善信用和慈善信托发展,广泛动员社会公众和企业参与慈善活动,为慈善事业捐赠资金、物资和提供志愿服务,创造互联网慈善健康发展的良好政策环境,为人人参与、随时参与慈善提供更具便捷性和公信力的渠道。

二、基本民生补网行动

按照"办好发展安全两件大事"的要求,把安全发展贯穿到高品质生活建设的各领域和全过程,着力夯实基本公共服务的制度基础,切实兜住重点人群保障的底线,有力维护安全稳定的社会环境,为高品质生活建设筑牢最基础、最基本、最坚实的安全屏障。

(一)健全基本公共服务制度

坚持和完善统筹城乡的民生保障制度,注重加强普惠性、基础性、兜底性民生建设,力争在更高水平上实现幼有所育、学有所教、劳有所得、病有所医、老有所养、住有所居、弱有所扶。

推动基本公共服务标准化建设。围绕幼有所育、学有所教、劳有所得、病有所医、老有所养、住有所居、弱有所扶、优军服务保障、文体服务保障等重点领域,制定与国家标准相衔接、与先行示范省份标准适度对标、公共财力可承受的基本公共服务标准。指导各市、县切实贯彻国家和省级标准,探索增加地方特色标准化项目,建立本地基本公共服务标准的正常调整机制。细化各行业领域标准规范,推动建立服务指南、行为规范、质量承诺、服务记录追溯、服务绩效评价等制度。探索制定基层基本公共服务设施设置、人员配备和资源配置的标准规范,增强"最后一公里""最后一百米"服务能力。2025年底前,全省65岁及以上老年人城乡社区规范健康管理率要达到65%以上,中医药健康管理率要达到75%以上,老年健康服务能力显著提升。2025年底前,每个县(市、区)有一所以上具有医养结合功能的县级供养服务机构,全省创建一批医养结合示范项目。

促进城乡基本公共服务均等化。全面统筹城乡基本公共服务制度体系,缩小城乡基本公共服务水平差距,力争到2025年实现县域内临时救助、公共卫生、居民社保补贴等基本公共服务项目标准城乡同标。织牢公共卫生防护网，着力构建优质均衡的基本公共教育服务体系，构建"防、控、治、研、学、产"为一体的公共卫生防疫体系。全面实施全民参保计划，在非公经济组织、新型就业群体和灵活就业人员中开展参保扩面行动，基本实现法定人群全覆盖。拓宽城镇优质公共服务资源向农村地区延伸渠道，推广县医院直管乡镇卫生院、城镇公立学校直管乡镇中心小学等模式。大力推进农村社区服务体系建设，提高乡镇级综合服务平台覆盖率，搭建适应农村和山区特点的基层服务平台，提供一站式、一门式服务。建立边远山区流动服务的常态化机制，设立流动教学点、流动卫生室等机构，开展送教上门、巡诊等服务。出台农村地区引进法律服务专业人才和志愿者的优惠政策，重点加强农村地区公共法律服务建设。通过对口援助、远程视频服务等形式，推动城市优质法律服务资源向农村辐射。实施免费法律咨询和特殊群体法律援助惠民工程。

构建基本公共服务保障制度体系。 建立清单项目及标准的动态调整机制，增强基本公共服务清单的法律效力，构建规划、财政、金融等政策协调和工作协同机制。优化各级支出责任划分，进一步明确地方各级政府基本公共服务支出的分担比例，促进支出责任与财力相匹配。强化省级财政对市县的转移支付作用，探索推进"省直管县""乡财县管"，促进公共服务资源向基层延伸、向农村覆盖、向边远地区和生活困难群众倾斜。推进"人、地、钱"挂钩机制建设，将更多转移人口和新市民纳入城镇基本公共服务体系。加快实施全民参保计划，推动社会保障由制度全覆盖实现人群全覆盖。通过政府购买服务、公建民营、民办公助等方式，鼓励社会力量参与基本公共服务供给。

实施学前教育优质普惠工程。 以大县城和新增人口集中地区为重点，扩大普惠性学前教育资源。推进学前教育普及普惠发展，大力发展公办园，积极扶持普惠性民办幼儿园。推动义务教育从基本均衡向优质均衡迈进，坚持就近就便服从就优，统筹优化城乡学校布局，加快中学向县城集聚、小学向乡镇以上集中。实施省级职业院校"双高"建设计划,深化产教融合,推动校企共生。完善特殊教育和继续教育体制机制。支持和规范民办教育发展。加大全省县域普惠园生均事业费、教师队伍配置和办园条件标准化的支持力度,保障普惠园的可持续发展能力和水平。义务教育提标扩面工程。加强义务教育学校标准化建设,特别是乡村小规模学校和乡镇寄宿制学校建设,推动义务教育均衡发展。普通高中提升发展工程。加强教育基础薄弱县普通高中建设和中等职业学校建设,推动普及高中阶段教育。全面实施普通高中新课程建设,全力支持30所普通高中先行示范建设。

公共卫生服务体系建设工程。完善省市县三级重大疫情防控7大能力和3大体系建设,建成省疾控中心和P3实验室,织牢国家公共卫生防护网。加快推进省人民医院和省儿童医院等2个国家级重大疫情救治基地、20个左右省市级公共卫生应急救治和省地方病防治项目建设。医疗卫生机构高质量发展工程。支持山大一院、山大二院等大型综合医院多院区建设。实施50个左右县级医院提标扩能项目。完善全生命周期健康保障体系。支持2个省级、5个市级妇幼保健项目以及省职业病医院迁建项目。中医药服务能力提升工程。打造省市级中医院优势专科、国家中医疫病防治基地、中医药创新中心及名医传承中心。

(二)筑实重点人群保障网底

深入开展脱贫攻坚巩固提升行动,建立健全分层分类的救助制度体系,积极应对人口老龄化,保障妇女儿童权益,健全残疾人权益保障制度,完善对特殊人群的兜底保障。

实现巩固拓展脱贫攻坚成果同乡村振兴有效衔接。建立农村低收入人口和欠发达地区帮扶机制,保持帮扶政策总体稳定,严格落实"四个不摘"要求,健全防止返贫监测和帮扶机制,早发现、早干预、早帮扶,守住不发生规模性返贫的底线。聚焦全生命周期巩固拓展脱贫攻坚成果,兴产业、抓培训、强教育,统筹开发扶贫和保障性兜底,健全农村社会保障和救助制度。接续推动脱贫地区发展和群众生活改善。做好易地扶贫搬迁后续帮扶工作，多渠道促进就业，强化社会治理促进社会融入。加强扶贫项目资产监管，切实发挥资产效益，保障群众增收。在易地扶贫搬迁安置区加强基本公共服务设施建设，让搬迁群众就近享有义务教育、基本医疗卫生、政策咨询、便民业务办理等服务。着力发展后续产业，依托公共就业服务机构、人力资源服务机构、企业等主体，为搬迁群众提供兜底性、公益性、普惠型、定制式等多层次就业服务，加强搬迁群众技能和创业培训，提升持证就业比例，实现"稳得住、有就业、逐步能致富"。

统筹儿童福利和保护制度。优化儿童福利机构布局和功能，建设区域性儿童福利机构，综合集成养育、医疗、康复、教育、社会工作等功能，面向贫困家庭残疾儿童提供延伸服务。建立孤儿、事实无人抚养儿童基本生活保障标准的动态增长机制，适度提高儿童福利水平。做实做强未成年人救助保护平台，扩大市县未保机构覆盖面，增强留守儿童、困境儿童关爱保护能力，打造具有山西特色的儿童福利示范区。到2025年，全省全部乡镇（街道）均配有专兼职儿童督导员，全部村（社区）均配有专兼职儿童主任。新任职儿童督导员和儿童主任一年内培训率达到100%，全体儿童督导员和儿童主任5年内培训率达到100%。全省全部县均建有未成年人保护综合指导和平台，每个县至少培育、孵化或引进1家具有专业水平的儿童类社会组织。

提升助残服务能力。建立健全残疾人"两项补贴"标准动态调整机制，适度扩大补贴覆盖范围，加强与最低生活保障、长期护理保险及相关社会福利制度的衔接。支持有条件的市县实行残疾人基本养老和基本医疗保险代缴补助政策，逐步实现代缴补助政策扩面。将基本康复服务和基本辅具适配服务扩大到各类有需求的残疾人，支持康复服务机构提供照料、护理、康复一体化服务，鼓励机构服务向社区延伸，引导社区康复服务资源向家庭下沉。加强精神卫生福利服务设施建设，打造社区康复阵地。提高基本康复服务和基本辅具适配服务覆盖率,逐步覆盖全体有需要的残疾人。全省各市均建有专业康复服务机构和康复辅助器具体验中心,承担基本公共服务或政府购买服务功能。加强残疾儿童康复救助制度建设,支持有条件的市县将救助范围扩大至全年龄段儿童。健全省市县三级精神卫生专业机构,提高对抑郁、焦虑、老年痴呆、孤独症等心理行为问题和常见精神障碍的筛查识别、处置能力,为特殊困难等精神障碍人群提供集中养护和专业康复服务。

强化家庭发展支持。将家庭能力培育融入社会建设全过程、民生发展各领域,支持家庭提升自我服务、贡献社会的能力。加大对低保、低收入、支出型等特殊困难家庭的帮扶力度,促进城乡零就业家庭、残疾人家庭至少一人就业。加强家庭、家教、家风建设,促进形成终身学习、奋发向上、勤俭节约、环境友好、文明和谐的家庭氛围。积极利用"互联网+"等信息化智能化手段,开设家庭课堂、母婴课堂、护理课堂,为有育幼、养老、扶残等需要的家庭提供科学指导。通过政府购买服务等方式,支持为长期照料儿童、老年人、残疾人的家庭成员提供"喘息服务"。提升法定节假日落实的强制性,探索带薪休假落地实施机制,确保家庭获得更多的休养生息、休闲娱乐时间。

(三)营造安全和谐社会环境

全面贯彻落实总体国家安全观,优化基层社会治理体系,加强本质安全能力和应急体系建设,构建源头防控、排查梳理、纠纷化解、应急处置的社会矛盾综合治理机制,完善以信息化、大数据为支撑的立体化社会治安防控体系,打造共建共治共享的社会治理格局。

切实保障人民生命安全。坚决守住当好"护城河"拱卫首都安全的底线,坚决守住不发生重特大安全生产事故的底线,坚决守住不发生暴恐事件、个人极端事件和重大群体性事件的底线,不断夯实治晋、兴晋、强晋安全稳定基石。坚持人民至上、生命至上,完善和落实安全生产责任制,加强本质安全能力建设。扎实开展安全生产常态化监管执法和专项整治，提升危险作业自动化控制水平，有效遏制危险化学品、矿山、建筑施工、交通等重特大安全事故。健全应急管理体制机制，以防为主、防抗救相结合，强化责任落实，健全指挥体系，优化会商研判、协同响应、协调联动、监督考核等机制，推进防汛抗旱、森林草原防火、地震地质灾害防治等骨干设施高质量建设。做实省、市、县、乡四级应急物资装备储备，加强各类专业化应急救援基地和队伍建设定期开展应急演练，全面增强应急管理能力，最大限度减轻各类灾害和突发事件造成的生命财产损失。提升生物安全保障水平，确保医疗卫生、食品药品等事关人民健康的产品和服务质量安全。

打造全天候的社会治安防控网络。建立健全风险研判、防控协同、防范化解机制，统筹做好各领域风险的动态摸排、预警预防、处置善后等各项工作。坚持专群结合、群防群治，加强社会治安和反恐情报信息工作，提高公共区域视频监控系统覆盖密度和应用质量，实时监控重点地区、重点场所和敏感部位，实现社会公共安全保障的关口前移。以网格化管理、社会化服务为方向，推动社会治安防控力量下沉。坚决防范和打击严重危害人民群众生命财产安全的刑事犯罪案件、恶性极端事件和暴力恐怖活动，严打黑恶势力、新型网络犯罪、金融犯罪和非法集资犯罪。搭建现实社会与虚拟空间有效衔接的防控网络，筑牢网络安全防线，确保线上线下普遍安全。

构建社会矛盾综合治理新机制。坚持和发展新时代"枫桥经验"，营造共建共治共享格局。健全重大舆情和突发事件舆论引导机制。发挥人大、政协、人民团体、社会组织和大众传媒的社会利益表达功能，引导群众积极有效、依法理性地表达诉求和主张权益。将群众利益贯彻到科学民主依法决策全过程，在制定决策前、决策执行中及实施完成后的各个环节引入群众权益评估机制，从源头上减少和化解社会矛盾风险点。完善信访化解、人民调解、行政调解、司法调解、社会调解联动工作体系，健全司法体制和法律援助制度，推进维权维稳综合协调机制建设。健全社会心理服务体系和危机干预机制。

三、公共服务升级行动

以优质公共服务为主体，以高端生活服务为支撑，面向高品质和多样化需求，积极引进国内外领先的机构、人才和模式，辐射带动全域生活品质显著提升，打造具有山西特色的国家级和区域性民生服务高地。

（一）引进国内外优质资源落地

全面实施准入前国民待遇加负面清单管理制度，破除"铁门""玻璃门"和"弹簧门"的障碍，持续加大公共服务重点领域对外开放，促使高端优质公共服务进得来、留得住。

吸引知名机构落户山西。加强与国内外知名公共服务运营商的战略合作，通过设立分支、合资合作、委托代理、连锁经营等形式，引进落地一批国际教育、健康、养老、育幼、家政、文化旅游、人力资源机构，提升全省公共服务的影响力和竞争力。建设国际幼儿园、国际托育中心和早教基地，与国外具有百年以上历史的中学名校合作建设世界级高级中学，争取引进1所具有世界一流水准的境外高水平大学设立分校或校区，吸引全球领先的世界一流水准的境外高水平大学设立分校或校区，吸引全球领先的医疗、康复、护理、医养结合、健康管理等机构来晋投资。逐步放宽外资持股比例限制，适度发展外商独资的培训机构、专科诊所、人力资源服务中心、养老和康复机构、文艺经纪公司和旅行社，探索推进家政服务业全方位对外开放。创新民生服务国际合作方式，发展跨国远程教育、远程医疗、远程体验等高品质线上服务。

引进国内外领军人才和团队。瞄准高精度、前沿技术领域的创新创业人才，实施"万名高贤入晋"行动。要全面提升人才公共服务水平，加快省级人才公寓建设,打造山西人才服务品牌。鼓励发展高端人才猎头等专业化服务机构,建立人才服务平台,任命人才服务专员,为高层次人才提供个性化服务。依托国际猎头、人力资源外包服务供应商,支持省内教育机构、医疗机构、康复护理机构、文旅休闲机构招商引智,重点引进经营经验丰富的高级管理人才、专业水准一流的高技能人才、本土化创新能力强的研发人才及人才团队。加大"柔性用才、项目引才"力度,推行人才"候鸟式"聘任、"双休日"专家、互联网咨询等灵活用才方式,打造高品质生活建设运营管理人才队伍。

借鉴推广国内外先进模式。借鉴国外高水大学有益经验,开展本科生导师制、讨论式教学等试点。普遍引入"双元制"职业教育模式,加快培养"双师型"教师队伍。因地制宜推广国际K12阶段的教育教学方式,鼓励本地中小学校开发学生全球领导力培养体系,开设项目式学习、机器人等素质教育课程,增设冰雪运动等体育课程,发展营地教育和研学服务。推动建立教育学历证书与职业资格证书互认机制,为终身学习拓宽教育上升通道。建设集高水平医疗服务、精准化医疗和公共卫生检测、专业化教育培训、前沿医学科研、多层次医疗保障、全周期健康管理、国际学术交流与合作为一体的综合医院和重点专科医院,实施世界一流的医联体管理规范。以临汾市纳入疾病诊断相关分组付费(DRG)国家试点、阳泉市纳入区域点数法总额预算和按病种分值付费(DIP)试点为契机,在部分市县开展医保支付方式改革,提高支付方式标准化、规范化程度,增强支付方式改革与医疗服务协同性。优化政府与社会资本合作机制,灵活采取转让—运营—移交(TOT)、改建—运营—移交(ROT)、租赁—运营—移交(LOT)、购买—建设—运营(BBO)等方式发展养老托育、康复护理等机构。

(二)打造区域性民生服务高地

围绕重点领域和重大事项顶层设计,弥平优质社会资源配置失衡的短板,打造城乡统筹和改革创新的先导区,建成"富民强省"的样板和高地。

全力推动教育高质量发展。做强做优理工科大学，办名办好综合性大学。指导独立学院转设为独立设置的普通高校，推动有条件的本科高校向应用型转变，积极开展本科层次职业教育试点。实施本科教育振兴行动计划，贯通跨专业、跨学科、跨院系、跨学校的交叉培养和联合培养路径，打造高水平人才培养基地。组织实施国家级和省级"产教融合研究生联合培养基地"建设计划，完善产教融合的专业学位研究生和科教融合的学术学位研究生培养体系。深化高校科技体制改革，建立基础前沿和创新应用双导向的科研评价机制，大力发展前沿交叉学科和新兴学科，加快部署一批、转型一批、提升一批急需专业。鼓励引导高校参与区域创新体系建设，与企业、科研院所合作建立创新平台。深入实施新一轮高校哲学社会科学繁荣计划，加强研究成果对高品质生活建设的指导性和应用性。

重点建设100个左右国家一流专业。持续支持物理学、化学工程与技术等10个左右具有冲击国家"双一流"建设的领先学科，不断进步，创造学科高峰。重点建设半导体、碳基新材料等30个左右特色学科集群新材料，体现学校特色，突出比较优势，满足高质量转型发展需求。推动学科集群与产业链、人才链、创新链深度融合。重点建设量子光学、煤科学与技术等2—3个在国内外具有重大影响力的前瞻性、战略性前沿科学中心。优先建设和支持约15个国家部委重点实验室，集中资源开展科学研究和协同创新，解决科学前沿问题和产业集群核心关键技术。重点支持约30个省级协同创新中心，这些中心将重点关注制约产业转型升级的关键技术的合作研究和协同创新。

重点建设和支持15个左右国家部委工程研究中心。聚焦山西省产业转型升级中的技术需求，集中资源开展技术集成攻关、产品设计研发和科技成果转化。重点建设半导体、通用航空航天等30个左右旨在加强产业发展战略研究的产业创新研究院，并同步建立以市场需求、行业标准、职业需要为导向的人才培养体系，加快产业专业化人才培养。围绕高校科技成果转移转化,与智创城联动,聚力建设2—3个集制度建设、专设机构、示范项目、平台服务于一体的高校成果转化和技术转移示范基地(园区),优化高校科技成果转化环境。

全力提升公共卫生服务质量。加快同济山西医院等国家区域医疗中心试点建设,推进省级区域医疗中心试点。推进中医药传承创新发展,建设中医药强省。发挥山西中医药资源独特优势,叫响山西药茶省级区域公用品牌,深化中医药强省建设,积极布局现代医药和大健康产业,做强抗生素类化学原料药、幽门螺杆菌疫苗、人源III型胶原蛋白、经典中成药系列等高附加值的医药产品。建设农业农村部农业信息化标准化重点实验室山西工作站,打造"中国蛋白谷示范基地"。支持商业保险机构与区域医疗中心合作,开发针对特需医疗、创新疗法、先进检查检验的保险产品。推动"AI+5G"与医疗健康深度融合,拓展在药物研发、远程会诊、医疗影像、健康管理、消杀配送机器人等细分领域的应用场景。满足人民群众多样化医疗服务需求,夯实巩固人民健康幸福之基。推动中医药传承创新。建立中医药知识库,收集、整理和保存传统的中医药文献和经典著作,以确保传统知识的保存和传承。支持科技研发项目,鼓励学者、科学家和医生们从传统中药的适应病理机制出发,探索新的治疗方法。建立国际中医药交流平台,促进中医药理论和临床经验的交流。高水平临床诊疗中心、高水准医学科研创新与转化平台、高层次的人才培养基地、高水平建设国家区域医疗中心,深化医教研深度融合改革,在提升医学科研能力、打造重点学科、创新运营管理模式等方面寻求突破;加快建设省级区域医疗中心,成体系提高全省公共卫生医疗优质服务水平,满足群众优质医疗服务需求。开展"富碳农业"等离子作物、蔬菜、中药材、绿色种植技术应用推广,提高植物蛋白质、维生素、微量元素营养含量和医疗保健价值。

健全高水平养老服务体系。聚焦"医、养、服、乐",推动养老事业和养老产业协同发展,构建居家社区机构相协调、医养康养相结合的养老服务体系。深入开展全国养老服务示范和智慧健康养老应用试点示范创建工作，争当落实国家积极应对人口老龄化战略的排头兵。发展普惠型养老服务和城乡互助性养老，完善养老、孝老、敬老的政策体系和社会环境。促进医养深度融合发展，为老年人提供患病期治疗、康复期护理、稳定期生活照料以及安宁疗护一体化的健康养老服务。扩大长期护理保险试点覆盖范围，制定基本照护服务标准，发展个性化、定制式商业护理保险，建立多层次长期照护保障制度。进一步放开山西养老服务市场，培育集团化、连锁化养老服务机构和组织，打造高品质养老社区，塑造全国知名的养老服务品牌。加强老年人权益保障，完善家庭支持体系，建设老年友好型社会。积极开发老龄人力资源，发展银发经济。社区养老服务"1251"工程，培育10个规范化、标准化、连锁化社区养老服务品牌，建成200个市场化、规模化、标准化社区养老示范机构，打造50个养老示范社区，发展100个社区养老服务组织，全面推动山西省养老服务市场化、专业化、社会化发展。

打造婴幼儿照护服务先行区。在全国率先构建起"家庭为主、托育补充，政策引导、普惠优先，安全健康、科学规范"的3岁以下婴幼儿照护服务供给体系，支持有条件的市创建全国婴幼儿照护服务示范城市，实现从"幼有所育"向"幼有善育"的跃升。支持幼儿园依托现有场地设施开设托班，通过改建、扩建增加托位供给。鼓励用人单位采取单独或联合举办等形式，在工作场所或就近为职工提供福利性婴幼儿照护服务。通过政府投资、财政补助、场地便利、租金减免等方式，引导社会力量发展普惠托育服务，支持城乡社区提供婴幼儿照护指导服务。全面落实产假、哺乳假等政策，抓紧研究地方立法权范围内的育儿假、陪产假等政策，增强生育政策包容性，加强出生缺陷综合防治，提高优生优育服务水平。支持建设一批示范性、综合性托育服务机构，建设一批嵌入式、分布式、连锁化、专业化的社区托育服务设施，加快形成基本覆盖显性需求的社区托育服务网，提供全日托、半日托、计时托、临时托等多样化的普惠托育服务。

（三）优化跨地域资源要素配置

鼓励支持社会力量兴办社会事业和产业，创新公共服务资源配置方式，增加供给的针对性、便捷性和有效性，推动非基本公共服务市场化、多元化和优质化。

推动服务设施均衡布局。在山西中部城市群布局具有国家级水准的教育培训、全周期健康、医养结合、文化创意等优质服务资源和国际化高端资源。扎实推进县城公共服务、生活服务设施能力补短板，满足县域内日益增长、日趋多样化的美好生活需要。加强基层资源和能力配备，构筑15分钟公共服务圈和便捷生活圈，让城乡居民就近享有普惠型服务。搭建高品质生活智慧共享云平台的基层站点，探索在线服务、线上线下融合服务、智慧化智能化服务新模式，向边远山区和农村地区延伸优质服务。

引导服务人才合理流动。灵活采取对口支援、基层锻炼、挂职服务、多点执业、多点执教以及医联体、医共体、合作办学、委托运营等方式，开辟民生服务重点领域人才跨区域、跨层级、跨机构流动新渠道，建立待遇认定、职务任命、职称评聘等激励机制，让城乡基层和边远山区具备一定的优质服务能力。鼓励省属高职院校、产教融合试点单位、社会教育培训机构，采取集中教学、在线讲授、现场实训、岗位练兵、模拟竞赛等形式，帮助农村公共服务、生活服务人员提高专业技能水平。

组建跨区域服务联合体。推动各级公立医院高质量发展，为人民提供全方位全周期健康服务。支持各市之间、市域内各县区之间、市属机构与县区机构之间深度合作，组建跨市域、跨县域的公共服务和生活服务集团。推行国家区域医疗中心建设模式，探索由省内高水平医院跨市托管医疗机构，合作提高医疗技术和服务水平。支持省市知名高中、中小学校跨地区建设分校和校区，牵头组建教育集团，带动薄弱学校提升教学质量。依托城企联动普惠养老、支持社会力量发展普惠托育等专项行动，引导有实力的机构或组织跨地区建设社区养老托育骨干网，形成标准化、连锁化的高品质服务链。

提高民生资源配置效率。充分发挥市场配置资源的决定性作用，畅通与生活品质密切相关的土地、劳动力、资本、技术、数据等要素流动，保障不同市场主体平等获取生产要素，实现效率最大化和效益最优化。健全要素市场运行机制，完善宏观调节与监管机制，引导各类要素协同向高端、优质领域集聚，促进品牌化、国际化水平提升。在养老托育、文化体育、旅游休闲、社区服务、城市更新、环境治理等领域，加快培育新型生产要素，强化资源整合和价值提升。根据不同要素属性、市场化程度差异和居民美好生活需要，分类完善要素市场化配置体制机制，推进事业产业融合发展。

（四）培育品质生活消费新模式

将消费品质升级作为加速融入新发展格局的重要驱动力，围绕线上消费、智能消费、绿色消费、体验式消费、健康消费、高端消费等重点领域精准发力，不断增加高品质的产品和服务供给，建立健全供给与需求相互促进、投资与消费良性互动的长效机制。

完善品质消费设施。主动适应高品质生活的消费升级需求，发展中高端业态，高标准打造大型商圈和大型商业综合体，推进便民消费商圈建设，提升商业街、步行街、特色小镇、服务业集聚区、旅游景区等消费载体的功能品质。加强城市物流集散、农村流通设施建设，进一步衔接畅通农产品进城和工业品下乡的城乡双向流通渠道，提高物流配送效率。加快建设新型消费基础设施，推动5G网络、物联网广覆盖。

丰富品质消费业态。支持实体商业发展线上业务，推动在线业务向线下拓展，促进线上与线下融合消费。加快发展夜间经济、假日经济、周末经济、城郊经济、小店经济，拓宽居民消费渠道。积极培育跨境电商、服务外包、直播零售、网上教育、远程诊疗等新业态，发展无人配送、无接触消费新模式，促进智慧消费应用于新零售业态。

优化品质消费环境。积极培育区域消费中心城市，建成一批具有引领示范作用的消费城市。加强产品质量监管，确保产品符合相关标准和规定。建立健全监督机制，加强对市场流通的产品质量抽检和监测，严厉打击假冒伪劣产品的生产和销售行为。加强消费者权益保护的法律法规和机制建设，确保消费者的合法权益得到有效保护。通过设立消费者咨询热线、投诉举报平台等渠道，提供便利的消费者服务，并加大对不良商家和欺诈行为的处罚力度，维护消费者的权益。加强信息公开和透明度，提供准确、清晰、完整的产品信息，包括产品的生产工艺、成分、安全性等，让消费者能够做出明智的购买决策。同时，加强对虚假宣传和不实广告的打击，维护消费者的知情权。加强市场建设，提供舒适、安全、便捷的购物场所和交通条件。提升服务水平，加强售后服务和消费者投诉处理，提高品质消费的满意度和信任度。鼓励和支持质量品牌的建设。加强对品牌的知识产权保护，鼓励企业提高产品质量和品牌声誉，推动品牌建设和品牌效应。通过品牌的认证和评价。

四、精神文化点亮行动

以社会主义核心价值观为引领，着力提高全社会文明程度，提升居民文明素养，打造一批地域特色鲜明、群众喜闻乐见的文化精品，持续扩大全民健身和文旅休闲频度，让三晋儿女拥有更加充实、更具正能量的精神文化生活，用璀璨文化之光点亮高品质生活之路。全力提升基本公共文化服务水平，建设省美术馆、省非遗数字博物馆、省文化馆新馆和多个富有山西特色的标志性专题博物馆，推动城乡公共文化服务均等化、一体化、体系化，丰富高品质文化供给。

（一）提高社会文明程度

坚持不懈开展社会主义核心价值观宣传教育，用中国梦和社会主义核心价值观凝聚共识、汇聚力量，全面提升城乡居民整体素质和文化生活质量。

增强核心价值观引领。坚持以社会主义核心价值观引领文化建设，着力推动习近平新时代中国特色社会主义思想主题教育持续向纵深发展，融入高品质生活建设各领域各环节。广泛开展党史、新中国史、改革开放史、社会主义发展史宣传教育，开展社会主义核心价值观建设示范创建和新时代文明实践中心建设。推动优秀传统文化创造性转化，创新型发展，继承革命文化，发展社会主义先进文化，不忘本来，吸收外来，面向未来。结合群众生产生活实际，用"身边变化"讲"理论魅力"，用"邻里家常"唠"理政新篇"。加强党政群齐抓共管机制，改进学校思想政治教育机制。依托全媒体融媒体，建强用好"学习强国"山西学习平台，把培养和建立社会主义核心价值观，作为凝魂聚气、强基固本的基础工程，全面开展宣传教育，为人民提供精神指导，营造凝心聚力、积极向上的社会氛围。

擦亮崇德向善文明品牌。深入挖掘尧舜孝德、关公忠义、能吏廉政、晋商诚信等优秀传统文化，弘扬太行精神、吕梁精神、右玉精神，持续培育文明乡风、良好家风、淳朴民风，多维度塑造文明山西新形象。大力弘扬诚信文化，加强诚信宣传教育和引导。提高全社会诚信水平，力争设区市普遍达到社会信用体系建设示范城市的创建水平，加快建设人人贡献、人人享有"诚信山西"。鼓励开展"时间银行"探索实践，规范发展互联网慈善活动，建立志愿者参与志愿服务的保险保障机制，创造人人参与志愿服务的便捷渠道，让"志愿山西"成为高品质生活建设的重要助力。

实施公民道德建设工程。加强精神文明建设，注重以文化人、化风成俗，抓好《新时代公民道德建设实施纲要》《新时代爱国主义教育实施纲要》的贯彻实施。坚持以社会主义核心价值观为引领，以主流价值建构道德规范、强化道德认同、指引道德实践，引导人们明大德、守公德、严私德。深入实施公民道德建设工程，着力加强社会公德、职业道德、家庭美德、个人品德教育，持续开展道德模范、身边好人、最美人物等先进典型评选，扩大"时代新人说""我们的节日"等展示活动受众度和影响力。因地制宜推进文明城市、文明村镇、文明单位、文明家庭、文明校园创建活动，培养文明乡风、良好家风、淳朴民风，促进农民移风易俗，引导家庭、家教、家风建设守正出新。推动将弘扬社会主义核心价值观的要求融入地方性法律法规和政策体系，建立健全市民公约、乡规民约、行业规范、团体章程、学生守则等践行机制，采取更易接受、更广参与的形式开展社会公德、职业道德、家庭美德、个人品德等教育，办好山西道德模范评选等活动，高标准建设新时代文明实践中心，擦亮"志愿山西""诚信山西"品牌。

（二）丰富精神文化生活

坚持为人民服务、为社会主义服务方向，全面繁荣新闻出版、广播影视、文学艺术、哲学社会科学事业，扩大公共文化服务覆盖面，更好满足人民群众基本文化权益和高品质生活需求。

推出更多山西文艺精品。坚持以人民为中心的创作导向，实施文艺作品质量提升工程，开展"深入生活、扎根人民"主题实践活动。用清晰镜头、生动笔触、精品文艺引导群众在高质量发展的主战场建功立业。聚焦弘扬山西优秀传统文化、红色文化、地域特色文化，持续增加思想精深、艺术精湛、制作精良的经典佳作供给，支持富含山西文化元素的文学作品、影视剧舞台剧、综艺节目、网络文艺等创作生产和传播。按照"贴近现实、观照现实"要求，重点加强现实题材创作生产，打造一批挖掘山西文化内涵、反映山西转型新气象、讴歌山西人文精神的文艺精品。发挥"五个一工程奖""杏花奖"激励作用，做优山西艺术节、晋剧艺术节、山西文化产业博览会、平遥国际摄影节等文化品牌。

扩大全民阅读参与度。持续办好"书香三晋·文化山西"全民阅读活动，提高系列主题活动的亲和力、感召力、影响力。深入实施"书香社区""书香机关""书香企业""书香之家"等推荐活动，以典型示范带动阅读走进千家万户。积极组织各类大众评书活动，继续做好"书香漫晋""最受山西人喜爱的十本好书"等工作。依托全省各地图书馆、文化馆、博物馆、新华书店及各类文化设施，举办优秀图书展示展销、名家讲坛讲座、山西优秀特色文化展演等活动。探索数字化阅读传播推广新方式，发展阅读类移动互联网应用，力争全省全民综合阅读率步入全国前列。

推动文化艺术广泛普及。坚持政府主导、社会参与、重心下移、共建共享原则，既要"送"文化、也要"种"文化、更要"兴"文化，让人民群众成为公共文化服务的主体。优化居民文化生活的设施载体，提升博物馆、图书馆、文化馆能级，建设一批顶级影剧院、文化中心、艺术馆等高端文化设施。推进基层文化服务中心建设，构建15分钟文化服务圈。引导各地扩大文化年、音乐季、民俗月、设计周、合唱节等品牌文化活动的群众参与，努力开创"月月有主题、全年都精彩"文化生活新局面。依托美术馆、音乐厅、大剧院、文体中心、创意园等场所，拓展中小学生艺术教育实践基地。发展普惠型文化艺术教育，通过中高等院校艺术院系、专业艺术学校、文艺院团等多主体丰富文艺教育培训形式，指导更多群众建立文化艺术认知、培育文化生活习惯、提升文化品位。实施文化惠民"五个一批"工程，做大做强群众文化活动品牌，丰富城乡居民文化体验，带动文化消费普及和升级。

（三）扩大全民健身参与

统筹推进城乡公共体育基础设施建设，打造惠及全民的公共体育服务体系，让体育成为高品质生活建设的鲜亮名片和重要品牌。

完善体育设施网络。优化全民健身设施布局，充分利用闲置厂房、仓库、老旧商业设施、绿道、绿地、农村"四荒"（荒山、荒沟、荒丘和荒滩）和空闲地等闲置资源，建设体育场馆、健身活动中心、户外多功能球场、健身步道等场地设施。加强汾河自行车健身长廊、社区健身中心、多功能运动场、登山健身步道、拆装式游泳池、乡镇健身广场等设施建设，形成具有山西特色的体育场地设施建设格局。鼓励社会资本参与建设户外运动基地、汽车露营地、徒步骑行驿站等户外运动设施。推动大型公共体育场馆开放利用，增加体育场馆（场地）有效供给。探索建立中小型体育场馆免费、低收费开放补助机制，鼓励各级各类公共体育设施增加免费或低收费开放时间。

拓展全民健身载体。以马拉松、自行车、冰雪、足球等重点运动项目为载体，推动全民健身活动与运动项目相结合，提高全民健身项目普及程度。深入实施以"积极生活""健康生活""家庭体育"为导向的促进政策，将全民健身活动融入人民群众日常生活中，实现城乡居民健身经常化、生活化、个性化、项目化。开发适合不同人群、不同季节、不同地域特点的特色运动项目，推广广场舞、自行车、跑步等具备群众基础、参与范围广泛的全民健身活动。开展社会体育指导员进社区、进乡村服务，经常参加体育锻炼人数比例和国民体质总体达标率全面提升。

强化体育赛事引领。建立部门牵头、赛事牵引、协会组织、政策激励、群众参与的群众性文化活动机制，共同创建高品质的精神文化和健康生活。强化群众体育的健身性、参与性、趣味性，大力发展健步走、骑行、登山、徒步、游泳、球类、棋类、桥牌、健身舞等群众喜闻乐见的运动项目，办好群众基础好、参与度高、覆盖面广的体育赛事活动，打造知名度、参与度"双高"的品牌赛事活动。积极申办和承办国内外高水平体育赛事，精心打造一批具有全国乃至国际影响力的自主品牌赛事。开展马拉松、自行车、攀岩、足球、冰雪等全民健身品牌赛事活动，形成"一市（县）一品""一行（业）一品""一会（协会）一品"的体育赛事局面。

实施老旧公共体育场馆升级改造工程。支持和推进省体育博物馆、省全民健身中心片区以及晋中五龙国际冰雪小镇、长治屯留沙庄机场升级改造和山西体育职业学院迁建工程，带动市县推进体育场馆升级改造，积极提供竞技表演和全民健身服务，更好地满足人民群众多元健身需求。休闲运动产业新业态建设工程。积极推进体育商业综合体（市区）、体育产业园（近郊区）和运动休闲特色小镇（远郊区）三大业态规划建设。鼓励支持体育健身休闲运动产业新业态发展，以航空、冰雪、水上、高尔夫、户外骑行等项目为主，扶持建设一批体育健身休闲运动产业集群，推进航空飞行营地建设、运动休闲特色小镇建设。加快推进全民健身与全民健康深度融合发展，促进体育与文旅、通航、康养、园林等融合发展。体育健身休闲运动消费促进工程。积极培育马拉松、冰雪、山地、水上、航空、汽摩、极限等具有消费特征的时尚休闲运动项目，持续扩大全民健身影响力和知名度，构建"一县一品"的全民健身品牌赛事格局。不断丰富体育文化产品，积极开展具有全民健身特色的体育影视、体育音乐、体育摄影、体育收藏等展示和评选活动。以太原国际马拉松、环太原国际公路自行车赛、太行国际登山节为龙头，打造一批特色鲜明、具有国际影响力的品牌体育赛事，激发社会热潮，形成"晋赛"品牌效应。鼓励引进国内外高水平体育竞赛，拓展全民健身休闲、娱乐、竞赛、表演等服务产业新空间，丰富体育赛事供给、优化参赛体验、开发赛事衍生产品，有效拉动体育消费。

（四）打造文旅休闲体验

坚持以文塑旅、以旅彰文，倾力打造文化旅游与康养、体育等产业融合发展形态，把文旅产业做深、做精、做名、做优、做活、做大，让更多居民享有高品质的旅游休闲体验。

打造居民文旅休闲大平台。加快推进晋中、忻州2个市级和18个县级全域旅游示范区试点创建，建设太原西山、右玉等省级生态文化旅游示范区，深入实施康养文旅文创集聚区建设工程。积极创建国家文化和旅游消费试点示范城市，争创国家级夜间文旅消费集聚区。推进重点城市历史文化街区、主题文化公园等城市文旅功能区建设，建成一批高品质旅游休闲度假区。围绕"黄河、长城、太行"三大板块，推进长城国家文化公园（山西段）、黄河国家文化公园（山西段）建设，打造高品质太行山旅游，构建长城、黄河文化引产保护廊道和文化旅游带，扎实建设"乐水、尚城、崇山"旅游示范区体系，构建山西宜游空间新格局。

实施黄河国家精品文化旅游带建设工程。集聚形成南太行、中太行、北太行三个特色旅游片区，重点发展黎城中太行山国际旅游度假区（含黄崖洞景区）、太行山大峡谷（群）、晋城沁河古堡群、娘子关、王莽岭、芦芽山、恒山等一批综合开发重点项目，推进世界大河文明山西旅游目的地建设。长城生态文化旅游带建设工程。高水平建设右玉全域生态文化旅游目的地、雁门关景区—新旧广武城、大同得胜堡群景区三大引擎项目，建设世界级文化遗产旅游目的地。全域旅游公路网建设工程。加快发展专业化、安全化、智能化、环保型旅游公路，推进黄河、长城、太行山三条重点旅游公路建设，完善基础设施和服务设施，突出0km里程碑式文化中继站，实现城市景观与景点的无缝连接，使其成为最美丽的风景路、网红打卡路。加快全域旅游公路网建设、乡村旅游与"三个人家"民宿项目建设。围绕乡村旅游的精髓——乡愁，打造乡村旅游产品。坚持标准化、专业化、市场化，创建黄河、长城、太行山区农村民宿示范基地。通过民宿经营和乡村旅游发展，使农民受益并增加收入。建设文化创意产业综合建设项目，实施工艺美术振兴计划，塑造珐华器、推光漆、澄泥砚"山西三宝"品牌。加强特色创意产品设计开发，大力培养工匠和传统工艺传承人，培育壮大文化创意龙头企业、文化创意园区、文化经纪人等市场主体。创新品牌推广营销模式，打造有影响力、有辐射力的晋风晋韵文创产品。推进汾河公园、晋祠、太原古城等重大项目，再现"锦绣太原城"的辉煌景象，建设具有国际影响力的国家区域中心城市。

提升精品线路景区吸引力。做强五台山、云冈石窟、平遥古城世界级旅游IP，优化发展华夏寻根、黄河文明、佛教圣地、晋商家园、边塞风情、关公故里、大美太行、红色文化、古建瑰宝、康养佳地等精品线路，为国内外游客提供个性化的旅游休闲解决方案。大力支持壶口瀑布、晋祠、关帝庙、芦芽山、恒山等创建 5A 级景区，促进龙头景区提质升级。全面提升集散中心、民俗酒店、旅游厕所等建设管理标准，构建便捷、智能、安全、惠民的服务基础设施，结合现代旅游交通网络建设，让广大游客都能享有"快进慢游深体验"的旅游服务。

丰富文体旅融合产品服务。面向多样化高品质需求，支持开发集文化创意、度假休闲、康体养生、商务会展等功能于一体的文化旅游综合体。实施"文化+""旅游+"战略，推动文化、旅游、体育、科技及相关产业融合发展，推出具有深厚文化内涵的实景演出和体验情景剧目，坚持线上线下融合，打造智慧文旅云平台，发展基于 5G、超高清、增强现实（AR）、虚拟现实（VR）、人工智能（AI）等技术的新一代沉浸式体验型文旅消费产品。推进商业步行街、商务会展区、主题文化公园等文旅功能区建设，发展体育游、森林游、冰雪游、自驾游、研学旅游、赛事旅游、通航旅游等新业态。建设一批康养小镇、康养社区、康养度假村，建成全国重要的康养旅游目的地，打响"康养山西、夏养山西"康养品牌，让群众享有世界级康养旅游产品和服务。

五、城乡环境宜居行动

按照住有宜居、智慧生活要求，持续改善居民居住条件，统筹优化城乡规划和环境治理，高起点实施城市更新行动，高标准推进美丽宜居乡村建设，不断为智慧化智能化生活提供新方案，打造全国高品质生活的智慧宜居"样板间"。全力改善环境质量，完成"一泓清水入黄河"工程建设，汾河流域水质全面达到优良，全省地表水国考断面优良比例达 90% 以上，基本消除重污染天气和城市黑臭水体，环境空气质量稳定达到国家二级标准，蓝天白云成为常态。

（一）改善居住生活条件

坚持"房住不炒"基本定位，完善住房市场体系和住房保障体系，提高住房保障能力，完善基础设施和公共服务配套，强化城乡社区的便利化改造，打造适应多元生活需求的高品质配套服务体系。

增加家庭居住面积提升住宅品质。坚持房子是用来住的，不是用来炒的定位，建立稳地价、稳房价、稳预期的长效机制，促进房地产市场平稳健康发展。完善城镇住房保障体系，规范发展公共租赁住房，探索发展政策性租赁住房和共有产权住房，有效增加保障性住房供给。加大人才保障住房、改善型住房供给力度，着力解决新市民住房问题。积极稳妥推进棚户区、城镇老旧小区和农村危房改造。培育发展住房租赁市场，完善长租房政策，规范租赁市场秩序。深入开展乡村建设行动，优化农村居民住房条件，提升农房建设质量。紧密结合农村"三块地"改革，挖掘可用于家庭住房建设的宅基地和集体经营性建设用地资源。

强化城市居住社区建设。以安全健康、设施完善、管理有序为目标，衔接路网、公共交通、非机动车和行人慢行系统，配套供水供电供气供暖、消防安防、移动通信、垃圾处理等设施，建设休闲健身场地、文化场馆、停车场（库）、电动车充电桩、智能快件箱、社区菜市场等便民设施，就近布局教育、文化、医疗、养老、托育等公共服务资源以及商业集聚区，构建能够满足群众日常需求的成熟居住社区。开展居住社区及周边环境综合整治，推进无障碍建设和适老化改造，完善应急避难场所配置。深入挖掘历史建筑、历史记载、民间传说等文化遗存，塑造居住社区特色文化风貌，提升市民居住环境的文化底蕴。建立党委领导、政府组织、业主参与、企业服务的社区治理机制，发展线上和线下社区服务，提升改善物业服务水平，形成共同缔造美好家园的良好局面。

提升乡村生活便利水平。改善乡村水、电、路、气、通信、广播电视、物流等基础设施，加快入村入户道路、公共照明设施等建设。推进农村中小学校、村卫生室、文化站等建设改造，强化县乡村公共服务统筹和一体化建设。鼓励企业、电商、供销合作社等主体加快建设布局农村商业网点，引导经营性服务组织在农村开展连锁经营，促进互联网惠农和宽带进乡村，构建线上与线下结合的乡村便民服务网络。

（二）营造美丽宜居环境

坚定践行"绿水青山就是金山银山"理念，深入开展城乡环境整洁行动，提升城市生活品质，推进美丽宜居乡村建设，推动城乡生态环境改善和质量提升，提升生活环境智能化、便利化、绿色化水平。

提升城市环境品质。实施城市更新行动，推进城市生态修复和空间修补，把准城市文脉，塑造特色风貌，建设"城市客厅"，打造经典建筑、精品街区、精致城市。加强对历史城区风貌格局的整体保护，延续和传承城市文脉，留住城市记忆，激发城市文化创造活力，形成具有当地特色的城市品格。深入推进绿化、亮化、美化"三化"工作，推动城市增绿添园、增花添彩，串联城市绿道、水网，构建山水生态底、郊野公园群、城镇绿化网衔接全城的公园体系。深化"两下两进两拆"城市风貌整治，全面清理整顿市容环境乱象。深入实施爱国卫生运动，加快创建一批国家卫生城市、县（市）。持续完善城市环境卫生、市政公用、公共服务等设施，推进城市环境治理与有机更新紧密结合，建设一批充满创新活力、富有特色魅力、宜居宜业宜游的现代化示范城市。

推进美丽宜居乡村建设。聚焦农村生活垃圾治理、生活污水治理和"厕所革命"，实施农村人居环境整治提升行动。以优化收运处置体系、提高有效运行能力和推动农村生活垃圾分类减量为重点，全面提高农村生活垃圾治理水平，探索建立农村常态化保洁制度。以分类处理、就地循环利用为导向，坚持利用优先、以用减污，分类分步骤梯次推进农村生活污水治理，开展农村黑臭水体专项整治。继续加大农村"厕所革命"力度，进一步提升农村户用卫生厕所普及率，提高厕所粪污无害化处理和资源化利用水平。推进农村公共厕所建设改造，合理规划布局农村卫生公厕，扎实推进农村中小学校、农贸市场等重点公共场所厕所建设改造。加强乡村美化亮化、风貌提升及森林乡村建设，结合太行、长城、黄河三大旅游板块，围绕长城边塞型、晋商人文型、黄河农耕型、太行山水型四大类型（轴带、片区），集中连片连线打造一批晋风晋韵特色鲜明的美丽宜居乡村。保护传统村落民居和历史文化名村名镇，弘扬传统农耕文化，提升乡村风貌品质。

以资源环境承载能力为刚性约束条件，以建设美好人居环境为目标，建立连续完整的城乡生态基础设施标准和政策体系，完善生态系统，保护自然风貌，修复河湖水系、湿地等水体，加强绿色生态网络建设，全面提升大气环境、水环境、土壤环境治理水平，显著改善城乡人居环境。

加强生态环境保护。推动黄河流域生态保护，逐步恢复河流生物群落系统，确保生态环境稳定好转、黄河持久安澜，成为造福三晋人民的幸福河。坚持绿化彩化财化同步推进，全面推进吕梁山生态脆弱区修复，深化太行山环京津冀生态屏障区建设，筑牢绿色生态屏障。开展汾河流域生态景观建设，再现古晋阳"汾河晚渡"美景。统筹推进"五水综改"，加强岩溶大泉和湿地保护，涵养"华北水塔"。以"五湖"为重点，打造良性循环的健康湖泊生态系统，使三晋明珠重焕生机。实施碳达峰碳中和山西行动，在全国率先创建"零碳园区"，探索工业排碳、农业固碳模式，促进产业生态化和生态产业化同步提速。严格落实大气污染物排放总量控制，深化太原及周边地区"1+30"大气污染联防联控机制，推进秋冬防煤烟型污染和夏季臭氧污染防治，实现推进全省空气质量持续向好。深入实施饮用水水源地环境保护专项行动，全面整治城市建成区黑臭水体，加强经开区、工业园区等产业集聚区水污染治理，加快补齐城乡生活污水处理短板。加强农用地、建设用地土壤污染风险管控。强化固体废物污染防治，推进危险废物利用处置设施、医疗废物处置设施建设，确保废物安全处置。

（三）推行绿色生活方式

坚持绿色发展理念，扩大绿色产品生产和供应，拓展绿色消费市场，增强绿色消费意识，推动形成节约适度、绿色低碳、文明健康的生活方式和消费模式，形成崇尚绿色生活的社会氛围，让绿色生活方式成为全社会自觉行动。

加强绿色生活宣传教育。倡导绿色生活理念，积极培育生态文化、生态道德，切实增强全民节约意识、环境意识、生态意识。大力倡导绿色消费，完善绿色数据、绿色家电发展政策，积极开展绿色家庭、绿色学校、绿色社区、绿色园区、绿色商场创建行动。引导城乡居民履行环境保护社会责任和公民义务，使绿色生活、勤俭节约成为全社会的自觉习惯。加强生态文明普法工作，采取适宜形式曝光污染环境、奢侈浪费等反面典型，促进形成绿色生活消费的良好氛围。

倡导绿色低碳出行。深化晋城国家低碳试点和太原、朔州等省级低碳市、县试点建设。加强机动车污染防治，严格执行机动车大气污染物排放标准，进一步提高新增机动车中新能源车比例。大力发展城市公共交通，推进太原市、临汾市国家公交都市创建工作。推进公交线网与轨道交通网络融合，鼓励因地制宜构建快速公交、微循环公交等城市公交服务系统，构建以公共交通为主的城市机动化出行系统。改善城市步行和自行车出行等慢行系统，形成支持绿色低碳出行的交通系统。

扩大绿色休闲空间。开展绿色建筑专项行动，因地制宜实施既有居住建筑节能改造，推动新建建筑全面实施绿色设计，开展超低能耗建筑试点。推动城区多元增绿，打造城市绿道系统，大力发展屋顶绿化和立体绿化，加快道路绿地景观、滨水绿廊和公园绿地建设。整体推进功能性小城镇绿地系统建设，大力推进湿地恢复建设，推动实现村庄周围园林化、村内道路林荫化、河渠公路风景化、基本农田林网化。加强绿地公园、城市街头绿地补充、城市绿道系统等建设，推动汾河等主要河流两岸增绿、提质、扩景。加快推进小游园、小广场、小绿地和口袋公园建设，持续提升主次干道绿化档次，做好背街小巷增容扩绿，拓展城乡绿色悠闲空间。扶持绿色产业发展，开发绿色产品，加快推行绿色产品认证，建立绿色产品营销体系和追溯制度，推进绿色供应链管理体系试点，提升山西绿色产品竞争力。实施绿色生活科普行动，引导公众树立绿色消费意识，践行绿色简约生活和低碳休闲模式。

（四）打造智慧民生样板

充分运用物联网、大数据、人工智能等技术手段，推动智慧城市社区建设模式创新，提高公共服务和社会治理的智慧化水平，打造"设施智能、服务便捷、治理精细、环境宜居"的智慧生活。

放大科技辐射带动能效。建设城乡居民生活全领域大数据平台，依托省数据共享交换平台，加大与相关部门信息系统基础数据的对接，加强对民生社会发展的动态监测，全面掌握全省高品质生活建设的实时进展。聚焦基本民生保障、优质公共服务、高端生活服务以及文旅休闲、人居环境等重点领域，大力推动新技术研发与应用。利用人工智能、互联网物联网、5G等技术，提高资源利用效率，增进服务精准度，提升社会治理效能，形成个性化、订单式、高效率、普惠型、可持续的高品质生活解决方案。依托数字经济、数字社会、数字政府建设，显著提升民生服务和社会治理数字化、智能化水平。

加快推动智慧城市建设。以智慧化建设引领城市规划和城市品质升级，推进智慧城市管理，实现新型智慧城市规划与相关规划"多规合一"。大幅提升信息基础设施能级，打造宽带城市升级版，深化无线城市建设，推进5G网络建设，构建多层次、立体化的移动通信网络。整合卫生健康、公共安全、应急管理、交通运输等领域信息系统和数据资源，打通社区末端，织密数据网格，构建城市"智慧云脑"。深化政务服务"一网通办"、城市运行"一网统管"，支撑城市健康高效运行和突发事件快速智能响应。

全面推进智慧社区建设。健全智慧社区基础通信网络，加快试点地区5G社区建设和试商用，配备智能社区安防、智能水电表、智能消防栓、智能停车场和智能充电站。建立一体化智能社区信息服务平台，扩大智能化、智慧化服务在社区养老、家庭管理、托幼、医疗卫生服务等方面的应用。推广面向家庭的智能服务机器人、智能视听设备和智能穿戴设备，为居民提供更便捷的生活体验。在全省范围内试点开发一批未来智慧社区，聚焦应用场景。以数字平台和线下社区服务机构为基础，构建便民利民的智慧服务社区。以国际社区、高等院校和科研院所家属区、新建高端居住区为主要载体，试点打造未来智慧社区。高标准配置邻里场景、教育场景、健康场景、创业场景、建筑场景、交通场景、低碳场景、服务场景、治理场景等九大场景元素，设置并尽早实现无人物流、无感通行、无界交流、社区废水零排、示范建筑零碳、基础物业零费的"三无三零"目标，打造"绿色、融合、温馨、智慧、共享、共乐"的未来社区。

着力打造智能多彩生活。构建线上线下结合的新型智慧医疗服务模式，推进健康医疗大数据发展与应用，促进就医流程优化，实现医患实时互动。加快建设集呼叫救助、生活照料、健康管理、远程看护、电子商城于一体的智能居家养老服务体系建设。建设省级智慧体育应用平台和数据中心，推动智能化体育服务全覆盖，实现智能化、全方位、全过程健康管理。积极营造智慧化学习型社会氛围，加快构建集聚优质教育数字化资源的智慧学习平台，打造"人人皆学、处处能学、时时可学"的学习型社会。完善无障碍数字地图，推动智能终端在残疾人康复、托养、生活服务中广泛应用。建设全省旅游智能管理服务平台，提升旅游智能化发展水平。

结 语
以中国式现代化全面创造高品质生活

结　语　以中国式现代化全面创造高品质生活

　　从农业社会迈进工业社会，再向知识社会和更高阶段的社会转型，现代化作为一种世界范围的经济社会转型和文明进步，是国家发展的必然选择和不懈追求。以中国式现代化全面创造高品质生活已经成为社会发展的迫切需求，实现高品质生活成了人们的共同追求。个体与社会价值的和谐、平衡物质与精神的追求、和谐人际关系的建立以及环境保护与可持续发展，是实现高品质生活的关键因素和关键做法。因此，创造高品质生活是中国式现代化背景下的重要课题，立足新发展阶段、贯彻新发展理念、构建新发展格局、推动高质量发展，在统筹推进"五位一体"总体布局、协调推进"四个全面"战略布局的进程中，以中国式现代化全面创造高品质生活，不断实现人民对美好生活的向往。

　　立足新发展阶段，以中国式现代化创造高品质生活。这是新时代的迫切呼唤，是社会发展的必然要求，也是人们全面发展的内在需要。随着我国经济的持续增长和国家的崛起，人民对美好生活的向往也变得更加强烈，期望能够在一个繁荣、安定、幸福的国家中过上舒适富足的生活。中国式现代化是中国特色社会主义进入新时代的内在要求，它秉持着推动经济社会全面发展的目标，注重人民群众的获得感、幸福感和安全感。中国式现代化的理念是在保持中华文明独特性的基础上，吸纳人类文明的精华，并与我国国情相结合，寻求一种既符合时代要求又具有中国特色的发展模式。在这个过程中，高品质生活成为中国式现代化的核心内容。高品质生活不仅仅是物质上的富有和享受，更是精神层面的愉悦与满足。中国式现代化的目标是让每一个人都能享受到经济、文化、社会、生态全面发展的成果，使人们在物质财富的基础上获得更多的幸福感和内心的满足。中国式现代化的发展涵盖了多个方面。首先是经济的快速发展和市场的繁荣。中国的改革开放政策以来，经济已经取得了举世瞩目的成就。全面建成小康社会的目标已经基本实现，现在正进行着向全面建设社会主义现代化国家迈进的伟大征程。通过推动创新驱动发展、加强科技创新、优化产业结构等举

中国式现代化的高品质生活研究

措,中国式现代化不断提升经济发展水平,为人民创造更多的就业机会和经济增长点,实现经济活力的持续增长。其次,中国式现代化强调人民群众的全面发展和社会公平正义。人们对教育、医疗、居住等方面的需求和期望也越来越高。我国着力提高教育质量,致力于构建全民受教育的社会,让每个人都能享受到优质教育资源。在医疗方面,推进健康中国战略,加强基层医疗服务体系建设,提高人民健康水平,努力实现人人享有基本医疗卫生保障。同时,我国还积极推动城乡发展一体化,改善农村基础设施和居住条件,缩小城乡差距,为人民提供更加公平、公正、可持续的社会环境。此外,中国式现代化重视文化的传承和创新。我国拥有悠久的历史文化和丰富的传统文化资源,其中蕴含着独特的智慧和精神。中国式现代化强调文化自信,鼓励创作出更多具有中国特色、国际影响力的作品。通过保护和传承优秀传统文化,培养和支持创新人才,建设一个文化繁荣、精神富足的社会。中国还积极应对全球气候变化和环境污染等挑战,提出绿色发展的理念。通过加强生态环境保护,推动能源革命和资源循环利用,中国式现代化努力构建起人与自然和谐共生的生态系统,为人民提供优美的生态环境,为子孙后代留下可持续发展的珍贵家园。

贯彻新发展理念,以中国式现代化创造高品质生活。新发展理念在中国式现代化建设中发挥着重要作用,推动着社会朝着更高水平的高品质生活和高质量发展迈进。高品质生活对经济、政治、文化、社会、生态环境提出了高水平的保障和满足的要求。经济的高水平发展为高品质生活提供了坚实的物质基础,政治的稳定和民主进程保障了人民的权益和公平正义,文化的繁荣和多元化提供了人们精神生活的丰富性,社会的和谐与进步则保障了人民的安居乐业,生态环境的保护和恢复则为人民创造了优美的自然环境。高品质生活的追求在于基本物质和文化生活更高的水平。人民期待更高质量的教育、医疗、文化艺术和休闲娱乐等方面的服务,以丰富和提升自己的生活品质。实现高质量发展和高品质生活,需要全过程各领域贯彻落实新发展理念。创新是发展的第一动力，要加强国家战略科技力量和自主创新。在实现高质量发展和高品质生活的过程中，创新起着至关重要的作用，要协调不同产业、区域、领域、群体之间的发展。绿色发展是高质量发展和高品质生活的必要条件，强调经济发展与环境保护的协调发展，推动低碳、循环、可持续的发展模式，追求人与自然的和谐共生。开放发展是实现高质量发展和高品质生活的重要途径。坚持对外开放基本国策，有利于吸引外资、引进先进技术和管理经验，促进资源的优化配置和效益的提升，推动经济高质量发展，提升人民的生活品质和幸福感。共享发展是高质量发展和高品质生活的根本目的。共享发展强调人民群众在发展中的主体地位，追求经济效益和社会效益的共同提升。实现全民共享是共享发展的基本要求，要让每个人都能够分享到发展成果，共同享受发展带来的福祉，构建和谐稳定的社会，让每个人都有机会参与和获得发展的机遇与成果。

构建新发展格局，以中国式现代化创造高品质生活。依靠国内市场的力量，充分发挥我国超大规模市场潜力和工业体系优势。在当前全球经济面临不确定性和变化的情况下，国内大循环成为我们发展的重要支撑，但同时也需要与国际循环有机整合，实现内外市场的双循环互促。不断优化内外贸一体化调控，提升进出口质量，吸引全球资源要素。通过制定更加开放透明的贸易政策和规则，为企业提供更好的贸易环境，降低贸易壁垒，促进自由贸易的发展。同时，加强知识产权保护，维护公平竞争的市场秩序，为企业提供稳定的经营环境，吸引更多的外国投资。提升出口竞争力，积极扩大进口，实现更加平衡的贸易发展。通过加强技术创新和产品升级，提高我国产品的质量和附加值，增强出口产品的竞争力。积极扩大进口，引进国外先进技术和优质资源，促进国内产业升级和结构优化，满足国内消费者对高品质产品的需求。在实现贸易平衡的同时，注重满足消费需求，提高国际竞争力。通过打造更加强大的国内市场，提升消费者的购买力和消费信心，加快消费升级，推动经济高质量发展。同时，加强国内产业的自主创新能力和核心技术的研发，提高我国产业链的附加值，实现从"中国制造"向"中国智造""中国创造"转变，从而提高国际竞争力并满足消费需求，开创新的发展局面，实现经济的可持续发展和人民生活水平的不断提高。

中国式现代化的高品质生活，就是要实现人口规模巨大的高品质生活、全体人民共同富裕的高品质生活、物质文明和精神文明相协调的高品质生活、人与自然和谐共生的高品质生活、和平发展的高品质生活。中国式现代化为人民创造美好生活的向往提供了有力的保障，同时也为世界提供了一种可供借鉴的发展路径，我国将继续坚持走中国式现代化道路，努力实现人民对美好生活的追求，共同创造人类社会更加繁荣进步的未来。

参考文献

[1]《马克思恩格斯文集》第1—10卷[M].北京：人民出版社，2009.

[2]《习近平谈治国理政》[M].北京：外文出版社，2014.

[3]《习近平谈治国理政》第二卷[M].北京：外文出版社，2017.

[4]《习近平谈治国理政》第三卷[M].北京：外文出版社，2020.

[5]《习近平谈治国理政》第四卷[M].北京：外文出版社，2022.

[6]《习近平著作选读》第一卷[M].北京：人民出版社，2023.

[7]《习近平著作选读》第二卷[M].北京：人民出版社，2023.

[8]习近平.高举中国特色社会主义伟大旗帜 为全面建设社会主义现代化国家而团结奋斗——在中国共产党第二十次全国代表大会上的报告[M].北京：人民出版社，2022.

[9]《习近平新时代中国特色社会主义思想学习纲要：2023年版》[M].北京：人民出版社，2023.

[10]《习近平新时代中国特色社会主义思想专题摘编》[M].北京：党建读物出版社、中央文献出版社，2023.

[11]《习近平新时代中国特色社会主义思想的世界观和方法论专题摘编》[M].北京：党建读物出版社、中央文献出版社，2023.

[12]《党的二十大报告辅导读本》编写组编著.党的二十大报告辅导读本[M].北京：人民出版社，2022.

[13] 习近平. 决胜全面建成小康社会夺取新时代中国特色社会主义伟大胜利 [N]. 人民日报, 2017-10-28.

[14]《党的十九大报告辅导读本》编写组编著. 党的十九大报告辅导读本 [M]. 北京：人民出版社, 2017.

[15] 国家发展和改革委员会编写. 中华人民共和国经济和社会发展第十四个五年规划和 2035 年远景目标纲要辅导读本 [M]. 北京：人民出版社, 2021.

[16] 山西省人民政府关于印发山西省"十四五"高品质生活建设规划的通知 [J]. 山西省人民政府公报, 2022（01）: 12.

[17] 中共山西省委宣传部, 山西省社会科学院（山西省人民政府发展研究中心）编. 高品质生活面对面 [M]. 太原：山西人民出版社, 2020.

[18] 王治东编. 美好生活研究 [M]. 上海：东华大学出版社, 2022.

[19] 孟东方等. 创造重庆高品质生活综合研究 [M]. 重庆：西南大学出版社, 2021.

[20] 王俊秀, 乌云特娜编. 中国民众美好生活研究报告. 北京：社会科学文献出版社, 2020.

[21] 金三林.《以高质量民生建设支撑高品质生活》, 国务院发展研究中心, 2020.

[22] 王俊秀.《满足人民美好生活需要, 创造高品质生活》, 中国社会科学院社会学研究所, 2020.

[23] 何传启. 中国现代化报告 2019——生活质量现代化研究 [M]. 北京：北京大学出版社, 2019 年.

[24] 中共成都市委组织部组织编写. 始终坚持共享发展 加快建设高品质和谐宜居生活城市 [M]. 北京：中共中央党校出版社, 2019.

[25] 顾燕峰. 马克思生活观及其当代价值 [M]. 上海：上海社会科学院出版社, 2019.

[26] 孟东方. 社会发展评估理论与实践 [M]. 北京：人民出版社，2017.

[27] 张海东. 社会质量研究 [M]. 北京：社会科学文献出版社，2011.

[28] 郑造桓. 社会质量与社会发展 [M]. 杭州：浙江大学出版社，2010.

[29] 余宏：上海城市居民生活质量研究. 上海大学，2007.

[30] 马尔库塞. 单向度的人 [M]. 刘继译. 上海：上海译文出版社，2006.

[31]（美）托马斯. 戴伊. 理解公共政策 [M]. 彭勃等译. 北京：华夏出版社，2004.

[32] 英格尔斯. 人的现代化 [M]. 殷陆君编译. 成都：四川人民出版社，1985.

[33]（美）加尔布雷思. 丰裕社会 [M]. 徐世平译. 上海：上海人民出版社，1965.

[34] 海平. 系统理解中国式现代化理论 [J]. 当代经济研究，2023（01）：12—14.

[35] 刘耀煊. 新时代人民美好生活需要研究 [D]. 哈尔滨师范大学，2022.

[36] 邹新月. 共同富裕的科学内涵与实现路径 [J]. 人民论坛，2022（22）：78—79.

[37] 商奎. 不断深化财政体制改革 努力推动高质量发展创造高品质生活 [J]. 中国财政，2022（22）：16—17.

[38] 钱建超，梁平. 奋力在中国式现代化道路上谱写高质量发展高品质生活新篇章 [J]. 重庆与世界，2022（12）：62—65.

[39] 张祝平. 理解共建共享创造人民高品质生活的三个维度 [J]. 杭州，2022（14）：42—45.

[40] 赵泽林，边燕燕. 我国构建高品质生活研究统计分析与回顾展望——基于 CNKI、EBSCO 相关文献的统计分析 [J]. 三晋基层治理，2022

（06）：91—96.

[41] 代金平，李俊斌，王媛媛. 重庆市建成高质量发展高品质生活新范例的策略分析 [J]. 中阿科技论坛（中英文），2022（12）：31—35.

[42] 刘嗣方. 创造高品质生活的深刻意蕴和实践路径 [N]. 重庆日报，2022-5-19.

[43] 张来明. 以高品质生活建设牵引高质量发展 [N]. 经济日报，2022-4-17.

[44] 霍畅. 中国式现代化新道路：内涵、历程与经验 [J]. 未来与发展，2022（03）：6—10.

[45] 刘儒，王江涛. 新时代人民美好生活需要：基本蕴涵、主要表现与实现路径 [J]. 郑州大学学报（哲学社会科学版），2022，55（03）：11—17+127.

[46] 赵艳芳. 山西高品质生活评价指标体系构建研究 [J]. 生产力研究，2022（03）：56-59+111.

[47] 杜玉华. 推动创造高品质生活 [J]. 红旗文稿，2021（18）：37—39.

[48] 毛伟. 擘画现代化高品质生活的"苏高新"篇章 [J]. 群众，2021（22）：12—13.

[49] 胡建兰. 新时代"以人民为中心"共同富裕指标体系的构建 [J]. 改革与战略，2021（10）：32—39.

[50] 敬志伟. 准确把握高质量发展高效能治理高品质生活的逻辑关系 [J]. 山东干部函授大学学报（理论学习），2021（09）：31—33.

[51] 刘培林，钱滔，黄先海等. 共同富裕的内涵、实现路径与测度方法 [J]. 管理世界，2021（08）：117—129.

[52] 董志勇，毕悦. 中国式现代化的发生逻辑、基本内涵与时代价值——基于文明新形态的视角 [J]. 政治经济学评论，2021（05）：23—39.

[53] 徐平，李明. 美好生活的价值向度与实现路径[J]. 重庆理工大学学报（社会科学），2021，35（05）：21—28.

[54] 王俊秀，刘晓柳. 美好生活需要满足的个体路径和社会路径[J]. 江苏社会科学，2021（03）：58—67+243.

[55] 孟东方. 高品质生活的居民感知与创造路径——基于重庆市39个区县的调查分析[J]. 西部论坛，2021（03）：44—56.

[56] 王道勇. 新发展阶段人民需要的变化趋向[J]. 中国党政干部论坛，2021（02）：65—67

[57] 陈竹君. 基于高品质生活理念的餐饮浪费治理研究[J]. 理论建设，2021（01）：40—46.

[58] 何得桂，武雪雁. 以系统观念建设陕西高品质生活[J]. 新西部，2021（Z1）：102—103.

[59] 余剑，李康，杨小玄等. 中国美好生活指数构建研究[J]. 河北金融，2020（10）：37—43+62.

[60] 边燕燕. 城市高品质生活评价指标体系构建与实证分析[J]. 重庆理工大学学报（社会科学），2020（08）：45—57.

[61] 刘洋洋，王俊秀. 中国居民幸福感的时代变化——基于世代再分析[J]. 人口与社会，2020，36（06）：94—108.

[62] 季雨. 新冠疫情冲击对个体建构美好生活观的四重启示——以风险防控为视角的分析[J]. 哈尔滨工业大学学报(社会科学版),2020,22(06)：11—16.

[63] 谭旭运，豆雪姣，董洪杰. 社会阶层视角下民众获得感现状与提升对策[J]. 广西师范大学学报（哲学社会科学版），2020，56（05）：1—13.

[64] 谭旭运，董洪杰，张跃等. 获得感的概念内涵、结构及其对生活满意度的影响[J]. 社会学研究，2020，35（05）：195—217+246.

[65] 刘容. 国内外打造高品质生活宜居地的基本经验 [J]. 重庆行政, 2020（05）：83—85.

[66] 吴萌, 季乃礼. "美好生活需要"的发生与实现逻辑 [J]. 长白学刊, 2020（04）：22—30.

[67] 杨正军, 丁晓强. 党的十九大以来我国社会主要矛盾转化研究述评 [J]. 云南行政学院学报, 2020, 22（04）：34—42.

[68] 田菁, 田鹏颖. 论物质文化需要向美好生活需要演进的三重逻辑——从社会主要矛盾转化出发 [J]. 河南师范大学学报（哲学社会科学版），2020（03）：14—20.

[69] 韩喜平. 满足人民美好生活需要的制度保障 [J]. 社会科学研究, 2020（02）：1—7.

[70] 王俊秀, 刘晓柳, 刘洋洋. 人民美好生活需要的层次结构和实现途径 [J]. 江苏社会科学, 2020（02）：19—27+241.

[71] 张峻. 坚持以人民为中心的发展思想 努力创造高品质生活 [J]. 三晋基层治理, 2020（02）：92—95.

[72] 唐良智. 重庆市人民政府工作报告——2020年1月11日在重庆市第五届人民代表大会第三次会议上 [J]. 重庆市人民政府公报, 2020（02）：1—15.

[73] 丁毅, 刘颖, 赵双剑等. 农村金融创新对我国居民生活质量影响研究——基于农村居民综合生活质量评价指数构建与衡量分析 [J]. 价格理论与实践, 2020（02）：83—86+174.

[74] 方巍. 文化视野下的中国特色美好生活评价指数 [J]. 社会科学, 2020（01）：102—111.

[75] 王俊秀, 刘晓柳, 谭旭运等. 人民美好生活需要：内涵、体验与获得感 [J]. 红旗文稿, 2019（16）：15—17.

[76] 虞崇胜. 民生与民主：满足人民美好生活需要的双重杠杆 [J]. 中

国党政干部论坛，2019（11）：18—21.

[77] 董洪杰，谭旭运，豆雪姣等.中国人获得感的结构研究[J].心理学探新，2019，39（05）：468—473.

[78] 肖霞.社会地位、社会支持对劳动力群体主观幸福感的影响——基于CLDS2014调查数据分析[J].社会科学家，2019（03）：52—58.

[79] 刘力嘉.马克思《1844年经济学哲学手稿》中的生活观及其当代启示[D].西南财经大学，2019.

[80] 群仲平.努力实现高质量发展高效率治理高品质生活[J].群众，2019（23）：1.

[81] 魏颖，刘厉兵.居民生活质量大数据指标体系的构建与运用[J].中国经贸导刊，2019（16）：15—17.

[82] 韩骥.上海实现高品质生活的内涵、特征及其实施路径[J].科学发展，2019（08）：100—108.

[83] 徐国祥，张正等.上海高品质生活评价指标体系研究[J].统计科学与实践，2019（06）：9—13.

[84] 石彬.德国品质生活评价指标体系构建及其对上海的借鉴与启示[J].科学发展，2019（06）：105—112.

[85] 石岩.人民美好生活需求指标体系的建立与应用[J].中国市场，2019（06）：20—21.

[86] 程子非.OECD国家打造高品质生活的经验及启示[J].社会政策研究，2019（03）：90—100.

[87] 吴苏贵，钱洁.在新一轮改革开放中创造高品质生活——2019年上海社会民生工作新思路[J].科学发展，2019（03）：98—107.

[88] 寇煜.关于居民幸福感的研究综述[J].甘肃农业，2019（04）：99—101.

[89] 蒋玲."人民日益增长的美好生活需要"的历史演进及内在逻辑[J].

河北青年管理干部学院学报, 2019, 31（02）: 31—37.

[90] 胡绪明, 胡运海. "美好生活需要"的哲学基础——基于马克思"类本质"概念的理论思考[J]. 黑龙江社会科学, 2019（02）: 26—30.

[91] 佟德志, 刘琳. 美好生活需要与中国社会主要矛盾的变迁分析——基于1990—2012年世界价值观调查（WVS）数据的分析[J]. 理论与改革, 2019（02）: 39—50.

[92] 袁富民. 美好生活需要: 基于马克思人的本质理论的考察[J]. 中南民族大学学报（人文社会科学版）, 2019（02）: 122—125.

[93] 王俊秀, 刘晓柳. 现状、变化和相互关系: 安全感、获得感与幸福感及其提升路径[J]. 江苏社会科学, 2019（01）: 41—49+258.

[94] 邓玲, 胡双梅. 西部地区城市可持续竞争力评价研究[J]. 四川大学学报（哲学社会科学版）, 2019（01）: 181—192.

[95] 郑功成. 习近平民生重要论述中的两个关键概念——从"物质文化需要"到"美好生活需要"[J]. 人民论坛·学术前沿, 2018（18）: 64—74.

[96] 杨皓然. 青海创造高品质生活现实路径选择[J]. 青海党的生活, 2018（11）: 11—13.

[97] 陈国平, 韩振峰. 把握新时代人民群众美好生活需要的三个维度——基于新时代社会主要矛盾的分析[J]. 人民论坛·学术前沿, 2018（09）: 98—101.

[98] 汪丽萍. 努力创造高品质生活[J]. 青海党的生活, 2018（09）: 26.

[99] 沈湘平, 刘志洪. 正确理解和引导人民的美好生活需要[J]. 马克思主义研究, 2018（08）: 125—132+160.

[100] 孙甘霖. 着力提升城市能级和核心竞争力 践行"创造高品质生活"新使命[J]. 社会治理, 2018（07）: 17—19.

[101] 张明霞，毛志强. 美好生活需要的时代意涵及其价值导向 [J]. 昆明理工大学学报（社会科学版），2018（06）：39—45.

[102] 汪青松，林彦虎. 美好生活需要的新时代内涵及其实现 [J]. 上海交通大学学报（哲学社会科学版），2018（06）：5—13.

[103] 刘成奎，刘彻. 相对收入、预期收入与主观幸福感 [J]. 中南民族大学学报（人文社会科学版），2018，38（06）：139—142.

[104] 陈新夏. 人的发展视域中的美好生活需要 [J]. 华中科技大学学报（社会科学版），2018，32（04）：19—20.

[105] 杨延圣. 人民美好生活需要衡量指标体系的构建——一个初步的分析框架 [J]. 观察与思考，2018（04）：76—82.

[106] 张卫伟，王建新. 美好生活的多重价值内涵及其现实构建 [J]. 思想理论教育，2018（04）：37—42.

[107] 李海青，赵玉洁. 人民日益增长的美好生活需要是推动中国特色社会主义发展的内生动力 [J]. 先锋，2018（04）：6—7.

[108] 吴日晖，高敏. 我国居民生活质量研究综述 [J]. 长江丛刊，2018（03）：171—172.

[109] 张网成，宇雪梅，卢炳兵. 党的十九大报告关于美好生活的十个命题 [J]. 社会治理，2018（03）：69—73.

[110] 桑玉成. 论人民美好生活需要之制度供给体系的建构 [J]. 武汉大学学报（哲学社会科学版），2018，71（02）：16—22.

[111] 孙发平. "一优两高"战略理论贡献与实践价值 [N]. 青海日报，2018-09-03.

[112] 李鸿阶，张元钊. OECD国家生活质量评价及其对我国的启示 [J]. 福建论坛（人文社会科学版），2018（02）：5—11.

[113] 李北东. 正确理解人民日益增长的美好生活需要——对新时代社会主要矛盾的一种解读 [J]. 邓小平研究，2018（01）：31—35.

[114] 栾亚丽，宋则宸. 新时代中国社会主要矛盾转化及其深远影响 [J]. 宁夏社会科学，2018（01）：5—11.

[115] 吴维海. "美好生活"内涵与"美好生活指数"研究 [C]. 新时代学刊，2018（01）：55—58.

[116] 尚海. 推动高质量发展 创造高品质生活 [J]. 上海质量，2018（01）：1.

[117] 李友梅. 不断提高人民生活质量和水平 [N]. 光明日报，2018-6-25.

[118] 吉文灿. 美好生活需要：当代中国发展的根本价值旨归 [J]. 唯实（现代管理），2017（12）：7—9.

[119] 何星亮. 不断满足人民日益增长的美好生活需要 [N]. 人民日报，2017-11-14（007）.

[120] 徐淑一，陈平. 收入、社会地位与幸福感——公平感知视角 [J]. 管理科学学报，2017，20（12）：99—116.

[121] 李建华. 如何理解美好生活需要 [J]. 中国地质大学学报（社会科学版），2017，17（06）：1—2.

[122] 罗建文，陈兴康. 论人民日益增长的美好生活需要的价值目标 [J]. 南京政治学院学报，2017，33（06）：7—16+137.

[123] 王俊秀. 居民需求满足与社会预期 [J]. 江苏社会科学，2017（01）：67—74.

[124] 康来云. 获得感：人民幸福的核心坐标 [J]. 学习论坛，2016（12）：68—71.

[125] 陈振环，杨海平，冯亚娟. 社会资本、家庭收入与城镇居民幸福感：基于中国大样本微观数据的实证研究 [J]. 科学决策，2016（12）：24—44.

[126] 徐淑一，王宁宁. 经济地位、主观社会地位与居民自感健康 [J]. 统计研究，2015，32（03）：62—68.

[127] 杨泉明,高中伟.中国特色社会质量概念的提出与界定[J].兰州学刊,2015(09):131—136.45—49+1.

[128] 韩启中,孟国利.科技成就高品质生活[J].中国住宅设施,2015(03):84—88.

[129] 徐延辉,王燕.社会质量与社会建设的比较研究——基于深圳、厦门和杭州的实证调查[J].社会建设研究,2014(01):38—52.

[130] "中国休闲30人"沙龙论道:高品质生活离不开休闲[N].中国旅游报,2014-07-30(014).

[131] 赵新宇,范欣,姜扬.收入、预期与公众主观幸福感——基于中国问卷调查数据的实证研究[J].经济学家,2013(09):15—23.

[132] 陈纯仁,王迪."美好生活"的解读及其实现[J].邵阳学院学报(社会科学版),2013,12(02):33—36.

[133] 曾鸿,赵明龙.城市居民幸福指数指标体系构建及综合评价[J].商业时代,2012(14):19—21.

[134] 齐英艳.论生活质量对人的全面发展的影响[J].当代世界与社会主义,2011(06):155—157.

[135] 王俊秀.OECD的幸福指数及对我国的借鉴意义[J].民主与科学,2011(06):69—71.

[136] 林卡.社会质量理论:研究和谐社会建设的新视角[J].中国人民大学学报,2010(02):105—111.

[137] 刘希宋,李文庆,喻登科.城市居民生活美好指数的测量及分布公平研究[J].统计与决策,2010(01):85—87.

[138] 邓嵘.设计创造高品质生活[J].艺术百家,2012(06):241—242.

[139] 张海东,石海波,毕婧千.社会质量研究及其新进展[J].社会学研究,2012(03):223—240+246.

[140] 广东省率先出台"幸福指标体系"[J]. 领导决策信息, 2011（14）: 26.

[141] 周小毛, 何绍辉, 杨畅. 中国特色社会质量理论与评价指标体系初探[J]. 湖南师范大学社会科学学报, 2011（06）: 83—87.

[142] 周长城. 生活质量的指标构建及其现状评价[M]. 北京: 经济科学出版社, 2009: 09.

[143] 丁元竹, 饶权等. 构筑以生活品质为导向的评价体系[J]. 中国经贸导刊, 2007（11）: 23—24.

[144] 态度决定生活质量[J]. 走向世界, 2007（07）: 32—33.

[145] 丁元竹. 论生活品质及其评价体系的构筑[J]. 开放导报, 2007（03）: 45—49+1.

[146] 胡芳. 荷兰生活质量指标体系及对我国的启示[J]. 广东工业大学学报（社会科学版）, 2007（01）: 20—22+43.

[147] 王国平. 以科学发展观为统领推进和谐创业提高生活品质[J]. 杭州通讯, 2006（10）: 6—17.

[148] 孙荣, 周晶. 以提高生活质量为目标 构建我国政府绩效评估体系[J]. 中国行政管理, 2006（09）: 39—41.

[149] 周长城, 王培刚. 生活质量的提高——社会发展的终极目标和最高原则[J]. 科学决策, 2005（07）.

[150] 范柏乃. 我国城市居民生活质量评价体系的构建与实际测度[J]. 浙江大学学报（人文社会科学版）, 2006（04）.

[151] 彭念一, 李丽. 我国居民生活质量评价指标与综合评价研究[J]. 湖南大学学报（社会科学版）, 2003（05）: 21—25.

[152] 李丽. 我国居民生活质量的统计分析[D]. 湖南大学, 2003.

[153] 上海市城市社会经济调查队课题组. 城市居民生活质量评价指标体系的构建[J]. 上海统计, 2002（12）: 16—19.

[154] 周长城，吴淑凤. 建立人民生活质量指标体系的理论依据[J]. 武汉大学学报（社会科学版），2001（03）：381—385.

[155] 罗萍，殷燕敏，张学军等. 国内生活质量指标体系研究现状评析[J]. 武汉大学学报（人文社会科学版），2000（05）：645—649.

[156] 杨桃源. 生活质量：中国人的新追求[J]. 瞭望新闻周刊，1999（Z1）：8—9.

[157] 易松国. 生活质量研究进展综述[J]. 深圳大学学报（人文社会科学版），1998（01）：102—109.

[158] 杨延圣. 人民美好生活需要衡量指标体系的构建——一个初步的分析框架[J]. 观察与思考，2018（04）：76—82.

[159] 姚树洁. 怎样理解"创造高品质生活"[J]. 当代党员，2018（11）：15—16.

[160] 齐卫平. 深刻认识百年未有之大变局加速演进的特征[J]. 人民论坛·学术前沿，2022，No.251（19）：22—29.

[161] 阎加林. 上海实现高品质生活的内涵、特征和实施路径[J]. 科学发展，2020（01）：100—107.

[162] 秦维红，张玉杰. 马克思需要理论视域中"美好生活需要"探析[J]. 马克思主义理论学科研究，2020，6（04）：41—48.

[163] 程新平，刘富胜. 论创造高品质生活的理论基础[J]. 重庆师范大学学报（社会科学版），2021（02）：15—23.

[164] 杜玉华. 创造高品质生活的理论意涵、现实依据及行动路径[J]. 马克思主义理论学科研究，2021（06）：98—106.

[165] 以高质量发展创造高品质生活[J]. 社会治理，2021（04）：5.

[166] 孟东方，孙嘉勃. 习近平创造高品质生活观初探[J]. 重庆师范大学学报（社会科学版），2021（04）：5—15.

[167] 陈宗海. 世界处于百年未有之大变局的丰富内涵[J]. 人民论坛，

2021（02）：54—56.

[168] 李国娟. 美好生活面面观 [M]. 上海：复旦大学出版社，2022.

[169] 王俊秀，乌云特娜编. 中国民众美好生活研究报告 [M]. 北京：社会科学文献出版社，2022.

[170] 徐国祥《高品质生活评价指标体系研究》，上海财经大学应用统计研究中心，2022年.

[171] 雷晓康，张琇岩. 高品质生活的理论意涵、指标体系及省际测度研究 [J]. 西安财经大学学报，2023（02）：89—102.

[172] 韩庆祥，张健. 中国式现代化的"强国逻辑"[J]. 国家现代化建设研究，2023（01）：22—32.

[173] 陈宗胜，杨希雷. 构建共同富裕指标体系的原则与思路 [J]. 国家治理，2023（01）：18—23.

[174] 韩庆祥. 在准确把握"六个必须坚持"中扎实推进中国式现代化 [N]. 人民日报，2023-4-25.

[175] 姚树洁，任锋. 高质量发展、高品质生活与中国式现代化：理论逻辑与实现路径 [J]. 改革，2023（07）：11-20.

[176] 孙金龙，黄润秋. 加强生态环境分区管控以高水平保护推动高质量发展创造高品质生活 [N]. 学习时报，2024-03-20（001）.

后　记

迈进新时代，开启新征程，以中国式现代化全面创造高品质生活，更好地实现人民对美好生活的向往，推动实现共同富裕和人的全面发展，是新时代新征程面临的重大课题。本书的构思启于2020年我任山西省委宣传部副部长、省文明办主任期间，当时，我在省委宣传部中心组学习交流会上做了一个关于创造高品质生活的发言，后被选入中共山西省直机关工委的典型材料。到山西省社会科学院（山西省人民政府发展研究中心）工作后，我加强了对高品质生活的系统研究。在研究中，我深刻认识到在我国现代化进程中，高品质生活的重要性和中国式现代化的内在联系。在本书中，围绕党的二十大所描绘的宏伟蓝图，我对中国式现代化与高品质生活之间的关系进行了系统分析和思考，在借鉴国内外研究成果的基础上，试图探索构建中国式现代化的高品质生活实现路径。

在新中国成立特别是改革开放以来长期探索和实践基础上，经过党的十八大以来在理论和实践上的创新突破，我们党成功推进和拓展了中国式现代化。随着我国走向现代化，人们对于生活质量的追求也逐渐从"物质富裕"转向了"品质生活"。中国式现代化在经济发展的同时，更注重人的全面发展，并以人民的幸福指数为导向，不仅强调物质富足，更注重人与人之间的互动、社会和谐的营造。因此，在本书中不仅关注了经济发展、科技进步等方面，还从文化、教育、环境等多个角度详细探讨了高品质生活的内涵和特征。

　　建设中国式现代化与实现高品质生活是一项长期而艰巨的任务。本书研究旨在揭示中国式现代化与高品质生活之间的密切关联，深入挖掘中国式现代化路径下的发展模式和特色，以及这种模式如何对高品质生活产生积极的影响。在新的历史时期，随着中国式现代化不断深入推进，我国将取得更大的发展成就，人民的生活质量将进一步提升。让我们携手共进，共同创造一个更加美好的未来，让每个人都能够享受到中国式现代化带来的高品质生活！

　　我真诚地希望通过本书的推广和交流，能够增强人们对中国式现代化与高品质生活的认识，激发社会各界共同关注和努力，促进中国式现代化进一步推进，不断实现人民对美好生活的向往。囿于本人能力和水平所限，书中一定存在诸多不足和局限性，诚恳希望广大读者批评和指正。

　　本书在写作过程中得到中共山西省委常委、宣传部部长张吉福和山西省人民政府副省长熊继军等领导的亲切关怀和悉心指导，在出版过程中得到山西人民出版社总编辑梁晋华和责任编辑傅晓红的大力支持，在此一并表示诚挚的感谢！

张峻

2024 年 5 月